Makhlouf Derdour
Philippe Roose
Nacera Ghoualmi-Zine

Conception des applications multimédia intégrant des appareils mobiles

Makhlouf Derdour
Philippe Roose
Nacera Ghoualmi-Zine

Conception des applications multimédia intégrant des appareils mobiles

Une approche d'adaptation pour les applications multimédia

Presses Académiques Francophones

Mentions légales / Imprint (applicable pour l'Allemagne seulement / only for Germany)
Information bibliographique publiée par la Deutsche Nationalbibliothek: La Deutsche Nationalbibliothek inscrit cette publication à la Deutsche Nationalbibliografie; des données bibliographiques détaillées sont disponibles sur internet à l'adresse http://dnb.d-nb.de.
Toutes marques et noms de produits mentionnés dans ce livre demeurent sous la protection des marques, des marques déposées et des brevets, et sont des marques ou des marques déposées de leurs détenteurs respectifs. L'utilisation des marques, noms de produits, noms communs, noms commerciaux, descriptions de produits, etc, même sans qu'ils soient mentionnés de façon particulière dans ce livre ne signifie en aucune façon que ces noms peuvent être utilisés sans restriction à l'égard de la législation pour la protection des marques et des marques déposées et pourraient donc être utilisés par quiconque.

Photo de la couverture: www.ingimage.com

Editeur: Presses Académiques Francophones est une marque déposée de Südwestdeutscher Verlag für Hochschulschriften GmbH & Co. KG
Heinrich-Böcking-Str. 6-8, 66121 Sarrebruck, Allemagne
Téléphone +49 681 37 20 271-1, Fax +49 681 37 20 271-0
Email: info@presses-academiques.com

Produit en Allemagne:
Schaltungsdienst Lange o.H.G., Berlin
Books on Demand GmbH, Norderstedt
Reha GmbH, Saarbrücken
Amazon Distribution GmbH, Leipzig
ISBN: 978-3-8381-7006-0

Imprint (only for USA, GB)
Bibliographic information published by the Deutsche Nationalbibliothek: The Deutsche Nationalbibliothek lists this publication in the Deutsche Nationalbibliografie; detailed bibliographic data are available in the Internet at http://dnb.d-nb.de.
Any brand names and product names mentioned in this book are subject to trademark, brand or patent protection and are trademarks or registered trademarks of their respective holders. The use of brand names, product names, common names, trade names, product descriptions etc. even without a particular marking in this works is in no way to be construed to mean that such names may be regarded as unrestricted in respect of trademark and brand protection legislation and could thus be used by anyone.

Cover image: www.ingimage.com

Publisher: Presses Académiques Francophones is an imprint of the publishing house Südwestdeutscher Verlag für Hochschulschriften GmbH & Co. KG
Heinrich-Böcking-Str. 6-8, 66121 Saarbrücken, Germany
Phone +49 681 37 20 271-1, Fax +49 681 37 20 271-0
Email: info@presses-academiques.com

Printed in the U.S.A.
Printed in the U.K. by (see last page)
ISBN: 978-3-8381-7006-0

Préface

Le développement d'applications pour l'informatique pervasive présente un certain nombre de défis pour l'ingénierie des logiciels. En particulier, l'adaptation des applications sensibles au contexte : adaptation à l'environnement (localisation, temps, condition, …), à la connectivité (débit, protocole, …), aux limitations de l'appareil (écran, format de média, …) et même à l'utilisateur (handicap physique, capacité, …). Le programmeur se trouve toujours face à une combinaison complexe de facteurs qui se manifestent dans toute l'application. Dans ce contexte où le multimédia, la mobilité des utilisateurs et l'ubiquité des applications se généralisent, les fournisseurs de logiciel souhaitent offrir des applications adaptables (sensibles au contexte). Beaucoup d'efforts ont été consacrés à l'assemblage et au réassemblage de composants, ainsi qu'à l'adaptation fonctionnelle par remplacement ou reconfiguration des composants afin de satisfaire le nouveau besoin ou le nouveau contexte. La problématique que nous abordons dans cette thèse est celle de l'hétérogénéité comportementale ou sémantique des composants.

L'objectif est de fournir des mécanismes permettant l'adaptation des flux de données multimédia dans des applications basées composants. C'est-à-dire d'assurer l'assemblage de composants hétérogènes. Pour cela, l'architecture doit être capable de vérifier la possibilité d'assemblage des composants à partir de leurs manifestes (un manifeste doit contenir les informations techniques d'un composant). L'assemblage peut ne pas se faire pour deux raisons : incompatibilité fonctionnelle et/ou comportementale. Notre travail porte sur la deuxième raison, dans le cas ou les interfaces d'un composant ne seront pas compatibles avec les interfaces des composants voisins. Par exemple un composant fournit des images de type PNG, alors que l'autre n'accepte que des images JPEG.

La mise en évidence de l'interopérabilité des composants dans un assemblage est une nécessité dans de telles approches. En effet, les architectures logicielles valident les aspects fonctionnels, ce qui n'est pas suffisant pour garantir un assemblage réaliste et remédier aux problèmes d'hétérogénéité des flux de données échangés. Nous proposons, pour mettre en évidence l'interopérabilité et permettre de trouver des solutions aux problèmes d'hétérogénéité, une approche basée modèle appelée MMSA (**M**eta-model for **M**ulti**M**edia **S**oftware **A**rchitecture). Elle permet la description d'architectures logicielles exprimant un système logiciel comme une collection de composants qui manipulent différents types et formats de données et qui interagissent par l'intermédiaire de connecteurs d'adaptation. Nous définissons aussi un profil UML 2.0 pour exprimer et modéliser les nouveaux concepts et contraintes du méta modèle MMSA. La transition vers un profil UML est assurée par les mécanismes d'extension fournis par UML 2.0 afin d'améliorer la vérification et la cohérence des architectures décrites en MMSA.

Nous proposons pour assurer la cohérence des applications vis à vis des changements du contexte, une plate-forme d'adaptation dynamique, l'adaptation dynamique est le processus par lequel une application logicielle est modifiée afin de prendre en compte un changement, que ce soit au niveau de l'environnement ou de l'application elle-même, cette plate-forme surveille et contrôle l'exécution des applications multimédia afin de détecter les changements éventuels du contexte. En cas d'un changement, la plate-forme cherche les solutions possibles et prend la décision adéquate pour l'adaptation de l'application au nouveau contexte. Ensuite, la plate-forme cherche et choisit les services d'adaptation nécessaires afin de les intégrer dans des connecteurs d'adaptation et les réassembler avec les composants métiers de l'application.

Afin d'examiner la projection de MMSA en UML 2.0, les contraintes OCL ont été évaluées dynamiquement sur un modèle de système de surveillance. Nous proposons aux architectes logiciels, un outil qui donne la possibilité de vérifier le modèle d'architecture à chaque modification afin d'assurer sa cohérence structurelle et sémantique. Les différents tests et validations effectués sur les modèles d'architecture garantissent parfaitement notre projection. Cet outil représente une implémentation du profil UML 2.0 pour MMSA dans IBM Rational Software Modeler pour Eclipse 3.1. Cet outil de modélisation visuelle soutient la création et la gestion des modèles MMSA pour les applications logicielles.

Remerciements

Mes remerciements vont tout premièrement à dieu tout puissant pour la volonté, la santé et la patience qui m'a donné durant tous ces années d'études.

Les années de travaux de recherche furent pour moi une réelle expérience scientifique, professionnelle et humaine. De nombreuses personnes ont contribué à l'aboutissement de ces travaux, et je souhaite ici leur exprimer ma gratitude.

Le travail de recherche présenté dans ce livre a été effectué dans l'équipe de recherche T2I (Traitement des Informations et des Interactions) du laboratoire LIUPPA de l'Université de Pau et des Pays de l'Adour et celle du laboratoire LRS (laboratoire réseaux et systèmes) de l'Université Badji Mokhtar Annaba. Les divers travaux de recherche ont été réalisés sous la direction scientifique du Dr. Nacéra Ghoualmi-Zine, Directeur du LRS, du Dr. Philippe Roose et du Dr. Marc Dalmau du laboratoire LIUPPA (France), que je tiens à leurs exprimer ma profonde reconnaissance pour tout ce qu'ils m'ont apporté durant ces années. Leurs connaissances scientifiques et leur personnalité ont été et seront toujours pour moi une référence. Leurs conseils, leurs encouragements et la confiance qu'ils m'ont accordés, m'ont permis de devenir ce que je suis aujourd'hui et je les remercie infiniment.

Je tiens à exprimer mes sincères remerciements à Marc Dalmau pour avoir consacré un temps précieux à la lecture détaillée et à la correction de mes travaux, J'ai beaucoup apprécié de partager des idées sur ce projet comme sur d'autres sujets de la vie et j'espère que nous continuerons à travailler ensemble ces prochaines années.

Je désire manifester ma gratitude à ma famille, ma belle famille et surtout, à ma mère, mon père et mon épouse qui ont parcouru ensemble ce bon bout de chemin dont nous garderons sûrement de très bons souvenirs. Tout en étant très à terre pour me sortir des vapeurs, elles se sont toujours intéressées à mes travaux de recherches et m'ont aidé beaucoup plus qu'elles ne peuvent le croire. Ces années nous ont également donné un bon petit garçon nommée Firas qui aura bientôt six ans, un autre très bon garçon nommée Tamime et le dernière Kinene. J'ai vraiment été comblé de bonheur et d'amour par leur présence à toutes les quatre. Merci infiniment!

Ma reconnaissance s'adresse enfin à mes amis Tahar Benfedda, Ramdane Moula, Salim Ferhat, Djalel Maalem, Mourad Slimi, Lazhar Salmi, Athmane Boukhamla, Hakim Bendjenna, Hakim Beddiar, Farouk, Mehdi Yousfi, Rafik Yousfi, Mohamed Amroun, Louardi Bradji, Mohamed Guesmi, djabalah Hchichi et à tous ceux qui de près et de loin m'ont encouragé durant ces années.

Merci à vous tous !

Contents

Table des figures

TABLE DES TABLEAUX

Introduction générale

Les applications informatiques représentent aujourd'hui une nécessité sur le plan professionnel et, même, personnel. L'évolution technologique des systèmes embarqués et des moyens de communication informatique a encouragé les développeurs à intégrer les terminaux mobiles dans leurs applications, donnant ainsi naissance à de nouveaux systèmes d'information dits pervasifs ou ubiquitaires [BIR97]. Mark Weiser a introduit l'informatique pervasive en décrivant l'ordinateur du 21ième siècle [WEI95] comme un terminal intime ou compagnon actif plus intelligent qu'un assistant de bureau.

La configuration, la mise en service et le maintien en exécution des applications pervasives présente l'un des défis major de génie logiciel à cause du contexte changeant en permanence de ces applications. L'une des approches utilisées pour le développement des applications pervasives est l'approche à base de composants qui consiste à définir une architecture logicielle en se basant sur un ensemble de composants et de configurations possibles.

Le changement de contexte provoque souvent des changements dans l'application, passant d'un changement simple d'un composant à un changement d'une configuration. Ainsi, L'introduction massive de données multimédia dans les systèmes ubiquitaires/pervasives conduit à manipuler différents types de médias, ce qui provoque l'apparition de plusieurs problèmes influençant l'interopérabilité des composants tels que l'hétérogénéité des flux de données échangés entre ses composants. Ces problèmes sont liés à la taille des données (*les flux vidéo sont difficilement gérable selon le type de connexion*), les encodages des données (*formats, codecs, conteneurs, qualité d'encodage*), modalité (*texte reçu alors que la personne est malvoyante, etc.*).

En effet, les travaux dans ce mémoire portent sur les deux points suivants :

1. La modélisation, la configuration et l'adaptation des applications multimédia basées composants qui s'exécutes dans un environnement pervasif lors de la phase d'analyse et de conception;

2. Le développement et le déploiement des applications mobiles, multimédias et sensibles au contexte. Ainsi, l'adaptation dynamique de ces applications sensibles au contexte aux différentes situations.

Dans ce qui suit, nous essayons d'introduire les principaux caractéristiques des systèmes pervasives et de présenter le problème d'hétérogénéité causé par la diversité de média, d'appareil et des besoins. Après, nous présentons une solution à ce problème d'hétérogénéité consiste à adapter les flux de données multimédia. Ensuite, nous introduirons l'approche à base de composants comme approche de développement des applications pervasives et les différents types d'adaptation proposés par cette approche. Enfin, nous terminons l'introduction par la présentation du plan du livre.

Les systèmes d'information pervasifs

Les travaux de [AGO00] ont repris les idées initiées par M. Weiser et ont donné la définition des systèmes pervasifs, qui est maintenant la plus reconnue et répandue dans ce nouveau domaine : « L'informatique pervasive rend l'information disponible partout et à tout moment ». L'enjeu des systèmes pervasifs (ou ubiquitaires) est, dans cette perspective, de fournir les cadres méthodologiques et les mécanismes protocolaires à même de permettre une utilisation fiable, pertinente et efficace de ces systèmes.

A la différence des systèmes d'information classiques, les systèmes pervasifs intègrent des terminaux mobiles de différentes capacités matérielles et logicielles. Ainsi, avec ces systèmes, le téléphone mobile ne sert plus uniquement à de simples communications vocales ou textuelles. Les assistants personnels ne sont plus de simples gadgets de planning et d'organisation. Les ordinateurs de poche ne sont plus isolés de l'Internet. Ces appareils interagissent maintenant avec divers services implantés sur des serveurs d'applications. A titre d'exemple, les gestionnaires de stock veulent consulter l'état de leur stock depuis leur domicile ou même en voyage en utilisant leur téléphone mobile ; les enseignants veulent consulter leur emploi du temps depuis leurs téléphones ; le directeur de l'entreprise veut accéder aux informations de son entreprise partout lors de ses déplacements ; l'infirmière veut consulter le dossier d'un patient et les recommandations prescrites par le médecin depuis son PDA avant de se rendre au domicile de celui-ci, etc.

2.1. Caractéristiques des systèmes pervasifs

Les caractéristiques essentielles des environnements de l'informatique pervasive tels que définies par [KWA02, HEN01] sont :

12

Hétérogénéité des périphériques : le calcul est effectué sur une large gamme d'appareils, de petits appareils, tels que les smart phones, Tablet PC et PDA aux ordinateurs portables et fixes. Chacun de ces appareils a une configuration matérielle et logicielle et des capacités différentes.

Limitation des ressources des appareils : la majorité des appareils mobiles sont conçus pour être petits, en termes de mémoire, de taille de l'écran d'affichage, de puissance de batterie, etc.

Limitation du réseau : la connexion sans fil utilisée par les appareils mobiles a généralement une bande passante limitée et instable par rapport à une connexion filaire. À l'heure actuelle, les normes de technologies sans fil comprennent Bluetooth, Wi-Fi, General Packet Radio Service (GPRS), IEEE 802.11a, IEEE 802.11b, IEEE 802.11g et plusieurs autres sont en cours de développement. La vitesse relativement lente de ces technologies par rapport à un réseau câblé est toujours un obstacle pour exécuter des applications sur ces appareils.

Grande mobilité : les utilisateurs doivent pouvoir se déplacer librement d'un endroit à un autre avec leur appareil mobile, sans que les applications qu'ils utilisent ne soient exagérément perturbées.

Préférences de l'utilisateur : les préférences des utilisateurs sont généralement liées à l'appareil, la localisation, l'activité (*les activités qu'un utilisateur souhaite mener dans le système*), les préférences de résultat (une organisation attendue des contenus délivrés par ces activités) et les centres d'intérêts de l'utilisateur. ils portent sur le processus d'adaptation (temps de réponse), sur les données (contenu et contenant) et sur la personnalisation des résultats (livraison et mise en forme).

Les préférences de l'utilisateur constituent un aspect très important pour la définition du profil de l'utilisateur : elles décrivent notamment les attentes de l'utilisateur par rapport au contenu et à la présentation des données dans son dispositif d'accès lors de son interaction avec le système.

Pour l'informatique ubiquitaire, où les applications sont sensibles au contexte «context-aware applications», les applications doivent prendre en compte la situation de l'utilisateur dite : situation contextuelle qui englobe le contexte d'utilisation ainsi que les préférences de l'utilisateur.

2.2. Problème d'hétérogénéité

L'intégration des terminaux mobiles dans les nouveaux systèmes d'information n'est pas une tâche aisée. En effet, les applications déjà développées n'ont pas été conçues pour être utilisées sur des terminaux qui ont des performances très réduites par rapport à celles des PC standards. La plupart d'entre eux ne dépassent pas des dizaines de Mo de mémoire. De plus, la bande passante de transmission est faible, ce qui rend les transferts de données plus lents et plus coûteux. En outre, la taille de l'écran est considérablement réduite. Enfin, ils présentent une grande diversité d'API (Application Programming Interface) de développement.

Cette mutualisation des moyens informatiques et la tendance vers des médias de plus en plus riches et variés échangés entre des appareils qui ont des profils différents, ou des utilisateurs avec des besoins et des caractéristiques différentes a engendré plusieurs problèmes d'hétérogénéité. Toutefois la communication inter-composant devient de plus en plus complexe, et parfois même impossible, en raison d'une part, de l'hétérogénéité des moyens et des composants d'accès à l'information et, d'autre part, du fait que les contenus peuvent être trop complexes pour qu'un terminal ayant des capacités limitées puisse les traiter et les présenter correctement. Pour répondre au besoin de fournir un accès au contenu et aux applications multimédia pour les appareils mobiles, l'information multimédia doit être adaptée aux appareils hétérogènes, aux besoins des utilisateurs et à l'environnement mobile et mouvant.

Le problème d'hétérogénéité couvre plusieurs aspects. Le point de départ est l'hétérogénéité de l'environnement. Ce problème est apparu avec l'évolution rapide qu'a connue l'informatique dans les technologies des supports physiques à partir desquels l'information est consultée. Désormais on peut accéder aux informations boursières sur un téléphone cellulaire, effectuer des transactions avec un assistant personnel, etc. En parallèle, le contenu de l'information a aussi évolué. Beaucoup de nouvelles fonctionnalités ont été intégrées avec de nouvelles techniques d'encodage. On trouve aujourd'hui du contenu sous forme d'images, de son, de texte et de vidéo, ...etc.

Pour illustrer la problématique d'hétérogénéité, considérons l'exemple de la figure 1. Dans cet exemple, on trouve trois types d'environnements, dans le premier se trouve un utilisateur aveugle avec un téléphone portable, dans le deuxième un utilisateur sourd avec un PDA et dans le dernier un utilisateur muet avec un ordinateur. Supposons que l'utilisateur 3 veuille envoyer une vidéo aux deux autres, la vidéo contient du son et une séquence d'images. L'utilisateur 2 ne peut pas entendre le son et son PDA n'accepte pas le format de la vidéo. Tandis que le premier utilisateur ne peut pas regarder la vidéo. Pour assurer cette communication, on doit faire appel à un système capable de fournir deux types d'adaptation. La première permet de séparer la vidéo (son et image), de faire une adaptation du son vers du texte et d'intégrer le texte dans la séquence d'images pour produire une vidéo compatible avec les besoin du destinataire. La second permet d'extraire la bande son de la vidéo et de l'envoyer vers le destinataire.

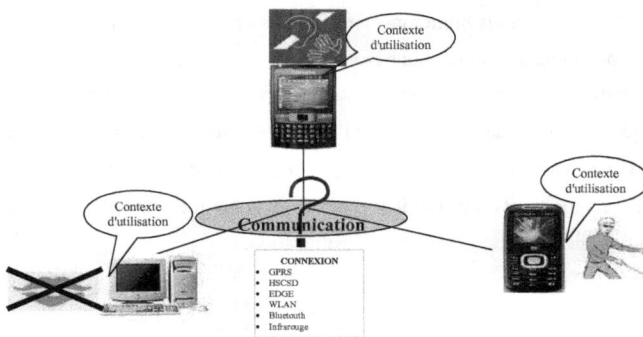

Figure 1- Exemple illustrant le problème d'hétérogénéité

L'informatique ubiquitaire est caractérisé donc par la haute distribution, l'hétérogénéité et la mobilité. Les applications dans ce domaine sont sensibles au contexte, ils sont caractérisées par le fait qu'elles s'exécutent dans un environnement hétérogène et dynamique et par conséquent doivent avoir la possibilité de sentir le contexte afin de s'adapter s'il y a lieu des changent.

Dans ce cadre, garantir l'accès de différents utilisateurs aux systèmes d'information à travers divers dispositifs, ainsi que l'adaptation des données multimédia aux préférences des utilisateurs et au contexte d'utilisation, sont deux problèmes liés.

Adaptation de données multimédia

La gestion des données multimédia recouvre de nombreux aspects: extensibilité du système, accès et intégration des données (en termes d'indexation et d'exécution de requêtes dans un environnement distribué fortement hétérogène), optimisation de

15

l'utilisation des ressources et de la qualité de service (bande passante réduite, discontinuité du service). Enfin, l'adaptation de contenus multimédias constitue certainement l'un des mécanismes principaux dans la mise en œuvre effective des applications pervasives. La très grande hétérogénéité des moyens de connexion et des conditions de communication (bande passante notamment), la très grande variabilité des préférences des utilisateurs et la diversité des médias (texte, image, son, vidéo) imposent en effet de fournir des outils adéquats d'adaptation des contenus aux contextes.

La fourniture et l'échange du contenu multimédia est un sujet de recherche qui a suscité de nombreux travaux. Nous limiterons notre discussion aux questions liées au problème de l'adaptation de contenu et nous montrerons comment on peut résoudre les problèmes nés des caractéristiques inhérentes à l'informatique pervasive. L'adaptation de contenu est un processus de personnalisation du contenu permettant son adaptation à l'utilisateur et au contexte de l'environnement. En résumé, la nécessité de l'adaptation du contenu en environnements pervasifs est motivée par la disponibilité limitée des ressources, les préférences des utilisateurs, et le contexte d'utilisation.

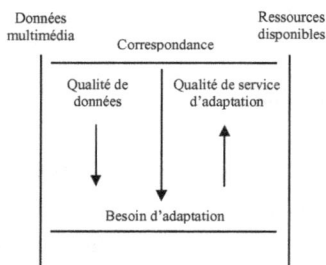

Figure 02- Compromis entre les appareils et le contenu multimédia

La figure 2 montre le compromis entre la qualité de service d'adaptation et la qualité de données multimédia en fonction de la correspondance entre les données multimédia et les ressources disponibles. Dans les applications multimédia, la qualité d'un service d'adaptation (e.g : compression) dépond de la qualité de la données (e.g : image). Par exemple un service de compression avec perte est plus rapide qu'un service de compression sans perte, aussi la taille de la données est plus petite par rapport à la taille donnée par un service sans perte. Donc, une qualité de données supérieure implique une qualité de service inférieur, ainsi selon l'adéquation entre les ressources et les données multimédia on décide l'adaptation nécessaire.

16

L'adaptation du contenu multimédia doit être assurée par rapport au type de terminal, à l'utilisateur et à l'environnement, afin de garantir une utilisation confortable des applications dans ces nouveaux environnements pervasifs. Pour réaliser ces adaptations, plusieurs paramètres entrent en jeu :

Profil réseau : dans les réseaux sans fil, la bande passante est limitée, les connexions ne sont pas stables, la qualité de service n'est pas évaluée de la même façon, etc.

Profil utilisateur : l'utilisateur est devenu le point central de la conception des applications pervasives. En effet, des contraintes d'utilisabilité et d'ergonomie se présentent aux concepteurs de ce genre d'application. Ainsi, doit-on prendre en considération les préférences, l'emplacement géographique, le profil, etc.

Profil terminal : la diversité des appareils mobiles influe sur la conception de ces applications. Le comportement de ces deniers doit s'adapter aux capacités matérielles et logicielles de ces appareils.

Tous ces paramètres constituent des contextes d'utilisation différents [SHA90]. Dans la plupart des cas, ces paramètres n'ont pas été pris en compte lorsque l'application a été développée. Ceci oblige généralement les concepteurs à reconsidérer le cycle depuis le début pour prendre en compte ces nouveaux paramètres.

Un grand nombre d'applications pervasives est développé selon une approche à base de composants et/ou services. Malheureusement, ces approches sont essentiellement basées sur l'aspect fonctionnel et ne prennent pas en compte l'hétérogénéité des données (de type : image, son, texte, vidéo et de format d'encodage pour chaque type). Prenons deux exemples simples :

On dispose sur une machine personnelle d'un composant de capture de photo au format JPG et d'un composant de transmission. On dispose sur un PDA d'un composant de restitution d'images au format PNG. L'assemblage fonctionnel entre ces trois composants est parfaitement envisageable, néanmoins il ne peut fonctionner pour cause d'incompatibilité de format. Il est nécessaire de réaliser une adaptation soit à la source, soit à la destination (voire même sur un hôte jouant le rôle de proxy).

Le deuxième exemple est celui d'un composant d'acquisition qui réalise des captures en 1024x768, format incompatible avec la taille de l'écran du PDA, capable de n'afficher que du 640x480, ceci se traduira par un affichage tronqué. Fonctionnellement, l'assemblage est cohérent même au niveau du format d'encodage, ce qui se pose là est un problème de qualité de service, le service rendu par l'affichage n'est pas celui souhaité. Il faut donc pouvoir résoudre, au-delà du format d'encodage, le problème de la donnée et de sa pertinence.

Approche à base de composant

Les progrès technologiques récents ont vu l'apparition d'une grande variété de nouveaux moyens permettant à un utilisateur d'accéder et d'utiliser l'information multimédia qui l'intéresse en tout lieu et à tout moment. Les composants d'accès à l'information ont subi une véritable révolution. En effet, Les utilisateurs veulent accéder au même contenu en utilisant des appareils très divers : ordinateurs portables, assistants personnels, téléviseurs, téléphones cellulaires, PDA, capteurs, etc. La communication iner-composants devient de plus en plus complexe, et parfois impossible, à cause d'une part, de l'hétérogénéité des moyens et des composants d'accès à l'information et, d'autre part, de l'évolution importante des contenus. Par ailleurs, le contenu peut être trop complexe et hétérogène pour qu'un appareil ayant des capacités limitées, puisse le traiter et le présenter correctement.

L'approche à base de composants est largement utilisée pour construire des systèmes complexes en s'appuyant sur les caractéristiques de modularité et d'autonomie pour le choix des éléments et la caractéristique de la compossibilité pour relier et attacher ces élément dans un bloc cohérent. Ces approches reposent sur des langages de description d'architecture qui aident à la conception et la définition de la configuration, ces langages viennent compléter la notion de composant en permettant la description d'architectures. De nombreux langages de ce type sont développés au sein des universités et des instituts de recherche. On peut citer les projets : UniCon [SHA95], Wright [ALL97], ASEOP [GAR95] et ACME [GAR00] de l'Université de Carnegie-Mellon, Rapide de l'Université de Stanford, xADL de l'Université de Californie, etc. Ils fournissent différentes définitions d'un noyau de concepts maintenant largement adopté : en tout premier lieu, la notion même de composant, mais aussi les notions de connecteurs, de ports, de rôles, etc. qui expriment les services fournis et requis par les composants et les interactions entre eux à travers les interfaces. Ces notions se présentent sous forme graphique, textuelle, ou les deux à la fois.

4.1. Approche à base de composant et applications multimédia

Dans les applications multimédia basées composants, les composants manipulent et échangent des données multimédia de différents types et formats, ce qui exige de prendre en considération le comportement des composants lors du choix des composants et lors de la configuration pour assurer la cohérence et le bon fonctionnement de ces applications.

Le développement d'une application multimédia à base de composants logiciels nécessite de répondre à deux questions principales :

1. Comment concevoir l'application elle-même pour qu'elle s'adapte aux comportements des composants ?
2. Comment concevoir un système garantissant l'adaptation au contexte dynamique en cours d'exécution ?

La première question nécessite une réflexion dans le processus de développement des applications. Le problème d'hétérogénéité doit être réglé d'abord au niveau interne, entre composants de l'application, afin d'avoir des applications homogènes. Puis penser à l'adaptation de ces applications au contexte extérieur. Dans un tel contexte, les applications obtenues par assemblage de composants doivent s'adapter automatiquement à cette évolution. Il faut une spécification de composants correcte (complète, statique et homogène) qui est assez difficile à réaliser en réalité. Il est nécessaire que la structure du système conçue par les concepteurs de composants ne soit pas remise en cause par ces changements.

4.2. L'adaptation et les applications basées composants

L'adaptation des applications basées composants peut avoir lieu avant l'exécution (phase de conception et de développement), au lancement (phase de déploiement) ou pendant l'exécution de l'application. Des règles de cohérence structurelle, comportementale et sémantique sont nécessaires pour l'adaptation à l'exécution des composants.

Selon le moment où l'adaptation intervient (e.g. conception, déploiement, exécution) et qui l'opère, on distingue trois types d'adaptation [BRU01] :

- Adaptation statique, qui intervient avant l'exécution (pendant la conception ou le déploiement).
- Adaptation dynamique, qui intervient tout au long de l'exécution.

19

- Auto-adaptation qui est initiée par le système lui-même.

L'adaptation statique convient à des systèmes basés composants ou orientés services dans lesquels on connait les descriptions et les conditions d'exécution des composants et des services.

L'adaptation dynamique des composants est étudiée dans différents contextes d'exécution (par exemple sans ou avec mobilité). Elle fait appel à des concepts variés (canevas, patrons de conception ou bus logiciels génériques). Elle met en œuvre différentes notions (la sémantique de la communication, la réflexion des systèmes complexes via la réification, l'introspection et l'intercession) appartenant aux aspects tant fonctionnels que non fonctionnels.

L'auto-adaptation est généralement considérée comme une adaptation dynamique qui se distingue par le fait qu'elle est déclenchée par le système à adapter. L'auto-adaptation est très intéressante dans certains environnements très dynamiques tels que les réseaux mobiles où la qualité de transport est versatile. L'auto-adaptation a toutefois un coût non-négligeable sur les performances dans la mesure où elle alourdit le travail demandé au système. Ce dernier doit en effet, en plus des tâches qui lui incombent, maintenir à jour sa connaissance de l'environnement d'exécution et réaliser les adaptations nécessaires.

4.3. Les ADL et la notion d'adaptation

Des approches comme [ALL97, BER00, MAX05, ATT09] permettant la séparation des préoccupations fonctionnelles ont été proposées dans le but de capitaliser les besoins fonctionnels des composants. Dans cette perspective plusieurs idées ont été proposées. On distingue principalement deux catégories d'approches pour les architectures logicielles : celles inspirées du développement de logiciel à base de composants (CBSE) et celles orientées services (SOA). Dans le premier cas [SZY97, ALL97, BER00], l'accent est mis sur la structure statique du système : les éléments logiciels sont des composants assemblés par des connecteurs dans des configurations. Dans le second cas [PAP03, MAX05, ATT09, ASR09], l'accent est mis sur la structure fonctionnelle du système : les éléments logiciels sont des fonctionnalités (des services) liés par des relations de type collaboration ou composition.

Les ADL permettent d'analyser et de vérifier très tôt dans le cycle de développement les propriétés que le futur système devra satisfaire, en particulier les propriétés d'homogénéité et de compatibilité des composants manipulant divers médias. En effet, les applications

20

actuelles telles que les systèmes embarqués incluent la notion de média comme une caractéristique importante de leur comportement [AVI 04, BAL 03]. La plupart des ADL existants tels que SPT-UML [GRA 04], MARTE [OMG 06], fractal [BRU04], SCA [BAR07], Kmelia [ATT09] et AADL [SAE08] ne prennent en compte ni l'adaptation ni les propriétés liées aux flux multimédia lors de la conception du logiciel. Certains, traitent le problème d'hétérogénéité par modification de paramètres de la configuration (ajout, retrait ou remplacement de composants) [MAR04] ou par un métamodèle qui vérifie l'adéquation du service à son contexte et recherche la stratégie d'adaptation [MAR07]. Au niveau dynamique, Plusieurs projets de recherche récents proposent des architectures d'adaptation multimédia telles que l'architecture basée Wrapper proposé par Metso [MET01], MAPS [LIE03], M21 [VET04], APPAT [LAP05], DCAF [BER05], NAC [LAY05] et PAAM [ZAK06], s'inspirant d'un modèle P2P amélioré.

En ce qui concerne la mise en œuvre de l'adaptation proprement dite (i.e., l'adaptation des composants), deux approches sont possibles [MSK04] :

- L'adaptation comportementale qui consiste à rendre le code paramétrable afin de pouvoir modifier le comportement d'un service ;
- L'adaptation architecturale qui repose sur des liaisons, ou assemblages, dynamiques entre les composants logiciels pour rendre possibles ces changements de comportement. L'adaptation architecturale a l'avantage de ne pas nécessiter de connaissances particulières sur le comportement interne du module logiciel.

Aperçu de la proposition

Dans ce livre, nous nous intéressons à la problématique de l'adaptation de contenus multimédias dans le cadre des systèmes d'information pervasifs. le sujet sera abordé selon deux facettes différentes : la première est au niveau architectural, elle touche beaucoup plus les composants logiciels d'une application, et cherche à assurer l'interopérabilité entre ces composants à partir d'une analyse des propriétés et des caractéristiques des flux de données échangés, la deuxième est au niveau de la mise en œuvre et de l'exécution, c'est l'adaptation dynamique, elle touche l'interaction de l'application constituée des composants logiciels et matériels avec le monde extérieur.

Le point de départ de cette recherche a été la conception d'un système d'information pour assurer l'adaptation des flux multimédia échangés entre les composants d'une application ubiquitaire. Au cours de cette recherche nous avons constaté que l'hétérogénéité des composants en matière de caractéristiques physique, logique et en matière de flux multimédia doit être traitée à un niveau plus haut dans le cycle de vie de développement des applications, plus précisément au niveau de la configuration. Ce qui permet : de choisir les meilleurs composants logiciels constituant l'application, de détecter les points d'hétérogénéité entre ces composants et de se préparer à résoudre les problèmes survenant après l'intégration des composants matériels.

Les principales contributions de ce livre sont les suivants:

1. Dans un premier temps, un métamodèle d'architecture logicielle pour applications multimédia intégrant les propriétés des flux de données multimédia. L'adaptation des flux de données est déportée sur des connecteurs appelés connecteurs d'adaptation. Ces derniers intègrent les services d'adaptation nécessaires ainsi que des extensions qualitatives de ces services afin d'offrir une mesure de QdS reflétant l'évolution du flux de données suite aux adaptations.

2. Dans un deuxième temps, nous proposant une plate-forme pour l'adaptation et l'auto-adaptation des applications multimédia configurées avec l'approche MMSA, cette plate-forme contient tous les services nécessaires au : suivi de l'exécution, contrôle de qualité, changement de contexte, adaptation de composants, etc. elle s'appuie sur des mécanismes d'auto-adaptation pour intégrer de nouveaux connecteurs et services d'adaptation et composer à la demande des services d'adaptation complexes à partir des services d'adaptation existants. Ainsi, la construction dynamique de connecteurs d'adaptation des flux de données multimédia en fonction du contexte d'exécution est rendue possible.

Plan du livre

Ce livre est organisé en deux parties :

1. Partie consacrée à l'adaptation statique : cette partie est organisée autour de trois chapitres. Le premier chapitre représente un état de l'art de quelques ADL, suivi d'une étude comparative. Le deuxième chapitre introduit notre métamodèle pour les applications à base de composants multimédia, il permet la modélisation de ces applications tout en prenant en considération l'hétérogénéité des composants lors de l'échange de flux multimédia. Le troisième chapitre présente une projection vers UML

22

en utilisant le mécanisme d'extension Profil-UML et une implémentation de ce profil en utilisant l'outil RSM de IBM (Rational Software Modeler), ce qui offre une vérification automatique de l'assemblage des composants constituant une application.

2. Partie consacrée à l'adaptation dynamique : cette partie est organisée autour de trois chapitres. Le premier chapitre présente les différentes architectures et plateformes d'adaptation selon l'approche utilisée, ainsi que les avantages et les inconvénients de chaque architecture et une comparaison entre les différentes approches. Le deuxième chapitre présente les différents descripteurs de données (contexte et données multimédia) et de traitements (service d'adaptation et composant) utilisés par notre plate-forme d'adaptation. Le troisième chapitre présente notre plate-forme d'auto-adaptation des applications multimédia basées composant, ainsi que le processus de choix et d'intégration des services d'adaptation.

3. Le livre s'achève par les conclusions et les perspectives permettant d'améliorer notre proposition et qui donnent d'autres pistes de recherche liées aux domaines d'adaptation, d'architecture basées composants et d'applications multimédia.

CHAPITRE 01 : Langages de description d'architecture et Ingénierie dirigée par les modèles

Introduction

Le logiciel prend de plus en plus de place dans l'activité mondiale (télécommunications, transports, énergie, gestion, transactions financières et administratives, jeux, santé,...) et sa part devient prépondérante dans l'économie : c'est pourquoi le coût d'un logiciel doit être maîtrisé (productivité) et son temps de développement minimisé (réactivité). Par ailleurs, un logiciel, au delà de sa qualité intrinsèque, doit pouvoir s'adapter en permanence aux variations de l'environnement (évolutivité) et être facilement utilisé avec d'autres applications (interopérabilité).

Les architectures logicielles à base de composants, par la rupture qu'elles apportent dans le processus de développement, semblent bien être une réponse à ces exigences. Sous certaines conditions, il est aujourd'hui parfaitement envisageable de mettre en place une véritable industrie de composants logiciels réutilisables qui permettra une maîtrise sans précédent du développement d'applications. Sachant qu'une application peut être considérée comme un ensemble de composants logiciels qui travaillent ensemble. Tous ces éléments peuvent être construits en utilisant la même technologie ou en utilisant des technologies différentes. Ils peuvent s'exécuter à l'intérieur du même processus du système d'exploitation, dans des processus différents, sur la même machine ou sur plusieurs machines connectées. Dès lors qu'une demande de développement est définie, deux choses sont nécessaires: un moyen de créer des composants et un mécanisme pour décrire comment ils fonctionnent ensembles. Les approches à base de composants apparaissent de plus en plus incontournables pour le développement de systèmes et d'applications répartis. Il s'agit de faire face à la complexité sans cesse croissante de ces logiciels et de répondre aux grands défis de l'ingénierie des systèmes : passage à l'échelle, administration, autonomie.

La section deux nous permet de définir ce que sont les composants et les applications à base de composants. Tandis que la section trois présente un ensemble d'ADL avec différentes caractéristiques. La section quatre parle de Ingénierie dirigée par les modèles et la relation entre UML et l'architecture logicielle. Alors que la section cinq cite les travaux connexes dans le domaine des connecteurs logiciels. La dernière section résume les avantages et les inconvénients de ces ADL ainsi que les principaux éléments de chaque modèle de composant et une évaluation de chaque ADL par rapport à certaines propriétés. Ceci nous permettra de situer nos propositions par rapport aux ADL étudiés dans ce chapitre.

Définitions

Nous nous intéressons dans cette section aux concepts d'architecture logicielle. L'objectif n'est pas de proposer une nouvelle définition ni de comparer les définitions proposées, mais plutôt de s'interroger sur les concepts eux-mêmes.

2.1. Composant

Un composant logiciel est une unité de composition spécifiant, par contrat, ses interfaces (fournies et requises) et ses dépendances explicites au contexte. Un composant logiciel peut être déployé indépendamment et peut être sujet de composition par un tiers pour la conception d'applications logicielles [SZY96].

"A Software component is a unit of composition with contractually specified interfaces and explicit context dependencies only. A Software component can be deployed independently and is subject to composition by third parties".

Il résulte de cette définition que :

- Un composant est une unité de composition spécifiant, par contrat, ses interfaces (fournies et requises) et ses dépendances explicites aux contextes ;
- Un composant logiciel peut être déployé indépendamment (installation sur différentes plates-formes, collaboration et coopération avec d'autres composants) ;

Un composant peut également être capable de s'auto-décrire, ce qui permet aux constructeurs d'applications de l'utiliser facilement sans qu'ils aient besoin d'en connaître le fonctionnement.

2.2. Connecteur

En se basant sur les définitions proposées dans la littérature pour les connecteurs, nous proposons la définition ci-après qui combine les points essentiels de celles-ci.

Les connecteurs sont des entités architecturales de communication qui modélisent de manière explicite les interactions (transfert et contrôle de données) entre les composants. Ils contiennent des informations concernant les règles d'interaction entre les composants. Ainsi, l'objectif des connecteurs est d'atteindre une meilleure réutilisabilité lors de l'assemblage des composants. En effet, la raison de l'existence des connecteurs est de faciliter le développement d'applications à base de composants logiciels. Les composants s'occupent du calcul et stockage tandis que les connecteurs s'occupent de gérer les interactions (communication/coordination) entre les composants.

Les connecteurs peuvent décrire des interactions simples (appel de procédure) d'une manière directe entre des interfaces de même type ou des interactions complexes en jouant le rôle d'adaptateurs d'interfaces. Medvidovic [MED00] a classé les services d'interaction offerts par les connecteurs en quatre types. Chaque type de connecteur offre un ou plusieurs services d'interaction. Ces services sont les suivants :

- **Le service de communication :** Un connecteur assure ce service s'il s'occupe des transmissions de données entre composants.
- **Le service de coordination :** supporte le transfert de contrôle entre composants. Les appels de fonctions sont un exemple de cette catégorie de connecteurs.
- **Le service de conversion :** convertit les interactions inter-composant si nécessaire. Il permet aux composants hétérogènes d'interagir. L'inadéquation d'interaction est un obstacle majeur dans la composition des grands systèmes. Les services de conversion permettent aux composants qui n'ont pas été spécialement conçus pour fonctionner les uns avec les autres, d'établir et de mener des interactions.
- **Le service de facilitation :** négocie et améliore l'interaction entre composants.

Les connecteurs adaptateurs fournissent des fonctionnalités pour favoriser l'interaction entre des composants qui n'ont pas été conçus pour être interopérables. Ils impliquent des politiques de communication et des protocoles d'interaction entre les composants (conversion). Ces connecteurs sont nécessaires à l'interopérabilité des composants dans des environnements hétérogènes tels que les différents langages de programmation ou les

27

plates-formes informatiques. La conversion peut également être réalisée afin d'optimiser les interactions de composants pour un environnement d'exécution donné. Plusieurs exemples de connecteurs d'adaptation ont été réalisés tels que : l'adaptateur de Yellin et Strom [YEL94] qui permet la correspondance entre des protocoles d'interaction incompatibles ; les tables de fonctions virtuelles utilisées pour la liaison dynamique de méthodes d'appels polymorphes [DRI95] et les packages de DeLine [DEL99] qui permettent à un concepteur de reporter certaines décisions au sujet d'interaction de composant jusqu'au au moment d'intégration de système. L'XMI (XML metadata interchange) peut constituer un support à l'échange de modèles entre les applications et à la conversion de présentation de données [OMG98].

Ainsi, nous pouvons dire que les connecteurs sont des logiciels de communication capables d'adapter les besoins associés aux spécifications d'interfaces requises et fournies (objectif de notre travail). On parle alors de la sémantique des interactions et des flux échangés.

2.3. Configuration

Les composants et les connecteurs sont assemblés à partir de leurs interfaces (ports et rôles) pour former une configuration particulière. Une configuration est un agencement, une topologie ; en d'autres termes, il s'agit d'un graphe de composants et de connecteurs qui décrit une structure architecturale permettant de déterminer si les composants et les connecteurs sont correctement composés.

2.4. Langage de description d'architecture ADL

Il n'y a pas de définition officielle de ce qu'est un ADL. La définition admise est qu'un ADL spécifie les composants d'un système, leurs interfaces, les connecteurs (lieux d'interaction entre les composants), et la configuration architecturale. A partir de cette définition minimale, chaque ADL possède des caractéristiques de modélisation propres liées à sa motivation et à son usage [MED00].

Un ADL doit fournir les possibilités de configuration suivantes :

* **Spécification compréhensible :** Dans un ADL, la syntaxe du modèle topologique doit être simple et intuitive. Dans ce cas, la lecture seule de la configuration doit suffire à la

compréhension du système sans avoir besoin de détails sur les composants et les connecteurs.

- **Composition hiérarchique :** Un ADL doit supporter le fait qu'une architecture entière peut être représentée comme un seul composant dans une autre architecture plus large. Ainsi, il est crucial qu'un ADL supporte la propriété de composition hiérarchique dans laquelle un composant primitif est une unité non décomposable et un composant composite est composé de composants (composites ou primitifs).

- **Raffinement et traçabilité :** Un ADL doit offrir la possibilité de raffiner une configuration à chaque étape du processus de développement. La traçabilité permet de garder la trace des changements successifs entre les différents niveaux d'abstraction.

- **Hétérogénéité :** L'un des buts des architectures est de faciliter le développement de grands systèmes avec des composants et des connecteurs ayant différents degrés de granularité, implémentés par différents développeurs dans des langages (de programmation ou de modélisation) différents et sur des systèmes d'exploitation différents. Un ADL doit alors permettre de réutiliser l'existant et de spécifier une architecture indépendamment des supports techniques utilisés.

- **Passage à l'échelle :** Un ADL doit permettre de réaliser des applications complexes et dynamiques (dont la taille peut devenir importante).

- **Evolution :** Un ADL doit permettre l'évolution de la configuration pour qu'elle puisse prendre en compte de nouvelles fonctionnalités. Cela se traduit essentiellement par la possibilité d'ajouter, de retirer ou de remplacer des composants ou des connecteurs.

- **Dynamique d'une application :** La dynamique de l'application se traduit par les changements qu'elle subit lors de son exécution tels que la création ou la suppression d'instances de composants, au contraire de l'évolution où les changements sont effectués en atelier (offline).

- **Contraintes :** Les contraintes qui décrivent les dépendances entre les composants et les connecteurs dans une configuration sont aussi importantes que celles spécifiées dans les composants et les connecteurs eux-mêmes et viennent les compléter. Le concepteur spécifie ces contraintes, ce qui revient à définir des contraintes globales, c'est-à-dire des contraintes qui s'appliquent à tous les éléments d'une application.

- **Propriétés non fonctionnelles :** Les propriétés non fonctionnelles qui ne concernent ni les connecteurs ni les composants doivent être spécifiées au niveau de la configuration.

Par conséquent, un ADL doit pouvoir définir les contraintes liées à l'environnement d'exécution au niveau de la configuration.

L'ensemble de ces critères permet de faire une comparaison entre les différents ADL, et de choisir l'ADL adéquat relativement à la nature de l'application et à la satisfaction des besoins recherchés.

Après avoir défini les éléments de base des ADL et les propriétés générales de chaque constituant d'une architecture logicielle, nous allons présenter, dans la section suivante, quelques ADL de différentes natures offrant des philosophies diverses pour différentes préoccupations.

Quelques ADL

Différents langages de description d'architecture logicielle existent. Même s'ils possèdent parfois des caractéristiques communes, ils diffèrent sur d'autres relatives aux composants, à la composition de composants, à leurs cycles de vie, etc. Les ADL peuvent être classés en trois catégories différentes [AMI09] : les ADL sans connecteurs, les ADL avec un ensemble prédéfini de connecteurs, et les ADL avec des types de connecteurs explicites. Dans le dernier cas, les ADL fournissent des connecteurs en tant qu'éléments du premier ordre du langage tels que : Wright [ALL97b] [MED99], ACME C2 [GAR00], XADL [DAS05], AADL [ALL02], Cosa [SME04], etc. Tous ces langages cherchent à améliorer la réutilisabilité des composants et des connecteurs en séparant le calcul et la coordination.

3.1. Rapide

Rapide [LUC95] a pour but initial de vérifier par la simulation la validité d'une architecture logicielle donnée. Une application est construite sous la forme de modules ou composants communiquant par échange de messages ou évènements. Le simulateur associé à Rapide permet ensuite de vérifier la validité de l'architecture. Les concepts de base du langage Rapide sont les événements, les composants et l'architecture.

3.1.1. Evénements

Le concept de base de Rapide est l'événement qui est une information transmise entre composants. L'événement permet de construire des expressions appelées Event patterns.

Ces expressions permettent de caractériser les évènements circulant entre les composants. Par exemple, si A et B sont des événements, A>B signifie que B sera envoyé après A. La construction de ces expressions se fait par l'utilisation d'opérateurs qui définissent les dépendances entre événements. L'ensemble de ces opérateurs est répertorié dans le tableau suivant :

opération	sémantique
A > B	B est envoyé après A
A -> B	B dépend causalement de A
A ‖ B	A et B ne sont pas causalement dépendants
A ~ B	A et B sont différents
A and B	A et B sont vérifiés simultanément

Figure 1.1.   Expressions d'événements dans Rapide

3.1.2. Composants

Le composant est défini par une interface. Cette dernière est constituée d'un ensemble de services fournis et d'un ensemble de services requis. Les services sont de trois types :

- les Provides peuvent être appelés de manière synchrone par les composants,
- les Requiers sont les services que le composant demande de manière synchrone à d'autres composants. Un composant peut donc communiquer de manière synchrone avec un autre composant si leurs services requiers et provides sont connectés,
- les Actions correspondent à des appels asynchrones entre composants. Deux types d'actions existent : les actions in et out qui correspondent respectivement à des événements acceptés ou envoyés par un composant.

L'interface contient également une section de description du comportement (clause behavior) du composant. Cette dernière correspond au fonctionnement observable du composant, par exemple l'ordonnancement des événements ou des appels aux services. C'est grâce à cette description que Rapide est en mesure de simuler le fonctionnement de l'application. De plus, Rapide permet de spécifier des contraintes (clause constraint) qui sont des patrons d'évènements qui doivent ou non se produire pour un composant lors de son exécution. Par exemple, une contrainte peut fixer un ordre obligatoire pour une séquence d'événements d'un composant. En général, ces contraintes permettent de spécifier des restrictions sur le comportement des composants.

Une application est représentée par son architecture. Une architecture consiste en des déclarations d'instances de composants, des connexions entre ces instances et des contraintes sur le comportement de l'architecture. Voici la structure d'une architecture :

```
ArchitectureName is
        // Déclarations
                Connections
        // Connexions
                [constraints]
        // Contraintes optionnelles
EndName
```

Les connexions entre les instances de composants sont régies par des règles. Une règle d'interconnexion est composée de deux parties. La partie gauche contient une expression d'événements qui doit être vérifiée. La partie droite contient également une expression d'événements qui doivent être déclenchés après la vérification de l'expression de la partie gauche. L'exemple suivant illustre ces règles :

With Client, Serveur ;

…

// *Déclaration des instances de composants de l'application susceptible d'exister*

?s : Client ; // *Fait référence à une instance de Client*

?r : Serveur ; // *Fait référence à toutes les instances de Serveur*

?d : Data ; // *Fait référence à un bloc de paramètres d'un certain type Data*

…

// *Une régle d'interconnection*

?s.Send(?d) => !r.Receive(?d) ;

// *Si un client transmit un événement de type Send avec ce type de paramètres, alors l'évènement est transmis à tous les serveurs de l'application avec ces paramètre.*

3.1.3. Evaluation

Rapide prend en compte différents modèles d'exécution. Pour cela, il offre, au niveau de l'interface des composants, des appels de service synchrones et asynchrones et utilise plusieurs opérateurs d'interconnexion. De plus, Rapide offre le moyen d'éviter l'installation et le déploiement d'une application de taille importante pour réaliser les tests de validité de l'architecture. En effet, sous Rapide, la simulation d'un modèle génère un ensemble d'événements qui apparaissent à l'exécution avec des relations causales et temporelles.

Rapide permet d'exprimer une caractéristique importante et intéressante : la dynamique d'une application, grâce à l'utilisation de règles d'interconnexion déclenchées par le comportement des composants logiciels au moment d'un changement d'état par exemple.

Cette dynamique est exprimée sous la forme d'ensembles d'instances de composants ou de règles d'interconnexion évoluant selon le comportement des composants. Le langage Rapide ne prend pas en compte la notion de connecteur « statique » et ne permet pas ainsi de représenter un connecteur comme une entité de premier degré.

Avec Rapide, il n'est pas possible de reconfigurer une application du fait de l'inexistence d'opérateurs de création, de suppression, de migration de composants et de modification d'interconnections. De plus, Rapide est un langage qui ne propose pas d'éléments de structuration de l'application.

Enfin, Rapide est basé sur un formalisme de description qui permet des vérifications statiques et dynamiques de l'exécution d'une application. Cette caractéristique est particulièrement appréciable dans le cas d'architectures de grande taille à forte complexité car elle évite l'installation et le déploiement d'une application pour effectuer les tests de validité de l'architecture.

Le tableau 1.1 résume les avantages et les inconvénients de l'ADL Rapide :

Avantage	• Rapide permet d'exprimer la dynamique d'une application de manière précise et détaillée ; • Il est possible de simuler une application grâce à la création d'événements causals et grâce à l'environnement d'exécution intégrée à l'ADL. • Il permet le raisonnement formel sur l'architecture
Inconvénient	• Rapide ne permet pas de générer le code d'une application. Son but est avant tout de vérifier la validité des architectures par des techniques de simulation de l'exécution. • Non prise en compte de la vérification de la compatibilité entre composants lors de l'assemblage. • Il n'y a pas de représentation explicite de connecteurs.

TABLE 1.1. AVANTAGES ET INCONVENIENTS DE RAPIDE

3.2. Fractal

Fractal [BRU02] est un modèle de composants développé par France Télécom R&D et l'INRIA. Contrairement à d'autres modèles comme les EJB ou CCM dont les composants sont plutôt de moyenne granularité et destinés aux applications de gestion tournées vers l'Internet, la granularité des composants Fractal est quelconque. Leurs caractéristiques font qu'ils conviennent aussi bien à des composants de bas niveau (par exemple un pool d'objets) que de haut niveau (par exemple une IHM complète). Le but de Fractal est de développer et gérer des systèmes complexes comme les systèmes distribués. Fractal est composé de deux modèles : un modèle abstrait et un modèle d'implantation.

Par analogie avec la biologie, un composant Fractal est une cellule avec un plasma entouré par une membrane. Le plasma peut contenir d'autres cellules. Une membrane contrôle et gère son plasma. En théorie, un composant peut appartenir à deux ou plusieurs plasmas différents. Chaque membrane définit un contexte de nommage et possède des interfaces internes et externes. Les cellules interagissent à l'aide de signaux échangés par les interfaces.

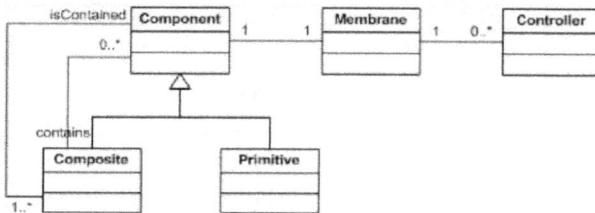

Figure 1.2.   Métamodèle simplifié de Fractal [BRU02]

Fractal fournit un langage de description d'architecture (ADL) dont la syntaxe XML permet de décrire des assemblages de composants. Julia [BRU02] est l'implantation de Fractal en Java.

3.2.1. Composants Fractal

Un composant Fractal est généralement composé de deux parties : une membrane qui possède des interfaces fonctionnelles et des interfaces permettant l'introspection et la configuration (dynamique) du composant, et un contenu qui est constitué d'un ensemble fini de sous-composants (cf. figure 1.3).

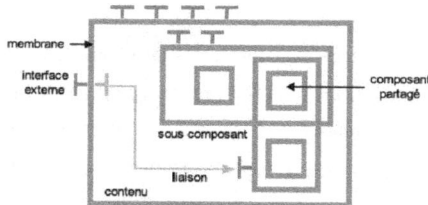

Figure 1.3.   Représentation d'un composant Fractal [BRU02]

34

Le modèle Fractal fournit deux mécanismes permettant de définir l'architecture d'une application : l'imbrication (à l'aide des composants composites) et la liaison. La liaison est ce qui permet aux composants Fractal de communiquer. Fractal définit deux types de liaisons : primitive et composite. Les liaisons primitives sont établies entre une interface client et une interface serveur de deux composants résidant dans le même espace d'adressage. Par exemple, une liaison primitive dans le langage C (resp. Java) est implantée à l'aide d'un pointeur (resp. référence). Les liaisons composites sont des chemins de communication arbitrairement complexes entre deux interfaces de composants. Les liaisons composites sont constituées d'un ensemble de composants de liaison (e.g. stub, skeleton) reliés par des liaisons primitives.

3.2.2. Assemblage de composants

Le langage Fractal ADL permet de décrire, à l'aide d'une syntaxe XML, des assemblages de composants Fractal.

```
<definition name="AbstractClientServer" extends="RootType">
      <component name="client" definition="ClientType"/> <!-- pas d'implémentation -->
      <component name="server" definition="ServerType"/> <!-- pas d'implémentation -->
      <binding client="this.m" server="client.m"/>
      <binding client="client.s" server="server.s"/>
</definition>
```

Figure 1.4.   Un exemple de définition d'une ADL à l'aide de Fractal ADL [BRU02]

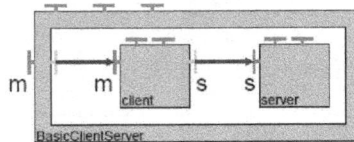

Figure 1.5.   Assemblage Fractal correspondant à l'ADL de la figure 1.4 [BRU02]

La figure 1.5 donne un exemple de définition réalisée à l'aide de Fractal ADL. Le composant décrit est un composite dont le nom est BasicClientServer. Ce composite possède une interface serveur, de nom m. Par ailleurs, le composite encapsule deux composants : Client et Server. La définition du composant Client est intégrée à celle du composant BasicClientServer : le composant a deux interfaces (m et s), il possède une partie de contrôle de type primitive. La définition du composant Server suit le même

35

principe avec une interface serveur s. Enfin, la description ADL mentionne deux liaisons : entre les interfaces m du composite et du Client et entre les interfaces s du Client et du Server.

3.2.3. Evaluation

Fractal [COU06] propose différentes approches basées sur la séparation des préoccupations. L'aspect structurel est pris en compte dans Fractal ADL [COU07]; les assertions sont traitées dans ConFract [COL05] et enfin la dynamique est étudiée dans Vercors [BAR07] ou Fractal/SOFA [BUR08].

Fractal utilise un système de typage qui s'avère efficace pour trois raisons : tout d'abord, ce système vérifie statiquement la validité des interconnexions et leur conformité au typage des entrées et des sorties des composants. Deuxièmement, le typage impose des restrictions d'accès aux entités du système.

Une caractéristique originale du modèle Fractal est qu'il permet la construction des composants partagés. Un composant partagé est un composant qui est inclus dans plusieurs composites. L'imbrication est possible grâce à la notion de composant composite par laquelle on désigne un composant qui contient des sous-composants.

Le modèle Fractal fournit des avantages de réutilisation et tend à offrir une composition hiérarchique. La notion de configuration n'existe pas dans Fractal, l'architecture est définie comme un composant composite. Un autre inconvénient de ce modèle est le fait qu'il se limite à une définition implicite des connecteurs en ne considérant que les composants et leurs structures. Ainsi, ni les propriétés non-fonctionnelles ni la mise à jour dynamique des composants ne sont prises en compte dans Fractal.

Le tableau 1.2 résume les avantages et les inconvénients de l'ADL Fractal :

Avantage	<ul><li>Modèle général, avec peu de restrictions ;</li><li>Bonne séparation des aspects architecture et déploiement ;</li><li>Vérifications statiques possibles (liaisons : invalides, manquantes, etc.) ;</li><li>Capacités d'administration : observation, contrôle, reconfiguration dynamique.</li><li>Ouvert et adaptable : Les services extra-fonctionnels peuvent être personnalisés.</li><li>prise en charge des propriétés non fonctionnelles au travers des contrôleurs,</li><li>modélisation des ressources à partir du concept de composant partagé.</li></ul>

Inconvénient	• L'architecture n'est pas très visible • Non prise en compte de la vérification de la compatibilité entre composants lors de l'assemblage. • Absence de la notion de connecteur • Les propriétés non-fonctionnelles ne sont pas prises en compte, pas plus que la mise à jour dynamique des composants.

TABLE 1.2. AVANTAGES ET INCONVENIENTS DE FRACTAL

3.3. SCA (Service Component Architecture)

Service Component Architecture (SCA) [BAR07, SEI09] définit une approche générale qui fournit un moyen de créer des composants et des mécanismes de composition ainsi décrire comment ces éléments fonctionnent ensemble. Maintenant détenue par OASIS, SCA a été créé par un groupe de fournisseurs, notamment BEA, IBM, Oracle et SAP. Les spécifications de SCA définissent comment créer des composants et comment les combiner dans des applications complètes. Quelle que soit la technologie de composants utilisée, SCA définit un mécanisme d'assemblage commun pour préciser la façon dont ces éléments sont combinés dans des applications.

3.3.1. Composant et Composite

Une application complète peut être constituée d'un seul composé, comme dans l'exemple montré ci-dessous (figure 1.6), ou combiner plusieurs types de composites. Les éléments qui composent chaque composite peuvent tous utiliser la même technologie ou être construits en utilisant différentes technologies. La figure ci-dessous montre à quoi un composite simple, construit à partir de trois composants SCA, pourrait ressembler.

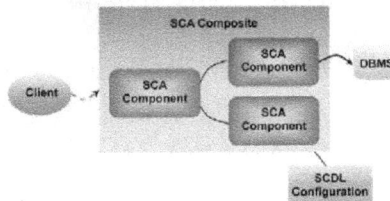

Figure 1.6.   Exemple d'un composite SCA [BAR07]

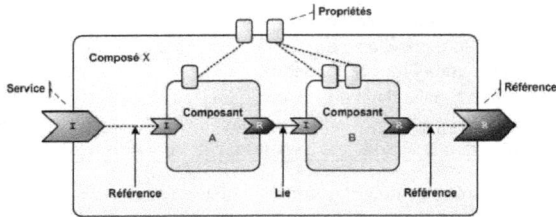

Figure 1.7.   Représentation graphique d'un composite [SEI09]

Un composé n'est donc rien d'autre qu'un composant de plus haut niveau que ceux qui le composent (il fournit des services, dépend de références et a des propriétés). Un composé peut donc, à son tour, être référencé par d'autres composants et utilisé au sein d'autres composés.

3.3.2. Domaine

Les domaines sont un concept important dans SCA. Un domaine peut contenir un ou plusieurs composites, dont chacun a des composants mis en œuvre dans un ou plusieurs processus s'exécutant sur une ou plusieurs machines. La figure ci-dessous en montre un exemple.

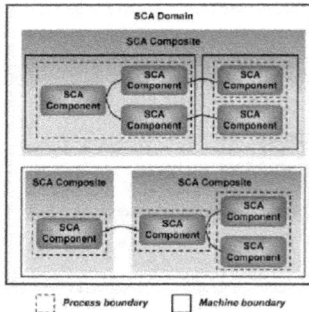

Figure 1.8.   Notion de domaine dans SCA [BAR07]

Le domaine dans la figure 1.8 contient trois composites et trois ordinateurs. Un exemple de composite est représenté dans la partie supérieure de la figure, il se compose de cinq composants répartis sur trois processus dans deux machines différentes. Les deux autres composites, présentés dans la partie inférieure de la figure, s'exécutent sur une seule machine en trois processus distincts.

38

3.3.3. Composant : service, référence et propriété

Dans SCA [CHA07], un composant est une instance d'une application qui a été correctement configuré. La mise en œuvre est le code qui prévoit effectivement les fonctions du composant, comme une classe Java ou un processus BPEL. La configuration définit comment cet élément interagit avec le monde extérieur. Chaque composant repose sur un ensemble commun d'abstractions, y compris les services, les références, les propriétés et les attachements pour préciser ses interactions avec le monde extérieur.

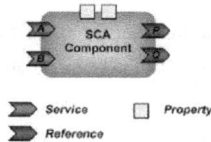

Figure 1.9.   Représentation d'un composant SCA [BAR07]

3.3.4. Attachement

Les services et les références permettent au composant de communiquer avec d'autres applications. La spécification de la communication revient aux attachements. La figure ci-dessous montre comment des attachements sont insérés entre les composants.

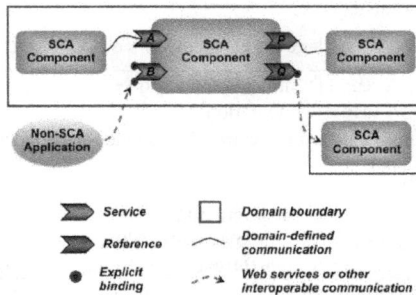

Figure 1.10.   Attachement des composants SCA [BAR07]

3.3.5. Evaluation

SCA propose un modèle de composants permettant de construire une architecture SOA. La plus value majeure de SCA est de ne pas imposer de choix technologiques : SCA permet de décrire un ensemble de services et leurs interactions indépendamment des technologies utilisées.

SCA rend la réutilisation de briques existantes plus simple. Si une fonction métier est implémentée comme un composite SCA, toutes les applications ayant besoin de cette fonction métier peuvent simplement réutiliser ce composite. SCA permet également de définir des propriétés pour un service sans changer l'implémentation de ce service.

SCA facilite l'intégration des composants, il donne aux développeurs une interface unique pour des services écrits dans divers langages et architectures. Une interface unique signifie moins de temps d'apprentissage et plus de temps à consacrer au développement de code métier. De plus, la mise en place de ponts entre ERP et des SI de partenaires de l'entreprise se trouve très largement facilitée car elle n'impose pas de choix technologique. Les méthodes de liaison fournies par SCA permettent aux développeurs d'utiliser un grand nombre de services sans connaître en détails comment y accéder. En définissant ces méthodes d'accès en dehors du code, elles peuvent être modifiées/remplacées sans impact sur le code.

L'abstraction des communications et des connexions entre les composants d'une architecture peut causer des problèmes lors de sa mise en œuvre. Un autre inconvénient de ce modèle est le fait qu'il se limite à une définition implicite des attachements en ne considérant que les composants et leurs structures. Ainsi, les propriétés non-fonctionnelles ne sont pas prises en compte dans SCA.

Le tableau 1.3 résume les avantages et les inconvénients de l'ADL SCA :

Avantage	• SCA rend la réutilisation de briques existantes plus simple.
	• SCA facilite l'intégration
	• forte séparation entre l'implémentation des services et leur assemblage
	• SCA offre :
	  – Une meilleure granularité
	  – Plus lisible, souple et réutilisable
	  – Facilement transformable en JEE Components

Inconvénient	• Les propriétés non-fonctionnelles ne sont pas prises en compte ; • Il n'y a pas de représentation explicite de communication ; • Absence de mécanismes de vérification de l'architecture et de reconfiguration dynamique. • Non prise en compte de la vérification de la compatibilité entre composants lors de l'assemblage.

TABLE 1.3. AVANTAGES ET INCONVENIENTS DE SCA

3.4. Kmelia

Kmelia est un modèle à composants basé sur les services. Il permet de définir un modèle simple d'architecture fondé sur la description des composants, des services et de leurs interactions ainsi que le raisonnement sur des modèles incomplets et le raffinement. Kmelia est un modèle de spécification de composants basé sur des descriptions de services complexes. Les composants sont abstraits, indépendants de leur environnement et, par conséquent, non exécutables.

3.4.1. Méta-modèle Kmelia

Kmelia [AND05] sert à modéliser des architectures logicielles et leurs propriétés. Ces modèles peuvent ensuite être raffinés vers des plateformes d'exécution. Kmelia sert aussi de modèle commun pour l'étude de propriétés de modèles à composants et à services (abstraction, interopérabilité, composabilité). Les caractéristiques principales du modèle Kmelia sont : les composants, les services et les assemblages.

Un composant est défini par un espace d'états, des services et une interface. L'espace d'état est un ensemble de constantes et de variables typées, contraintes par un invariant. Les services modélisent des fonctionnalités (offertes ou requises). Ils sont eux-mêmes constitués d'une interface (qui peut inclure des sous-services) et d'une description d'état et d'assertions (pré/post conditions). Le comportement (dynamique) d'un service offert est caractérisé par un automate qui précise les enchaînements d'actions autorisés. L'interface d'un composant indique les services qu'il propose et ceux qu'il requiert. Les composants peuvent être assemblés ou composés. Une composition est un assemblage encapsulé dans un composant. Dans un assemblage, les services des composants communiquent par échanges de messages sur des canaux. Les canaux sont point-à-point mais bidirectionnels.

3.4.2. Eléments de l'architecture logicielle

Dans Kmelia [AND07, 08, 09], les composants sont assemblés sur leurs services par des liens d'assemblage (les connecteurs) dans des assemblages (les configurations). Kmelia se différencie d'autres modèles d'architectures par un style architectural épuré, dans lequel les connecteurs sont simplement des liaisons et non pas des entités de première classe et par le fait que les services ne sont pas de simples opérations mais des entités de première classe avec des interfaces spécifiques.

Dans un assemblage, un service joue aussi un rôle de port virtuel (appelé canal dans Kmelia) sur lequel circulent des messages. Les communications sont synchrones. Un composant décrit un état (ensemble de variables typées), un invariant d'état et différentes contraintes (sous forme de prédicats).

A. Composant

Un composant est défini par un espace d'états, des services et une interface. L'espace d'état est un ensemble de constantes et de variables typées. Dans l'interface d'un composant on distingue les services offerts (resp. requis) qui réalisent (resp. déclarent les besoins) des fonctionnalités. Les services sont eux-mêmes constitués d'une interface, d'une description d'état et d'assertions (pré/post conditions). Formellement, un service **S** est défini par un couple (**Is; Bs**) où **Is** est l'interface du service et **Bs** est un éventuel comportement dynamique.

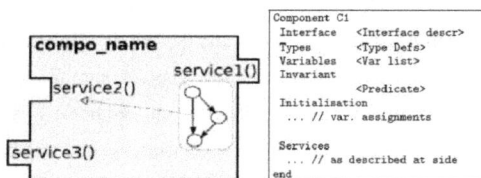

```
Component C1
Interface   <Interface descr>
Types       <Type Defs>
Variables   <Var list>
Invariant
            <Predicate>
Initialisation
... // var. assignments

Services
... // as described at side
end
```

Figure 1.11.   Représentation graphique et syntaxe d'un composant Kmelia
[ATT06]

Dans le modèle Kmelia, un composant se caractérise par: un nom (l'identificateur de composant), un état (variables, prédicats et invariant), une interface pour les services et la description des services. L'interface spécifie les interactions entre les composants et leur environnement [ATT06]. Une interface d'un composant Kmelia présente les services fournis et les services requis.

B. Service

La hiérarchisation de services se base sur des opérateurs de composition (inclusion obligatoire ou facultative de services) et de délégation (services requis de différentes sources, services internes) qui autorisent une conception ascendante ou descendante.

La composition de services dans Kmelia se décline selon deux axes : La composition horizontale définit une relation de dépendance (utilisation) entre services. Elle est basée sur les appels de service et une bonne interaction entre services. Elle permet de définir la composition de composants. La composition verticale définit une relation de structuration hiérarchique (inclusion) qui permet de créer de nouveaux services à partir de services existants

3.4.3. Evaluation

Kmelia présente l'avantage de mettre en avant la notion de service, ce qui procure un pont relativement naturel avec les architectures à services. Kmelia offre la possibilité d'exprimer finement des interfaces riches permettant d'étudier et de vérifier a priori la composabilité de composants.

La prise en compte des données dans les modèles à composants n'est pas nouvelle en revanche il est plus original de combiner données, contrats, dynamique et communications dans un langage intégré. Kmelia le fait à un niveau qui permet la vérification statique de propriétés relatives aux aspects structurels, dynamiques et fonctionnels.

En dépit des avantages que présente Kmelia, ce modèle montre tout de même certaines faiblesses. Tout d'abord, Kmelia fournit une description statique de l'architecture ; aucun ajout ni suppression ne sont autorisés après l'instanciation initiale des composants. D'autre part, les connecteurs de Kmelia se résument à des liens, autrement dit à des connecteurs qui font simplement une correspondance de noms. En fait un lien sert aussi de canal de communication dans les échanges entre services. Il n'y a pas de comportement spécifique associé à ces liens qui ne sont pas non plus des entités logicielles spécifiables.

Le tableau 1.4 résume les avantages et les inconvénients de l'ADL Kmelia :

Avantage	• Kmelia est un langage et un modèle à composants multi-service où les composants sont abstraits et formels de façon à pouvoir y exprimer des propriétés et les vérifier. • Les services de Kmelia peuvent êtres paramétrés par des données et sont dotés d'assertions (pré/post-conditions opérant sur les données). • La hiérarchisation des services et des composants est l'une des caractéristiques de Kmelia qui permet une bonne lisibilité, la flexibilité et une bonne traçabilité dans la conception des architectures. • L'assertion permet la correction d'assemblages de composants après vérification d'une spécification Kmelia

Inconvénient	• Vérification manuelle des assemblages de composants impliquant des services avec des interfaces dotées de pré et post-conditions ; • La distinction entre contraintes du fournisseur et du demandeur se fait d'un point de vue méthodologique et non syntaxique ; • Absence de la notion de connecteur ; • Non prise en compte de la vérification de la compatibilité entre composants lors de l'assemblage.

TABLE 1.4. AVANTAGES ET INCONVENIENTS DE KMELIA

3.5. COSA

COSA décrit l'architecture logicielle d'un système comme une collection de composants qui interagissent par l'intermédiaire de connecteurs. Il intègre la plupart des mécanismes opérationnels inhérents à l'approche objet comme l'instanciation, l'héritage, la généricité ou la composition [OUS04].

La figure 1.12 présente le diagramme de classes du méta modèle de COSA montrant les éléments architecturaux de base qui sont les composants, les connecteurs et les configurations [SME04].

3.5.1. Composant

Les composants représentent les éléments de calcul et de stockage des données d'un système. Chaque composant peut avoir une interface avec plusieurs ports et plusieurs services. L'interface se compose d'un ensemble de points d'interaction entre le composant et le monde extérieur qui permettent l'invocation des services. Un composant peut avoir plusieurs implémentations. Un composant peut être simple ou composé [OUS04].

3.5.2. Connecteur

Les connecteurs définissent des abstractions qui encapsulent les mécanismes de communication, de coordination et de conversion entre les composants. Un connecteur est représenté par une interface et une glu [OUS04, AMI08]. En principe, un rôle est une interface générique d'un connecteur qui doit être lié à un port d'un composant. Un rôle est soit de type « Fourni » soit de type « Requis ». Un connecteur peut être simple ou composé.

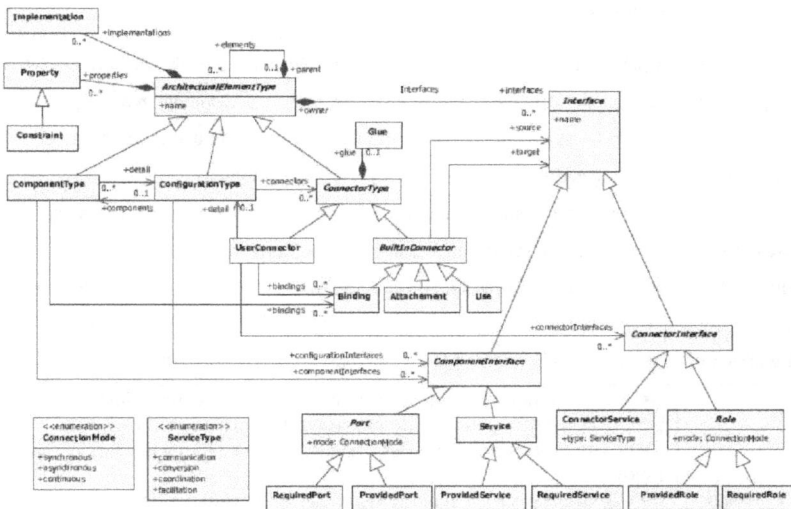

Figure 1.12.   Méta-modèle de COSA [OLI09]

3.5.3. Configuration

Une configuration possède un nom et peut avoir une interface. Cette interface décrit les informations nécessaires à la configuration, y compris les ports et les services. La configuration est définie par des composants, des interfaces et des connecteurs qui permettent les interactions entre les composants.

Il existe trois types de connecteurs utilisés pour lier les composants et les connecteurs :

- Attachment : est un lien entre les ports d'un composant et les rôles d'un connecteur (un port de type « Fourni » doit être liée seulement avec un rôle de type « Requis », un port de type « Requis » doit être liée seulement avec un rôle de type « Fourni »).

- Binding : relie le comportement externe d'un composant (port) à une réalisation interne de ce composant (le comportement externe d'un connecteur (rôle) à une réalisation interne de ce connecteur).

– Utilisation : relie des services aux ports des composants ou aux rôles des connecteurs. Par exemple, un port fourni d'un composant est associé à un service fourni de ce composant et un port requis est associé à un service requis.

45

3.5.4. Evaluation

La prise en compte des propriétés sémantiques proposées dans le cadre de l'ADL COSA (Component-Object based Software Architecture) présente un avantage par rapport aux autres ADL. Ainsi COSA est un ADL hybride qui réfie les concepts communément admis par la majorité des langages de description d'architectures logicielles.

Dans COSA, les connecteurs sont définis comme des entités de première classe et sont utilisés pour connecter des composants, des configurations et des interfaces. COSA distingue deux catégories de connecteurs : les connecteurs utilisateur et les connecteurs de construction.

Le tableau 1.5 résume les avantages et les inconvénients de l'ADL COSA :

Avantage	• La définition des configurations comme des classes instanciables permet la construction de différentes architectures du même système. • La définition explicite des connecteurs est le support fort de leur réutilisation. • COSA supporte l'évolution statique et dynamique des systèmes. Il supporte l'évolution statique grâce aux mécanismes opérationnels tels que l'instanciation, l'héritage et la composition. Il supporte l'évolution dynamique d'un système grâce aux connecteurs actifs qui sont utilisés dans le modèle d'évolution SAEV [NAS07].
Inconvénient	• COSA est un ADL semi formel et reste ainsi limité pour l'expression de la sémantique • COSA manque de spécifications formelles explicites pour représenter les propriétés et les contraintes. • COSA ne propose pas explicitement de manière pour définir des styles architecturaux. • Non prise en compte de la vérification de la compatibilité entre composants lors de l'assemblage.

TABLE 1.5. AVANTAGES ET INCONVENIENTS DE COSA

Ingénierie dirigée par les modèles

L'ingénierie dirigée par les modèles et, en particulier, les processus de développement logiciel à base de modèles ont toujours été au centre des préoccupations des chercheurs. Ils correspondent à un paradigme dans lequel le code source n'est plus considéré comme l'élément central d'un logiciel, mais comme un élément dérivé d'éléments de modélisation.

Cette approche prend toute son importance dans le cadre des architectures logicielles et matérielles en utilisant des standards tels que les spécifications MDA (Model-Driven Architecture) proposées par l'OMG. De telles architectures s'intègrent tout naturellement dans un processus de développement à base de modèles s'assurant, à chaque niveau de modélisation, que les modèles obtenus ont les qualités requises. Cette démarche dirigée par les modèles met le modèle au centre des préoccupations des analystes/concepteurs. Leur élaboration devient donc centrale et le choix du formalisme revêt une importance capitale. Actuellement deux tendances se dégagent : la première est plus généraliste comme UML, la seconde répond davantage aux exigences d'un domaine avec les « Domain Specific Languages » (DSL) et les « Domain Specific Model Language » (DSML). Dans le premier cas le processus de développement est plus long car on part d'un modèle plus abstrait, le second est plus ciblé car les concepteurs peuvent s'appuyer sur des technologies propres à un domaine. Cependant, en débutant le processus avec UML, les modèles pourront être plus facilement réutilisables, par contre en se basant, dès le départ du processus, sur un langage de modélisation spécifique au domaine, le processus restera l'affaire des experts du domaine. Quelle attitude avoir quand on cherche à mettre en place un processus de développement dirigé par les modèles ? Les recherches, menées jusqu'à ce jour dans le cadre de collaborations académiques/industrielles montrent que ces technologies intéressent de plus en plus d'industriels. Elles ont pour effet non négligeable de réduire le temps entre conception, mise au point, production et maintenance des logiciels tout en garantissant toutes les qualités que l'on exige d'eux.

4.1. Apport de l'ingénierie dirigée par les modèles

L'objectif principal d'une approche d'ingénierie dirigée par les modèles (IDM) [BEZ04] est de reporter la complexité d'implémentation d'une application au niveau de sa spécification. Cela devient alors un problème d'abstraction de langage de programmation en utilisant un processus de modélisation abstrait fondé sur l'utilisation de plusieurs standards tels que MOF, OCL, UML et XMI.

L'architecture dirigée par les modèles (MDA) [MEL04, MIL03] est un champ spécifique de l'IDM pour spécifier une architecture à 3 niveaux :

- Une représentation d'un modèle indépendant (CIM). Le CIM décrit le contexte dans lequel les systèmes seront utilisés ;
- Une représentation d'un modèle indépendant de toute plateforme (PIM), à partir de la représentation CIM, elle décrit le système lui-même sans aucun détail sur l'utilisation de

la plateforme. Une représentation PIM sera traduite par une ou plusieurs architectures de plates-formes réelles ;

- Une représentation d'un modèle spécifique à une plate-forme (PSM) à partir de la représentation PIM. A ce niveau, l'environnement des plates-formes ou des langages d'implémentation sont connus.

MDA permet de concevoir une application de gestion de flux à partir des différentes traductions depuis la représentation CIM jusqu'à la représentation PSM. Ces transformations peuvent être automatisées, notamment quand un métamodèle spécifie les règles de transformation entre les différents modèles impliqués. Par ce biais, une approche MDA augmente l'interopérabilité dans des environnements hétérogènes et fournit une méthode d'intégration de systèmes en utilisant des moteurs génériques de transformation.

4.2. Modèle de composants UML2.0

UML 2.0 introduit un certain nombre de nouveaux concepts par apport à la précédente version et affine un certain nombre de concepts existants. Cette section offre un bref aperçu des concepts les plus pertinents pour les architectures logicielles.

Cinq concepts en UML 2.0 méritent notre attention, ils seront abordés ci-après:

1. Interfaces
2. Ports
3. Composants
4. Connecteurs
5. Structure composite

4.2.1. Interface

UML 2.0 étend le concept d'interface pour inclure explicitement les interfaces fournies et requises. Les interfaces requises ont été introduites pour compléter les interfaces fournies et décrire les caractéristiques d'un service qu'un composant utilise pour accomplir ses fonctionnalités.

4.2.2. Port

Le port est un nouveau concept dans UML 2.0 semblable à une interface en ce qu'il décrit comment un composant interagit avec son environnement, mais différent en ce sens que chaque port est un point d'interaction distinct du composant. Les ports peuvent avoir des types, et un composant peut spécifier la multiplicité d'un port. Chaque port peut être associé à un certain nombre d'interfaces (fournies et/ou requises), dans une collection qui soit logique du point de vue interaction.

La figure 1.13 montre un port simple (sans interfaces associées). Le port P est représenté par un rectangle sur la frontière du composant Server et dispose d'une cardinalité 1..*, ce qui indique que chaque instance de serveur aura un ou plusieurs ports P. La figure 1.14 étend cet exemple pour montrer l'association des interfaces spécifiques (fournies et requises) avec le port.

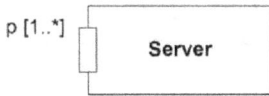

Figure 1.13.   Port Sans Interfaces   **Figure 1.14.**   Port Avec Interfaces

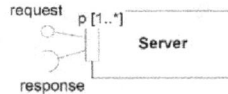

4.2.3. Composant

En UML 2.0, un composant est "une partie d'un système modulaire qui encapsule son contenu". Cette généralisation permet au composant d'être utilisé pour décrire la conception ou la mise en œuvre des applications.

Bien que la représentation graphique des éléments en UML 1.4 (comme indiqué sur la droite de la figure 1.15) soit toujours prise en charge pour la compatibilité descendante, deux autres représentations sont disponibles dans UML 2.0. Les deux exemples sur la gauche de la figure 3.4 montrent les nouvelles options pour la vue extérieure (boîte noire) d'un composant. La représentation la plus à gauche (avec le symbole dans le coin supérieur droit) est la plus utilisé.

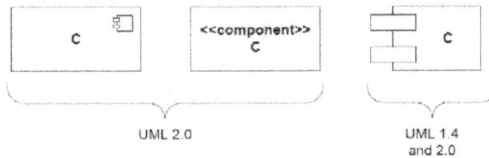

Figure 1.15.   Représentation des composants

49

4.2.4. Connecteurs

Le connecteur est un nouveau concept dans UML 2.0. Il représente un lien de communication entre deux ou plusieurs instances de composants. Les connecteurs peuvent être réalisés par une variété de mécanismes, tels que des pointeurs ou des connexions réseau. Formellement, un connecteur est juste un lien entre deux ou plusieurs éléments connectables (par exemple, les ports ou les interfaces), il ne peut pas être associé à une description de comportement ou des attributs qui caractérisent la connexion. Et donc, il ne peut pas avoir une signification proche de celle du composant et il ne peut pas assurer de traitements.

4.2.5. Structure composite

Il existe deux types de composants en UML2.0 : le composant atomique et le composant composite. La première catégorie définit le composant comme un élément exécutable du système. La deuxième catégorie étend la première en définissant le composant comme un ensemble cohérent de parties. Chaque partie représente une instance d'un autre composant.

La figure 1.16 montre la vue externe dite encore boîte noire d'un composant. Le composant offre deux ports entree1 et entree2 et requiert un port sortie.

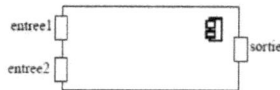

Figure 1.16.   Vue externe d'un composant

La figure 1.17 montre la vue interne dite encore boîte blanche d'un composant. Ce dernier est composé de deux sous-composants. La direction des connecteurs de délégation (cf. section 2.4) indique que les deux ports entree1 et entree2 sont typés avec des interfaces offertes et le port de sortie est typé avec une interface requise. Les sous composants sont connectés par un connecteur d'assemblage non nommé.

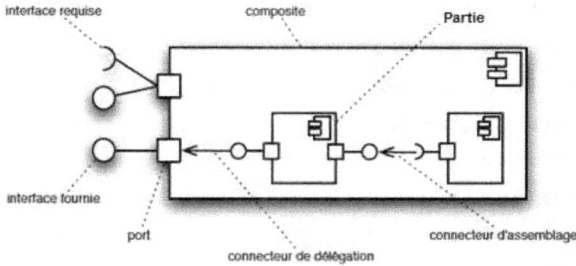

Figure 1.17.   Vue interne d'un composite

A partir d'UML 2.0, un pas vers la description d'architecture a été franchi par rapport aux versions précédentes. Les concepts de port, de connecteur et de diagramme d'architecture ont été introduits ce qui permet à UML d'être un concurrent des ADL.

UML permet aussi bien les descriptions structurelles des architectures que les descriptions comportementales via les protocoles notamment. La plupart des ADL ont les mêmes objectifs qu'UML à savoir la modélisation des systèmes. Depuis sa version 2.0, UML est bien mieux adapté pour décrire des architectures logicielles qu'il ne l'était dans ses versions précédentes [MED02]. Actuellement, non seulement il supporte les principales constructions des ADL mais il offre aussi un mécanisme d'extension (sous la forme de profil) puissant qui permet de l'adapter lorsqu'il n'offre pas en standard un concept ou un mécanisme dont on pourrait avoir besoin.

Malgré les avantages apportés par sa dernière version, UML souffre de plusieurs problèmes dont le principal est sa complexité. Il est en effet difficile de maîtriser complètement les mécanismes UML (surtout les plus récents) qui manquent souvent de précision dans leur spécification. C'est ainsi que des interfaces peuvent être attachées directement à un composant alors qu'elles devraient toujours être attachées à un port d'un composant pour donner plus de sens à ce concept.

4.3. Architectures logicielles et UML

Les quatre niveaux de méta-modélisation appliqués au langage UML (modèle d'un système, modèle UML, métamodèle UML, méta-méta modèle général) induisent trois stratégies potentielles pour modéliser des architectures logicielles en UML [MED02]. Ces stratégies sont :

- L'utilisation directe d'UML
- L'utilisation des mécanismes d'extensibilité d'UML pour contraindre le méta-modèle UML afin de l'adapter aux concepts architecturaux
- L'augmentation du métamodèle UML afin de supporter directement et explicitement les concepts architecturaux

Chaque stratégie a des avantages et des inconvénients. Dans la suite, nous présentons et évaluons ces trois stratégies en s'inspirant des travaux effectués par [MED02, ZAR01, ROH04, GOU03, KAN00, GAR02, IVE04].

4.3.1. Utilisation directe d'UML

Cette stratégie consiste à utiliser les constructions offertes par UML pour représenter les concepts architecturaux des ADL tels que composant, connecteur, rôle, port et configuration. Garlan et al. [GAR02] proposent et évaluent quatre approches permettant de représenter les principaux concepts architecturaux en UML1.x. Ces approches sont centrées sur la représentation des types de composants et des instances de composants en UML1.x. Ainsi, les auteurs proposent les alternatives suivantes :

- Classes et objets : les types de composants sont représentés par des classes UML1.x et les instances de composant par des objets ;
- Classes et classes : les types et les instances de composants sont représentés par des classes ;
- Composants UML1.x : les types de composants sont représentés par des composants UML1.x et les instances de composants par des instances de composants UML1.x ;
- Sous-systèmes : les types de composants sont représentés par des sous-systèmes UML et les instances de composants par des instances de sous-systèmes.

L'utilisation d'UML en tant que tel est également possible pour représenter des ADL particuliers. Par exemple, dans [MED00], la norme UML1.x est utilisée pour modéliser l'ADL C2. Dans [IVE04], UML2.0 est utilisé pour modéliser des concepts architecturaux issus de l'ADL ACME tels que : composant, port, connecteur, rôle et attachement.

L'avantage majeur de l'utilisation d'UML en tant que tel pour la modélisation des architectures logicielles décrites par des ADL est la compréhension de cette modélisation par tout utilisateur d'UML. De plus, une telle modélisation peut être manipulée par des ateliers UML supportant les autres étapes du développement : expression des besoins, conception et implémentation. Quant à l'inconvénient inhérent à cette stratégie, il concerne

52

l'incapacité d'UML en tant que tel –notamment UML1.x- à traduire d'une façon explicite les concepts architecturaux.

4.3.2. Utilisation des mécanismes d'extensibilité d'UML

UML est un langage de modélisation "généraliste" pouvant être adapté à chaque domaine grâce aux mécanismes d'extensibilité offerts par ce langage tels que stéréotypes, valeurs marquées (tagged values) et contraintes. Les extensions UML ciblant un domaine particulier forment des profils UML. Les mécanismes d'extensibilité offerts par UML permettent d'étendre UML sans modifier le méta-modèle UML. Plusieurs travaux permettent d'adapter aussi bien UML1.x qu'UML2.0 aux architectures logicielles. Ces travaux peuvent être classés en deux catégories : ceux visant des ADL particuliers et ceux ciblant des ADL génériques c'est-à-dire comportant des concepts architecturaux communs à plusieurs ADL.

Dans [MED00], les auteurs proposent trois profils UML1.x -précisément UML1.3- respectivement pour les ADL C2, Wright et Rapide. Nous nous sommes fortement inspirés de ces travaux pour l'élaboration d'un profil UML2.0 pour notre ADL MMSA.

L'utilisation de profils pour adapter UML au domaine des architectures logicielles constitue un avantage important : expliciter la représentation des concepts architecturaux sans modifier le méta-modèle UML. De plus, ces profils peuvent être manipulés par des ateliers UML supportant le concept de profil. Actuellement, ces ateliers sont de plus en plus nombreux tels que Softeam UML Modeler (http://www.objecteering.com) et IBM Rational Software Modeler (http://www.rational.com). La contrepartie pour les utilisateurs est de devoir maitriser notamment les contraintes -décrites souvent en OCL- associées aux stéréotypes formant ces profils.

4.3.3. Augmentation du métamodèle UML

Cette stratégie consiste à ajouter de nouveaux éléments de modélisation (de nouvelles constructions syntaxiques) en modifiant directement le métamodèle UML. Ceci donne un nouveau langage de modélisation supportant de façon native les concepts architecturaux. Dans [ENR03], les auteurs augmentent le métamodèle UML afin de supporter directement les concepts issus de l'ADL C3.

L'augmentation du métamodèle UML afin de couvrir des besoins architecturaux a les deux inconvénients majeurs suivants :

- La nouvelle version d'UML devient de plus en plus complexe. Ceci a un impact sur la facilité d'utilisation de ce langage
- la nouvelle version d'UML perd son caractère standard et par conséquent elle devient incompatible avec les ateliers UML existants.

4.4. Profils UML Vs DSL

Le langage UML est décrit par un méta-modèle conforme au MOF. Ainsi un modèle UML peut être sérialisé en XMI (XML Meta-data Interchange). Il y a de nombreux méta-modèles situés au même niveau qu'UML. On peut citer par exemple les méta-modèles CWM (Common Warehouse *Metamodel*), SPEM (Software Process Engineering Metamodel), SysML (System Modelisation with Unified Modeling Language), etc.

Inconvénients UML	Avantages UML
• Obligation de se rattacher au méta-modèle UML • Limitation du mécanisme d'extension Exemple : impossible de créer une nouvelle méta-classe	• Utilisation de la notation graphique UML • Utilisation des ateliers UML existants • Utilisation des différentes technologies UML associées (XMI, OCL, . . .) • Spécification plus rapide d'un composant • Outil intégré de vérification de la structure d'un composant • Outil de génération de code, et de transformation de modèles

TABLE 1.6. AVANTAGES & INCONVENIENTS DU LANGAGE UML

Les avantages réciproques de chacune des deux techniques : profil UML et construction de méta-modèle sont connus. Pour résumer, Johan [JOH08] explique la différence entre UML & DSL :

UML	DSL
• Utile pour analyser et concevoir des architectures ; • Une notation standard qui n'implique pas une décision de mise en œuvre ; • Idéal pour décrire les concepts au niveau supérieur et le glossaire initial (pour faciliter la communication).	• Moins général qu'UML; • Basé sur une stratégie de mise en œuvre.

TABLE 1.7. COMPARAISON ENTRE UML ET DSL

Au delà des avantages/inconvénients de chaque approche [PHI09], il reste une ambigüité permanente sur la définition d'un DSL : la notion de DSL ne s'arrête pas à la frontière Profils/Méta-modèle car ces deux techniques permettent de définir des langages dédiés à certains domaines. Considérant qu'UML intègre dans sa définition la capacité d'être étendu pour cibler un domaine particulier, il intègre donc déjà la notion de DSL qui est une nécessité.

Travaux connexes sur les connecteurs

Les connecteurs fournissent un mécanisme de liaison extensible qui permet de résoudre des problèmes de connexion entre composants. Plusieurs ADL ont présenté ce concept sous différentes acceptions COSA [OUS04], Wright [ALL97], ACME C2 [GAR00], xADL [DAS05], AADL [ALL02], etc.

Nous allons parler de deux travaux récents sur les connecteurs que sont [LUC08] qui a proposé un connecteur de communication générique et [AMI09] qui a proposé plusieurs types de connecteurs.

5.1. Conception et mise en œuvre d'un langage à composants

SCL (*Simple Component Language)* est un simple langage de composants proposé par [LUC08]. Il s'appuie sur une comparaison des caractéristiques principales des langages de composants : composant, interface, port, service et connecteur. L'objectif principal de ce travail est la prise en considération de la connexion imprévue de composants développés de manière indépendante. Comme solution, il propose la production de connecteurs réutilisables et paramétrables à travers l'association aux ports fournis d'un service particulier qui sera exécuté en cas d'absence du service de communication demandé au niveau des ports.

Par ailleurs, SCL intègre un mécanisme de composition plus puissant et extensible par rapport aux ADL étudiés dans le premier chapitre. En SCL, la composition de composants repose sur des entités de première classe, nommées connecteurs, qui représentent les connexions. Ce mécanisme offre un meilleur découplage entre le code métier à l'intérieur des composants et le code de connexion à l'intérieur des connecteurs permettant ainsi de faciliter la réutilisation des composants.

SCL propose également le concept de propriété pour examiner l'état d'un composant sans en violer l'encapsulation. Ce même concept est utilisé dans MMSA pour représenter les propriétés des flux de données échangés entre composants. Ces propriétés sont le support d'un nouveau genre de composants de communication basé sur les changements d'état.

Toutefois SLA ne propose ni mécanismes d'intégration de nouveaux services de communication assurant l'évolution de l'architecture vers de nouveaux besoins de communication, ni techniques de vérification de qualité des architectures et des services fournis.

5.2. C3 (Component Connector Configuration)

C3 propose un connecteur de première classe qui supporte la construction sémantique et hiérarchique des architectures logicielles [AMI09]. C3 est une approche centrée sur les architectures logicielles. Elle permet de décrire une vue de l'architecture logique afin de générer automatiquement l'architecture physique pour toutes les instances de l'application. L'idée est basée sur le raffinement et la traçabilité des éléments architecturaux.

Par conséquent, pour décrire l'architecture logique, trois types de connecteurs sont définis : le connecteur de connexion (CC) utilisé pour connecter des composants et/ou des configurations, le connecteur de décomposition/composition(CDC) qui représente un lien structurel entre une configuration et ses constituants (composants, connecteurs), et le connecteur de compression/expansion (ECC) qui établit un lien de service entre une configuration et ses éléments internes. Chaque type a sa propre sémantique et sa propre forme.

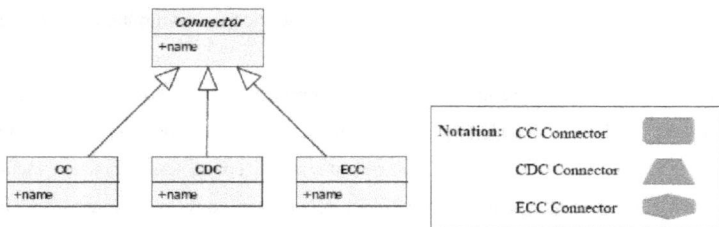

Figure 1.18.   Types de connecteurs dans C3

56

L'architecture physique est une image en mémoire de l'instance de l'architecture logique d'application. Cette image est construite sous forme d'un graphe dont les nœuds sont des instances. Les nœuds de ce graphe sont reliés par des arcs dont les types correspondent à des types spécifiques de connecteurs. Le mécanisme de typage présenté dans C3 permet de faire la distinction entre connecteurs et visualisation des connecteurs au niveau des modèles architecturaux. Cette distinction entre architecture physique et architecture logique permet une bonne gestion de toutes les instances de l'application. En revanche, les connecteurs proposés n'assurent pas la connexion des composants hétérogènes et ne prennent pas en considération la sémantique des configurations et des liens de communication entre composants.

Synthèse

Dans la littérature, plusieurs modèles de composants ont été proposés. Ces modèles offrent différentes façons de concevoir une application. Dans ce chapitre, nous avons présenté des exemples de modèles. Il existe d'autres modèles tels que: .Net, Darwin, OSGi, UniCon, Wright, etc. Cependant, ces modèles se caractérisent par le fait qu'ils sont trop proches de la mise en œuvre et imposent des choix de conception dès les premières phases du développement. Or, nous pensons qu'il est préférable d'introduire ces contraintes progressivement.

Les langages de description d'architecture (ADL) que nous venons de présenter ont tous pour vocation la formalisation, la vérification et la validation d'architectures. Leur but est de raisonner à un niveau plus abstrait que l'implémentation. Cette abstraction permet au concepteur de mieux appréhender la complexité de l'application et de mieux concevoir le fonctionnement et le découpage de celle-ci ainsi que les connexions entre ses différents éléments. La définition de l'architecture d'un système revient donc à la définition des différents composants et connecteurs utilisés dans le système ainsi que de la topologie de leur interconnexion, à l'exception de Rapide où les connexions sont seulement spécifiées dans les composants comme des comportements de communication. Fractal a la particularité d'être introspectable et autorise le partage de composants. Alors que Kmelia présente l'avantage de mettre en avant la notion de service ce qui procure un pont relativement naturel avec les architectures orientées services. Le comportement (dynamique) d'un service est caractérisé par un automate qui précise les enchaînements d'actions autorisés. Ces actions sont des calculs, des communications (émissions, réceptions de messages), des invocations ou des retours de services. SCA propose la notion de liaison pour l'assemblage et de modules pour la création des hiérarchies de composants. SCA n'impose pas une forme prédéterminée de liaison, mais autorise l'utilisation de différentes technologies, comme SOAP, JMS (Java Message Service) ou IIOP pour mettre en œuvre ces liaisons. De même, Fractal autorise différents types de liaisons et n'impose pas de technologie particulière.

Bien qu'ils aient beaucoup de points en commun, les buts recherchés par les ADL ne sont pas toujours les mêmes. Par exemple, certains s'intéressent plus particulièrement à la sémantique des composants et des connecteurs alors que d'autres s'attachent plutôt à définir les interconnexions entre composants et connecteurs. Chaque ADL possède alors ses atouts et le choix de l'un plutôt qu'un autre est guidé essentiellement par les besoins et les attentes du concepteur du système.

Le tableau 1.8 synthétise les critères des ADL cités précédemment :

	Rapide	Fractal	SCA	Kmelia	COSA
Reconfiguration dynamique	Non	Oui	Non	Non	Non
Reconfiguration statique	Non	Oui	Non	Non	Oui
Spécification dynamique	Oui	Non	Non	Oui	Non
Spécification structurelle	Non	Oui	Oui	Oui	Oui
Séparation des préoccupations	Non	Oui	Non	Non	Oui
Constructions récurrentes	Non	Oui	Non	Non	Non
Point d'accès à un composant	Service requiers	Interface fonctionnel	Service	Service	Port
Partage de composant	Non	Oui	Non	Non	Non
Bibliothèques de composants	Non	Oui	Non	Non	Non
Communication	échange de messages ou d'évènements	communication à travers les liaisons	Non explicite	liens entre services	Connecteur

TABLE 1.8. EVALUATION PAR RAPPORT AUX CRITERES DES ADL

Dans le tableau 1.8 nous pouvons voir que l'ADL Rapide, malgré l'avantage de vérification dynamique des applications et le mécanisme de raisonnement formel sur les architectures, ne permet pas de générer une application. Tandis que pour fractal c'est l'architecture qui n'est pas très visible. Nous voyons aussi que la plupart des ADL négligent l'aspect de communication et ne proposent pas de solutions explicites pour le faire.

Le tableau 1.9 résume les principaux concepts des architectures logicielles tels que : composant, connecteur, configuration, etc.

Concepts ADL	Composant	Connecteur	Service	Configuration	Interface	Rôle	Port	Attachement	Variable de Contrôleur
Rapide	Oui	Non	Oui	Non	Oui	Non	Non	Oui	Oui
Fractal	Oui	Non	Non	Non	Oui	Non	Non	Oui	Oui
SCA	Oui	Non	Oui	Oui	Oui	Non	Non	Oui	Oui
Kmelia	Oui	Non	Oui	Oui	Oui	Non	Oui	Oui	Oui
COSA	Oui	Oui	Oui	Oui	Oui	Oui	Oui	Oui	Non

TABLE 1.9. CONCEPTS ARCHITECTUREAUX

Le tableau 1.9 montre que la plupart des ADL ne considèrent pas les connecteurs comme éléments de première classe, à l'exception de COSA qui est parmi les rares langages qui prennent en considération tous les concepts des ADL et qui font la différence entre composant et connecteur par l'utilisation du concept de port et de rôle.

Le tableau 1.10 donne les définitions des principaux concepts pour chaque ADL.

	Rapide	Fractal	SCA	Kmelia	COSA
Composant	Constitué d'une interface de services (Provides, Requiers, Actions).	Découpé en: Contenu & Membrane Deux types : composites, primitifs	Un ensemble de services et de références	Abstrait, Indépendant de l'environnement Non exécutable.	Un ensemble de ports et de services (fournis/requis).
Connecteur	Connecteur non explicite, connexion par flux causal ou par appel de fonction	Connecteur non explicite	Connecteur non explicite	Connecteur non explicite	Connecteur explicite
Interface	Constituée d'un ensemble de services fournis et requis, et contient une description du comportement	Point d'accès à un composant, Interfaces fonctionnelles et interfaces contrôleurs	Services offerts Services requis (références)	Services offerts	Composé de services et de ports \ rôles de communication.

Liaison	Lien entre services requiers et provides.	Lien entre une interface client d'un composant et une interface serveur d'un autre composant.	Lien entre un service et une référence ou un autre composant Non-SCA.	Les services requis par certains composants sont liés aux services offerts par d'autres composants. Etablissement de canaux implicites pour les communications.	Deux types de lien : Attachement : un lien entre un port et un rôle. Binding : un lien intra-composant.
Contrôleur	Contraintes sur le comportement des composants	Permettent l'introspection et la configuration dynamique d'un composant. Prennent en charge les propriétés non fonctionnelles,	Ensemble de propriétés contiennent des valeurs sur l'application, l'environnement et l'état du composant. Consultable par le composant.	Correction au niveau des services (propriétés fonctionnelles) et des assemblages du point de vue des données (propriétés d'assemblage).	Règles à prendre en compte lors de la conception.
Configuration	Remplacée par le concept d'architecture qui utilise une spécification textuelle explicite	Composant composite	Assemblage de composants, services, références, propriétés et des liens qui existent entre ces éléments	Assemblage de composants	Composition de composants, de connecteurs et d'interfaces

TABLE 1.10. DEFINITION DES PRINCIPAUX CONCEPTS ARCHITECTURAUX

L'intérêt de Rapide par rapport aux autres langages étudiés est de fournir des réponses au problème de la description de la dynamique d'une application en termes de schéma de création des composants logiciels, de désignation dynamique des participants à une interconnexion. Ceci est permis par l'utilisation de règles d'interconnexion qui sont "déclenchées" par le comportement des composants logiciels, que ce soit lors d'un changement d'état ou d'une demande de communication avec d'autres composants.

A l'issue de ces comparaisons, on peut dire que les architectures orientées service se rapprochent du monde des composants logiciels. Un exemple est la spécification SCA (Service Component Architecture) qui propose un modèle de programmation pour la construction d'applications à base de composants. SCA intègre les orchestrations WS-BPEL comme des composants qui peuvent être assemblés avec d'autres composants SCA.

A travers les avantages et inconvénients présentés précédemment, les qualités et caractéristiques principales [OUS05] devant être satisfaites dans un modèle de composants sont la réutilisabilité et l'adaptabilité. Par la réutilisabilité, on désigne le degré de réutilisation permis par un modèle de composants. L'adaptabilité quant à elle, exprime l'aptitude à contrôler et permettre à un modèle de composants d'évoluer dynamiquement. Pour accroître la réutilisabilité d'un modèle de composants, certains critères sont préconisés comme :

- L'extensibilité : traduit le fait que l'ajout de nouveaux services ne doit pas perturber ceux déjà existants.

- L'évolutivité : signifie que la mise à jour de l'implémentation d'un composant ne doit pas avoir d'impact sur les composants utilisant ses services.

- La compositionalité : est obtenue par exemple si un composant inclut d'autres composants et délègue ses services d'interfaces aux interfaces de ses composants internes.

- La remplaçabilité : la possibilité de remplacer un composant par un autre qui offre la même interface.

L'objectif principal d'une configuration et d'un assemblage de composants est la coopération et/ou la coordination afin de satisfaire un besoin ou un service. Cette connexion des composants est réalisée en utilisant des mécanismes et des protocoles de communication. Cette communication est représentée par des échanges de flux de données qui sont généralement variés (image, texte, son et vidéo), ce qui nécessite une vérification de cette extension lors de la configuration des composants afin de pouvoir traité le problème d'hétérogénéité engendré par l'échange de données multimédia. Malgré les avantages présentés des différents ADL, cette propriété de communication n'était pas prise en compte dans tous les ADL, ce qui nous a donné l'idée de proposé un métamodèle qui permet la représentation et la prise en compte des échanges entre composants.

Contrairement aux ADL présentés, nous considérons les connecteurs comme des unités d'interaction dotés de comportements dynamiques qui leur permettent de prendre en compte des préoccupations non-fonctionnels. Dans le chapitre suivant, nous allons présenter notre modèle de composants (MMSA) pour les applications multimédia. Il fournit des descriptions dans lesquelles les connecteurs et les services sont les principales entités.

Malgré les nouvelles constructions offertes par UML2.0 [OMG, 2003a] [OMG, 2003b] liées à la description des architectures logicielles, le monde UML continue à sous-estimer l'importance de l'«architecture logicielle» pour l'obtention de logiciels de qualité c'est-à-dire de logiciels corrects, extensibles et réutilisables. Pour faire face à cette situation, nous préconisons une adaptation d'UML2.0 à un métamodèle qui prend en considération les concepts liées au flux multimédia et à l'adaptation de l'architecture logicielle en fonction de l'hétérogénéité comportementale des composants. En outre, UML 2.0 fournit des mécanismes de base pour la définition de profils UML dans le domaine des architectures logicielles.

CHAPITRE 02 : MMSA Une approche pour les applications multimédia

Introduction

Le développement à base de composants est une approche largement utilisée pour construire des systèmes complexes. Fondamentalement, on affecte des exigences à des composants. Il est communément admis qu'il est préférable de séparer les préoccupations fonctionnelles des préoccupations non fonctionnelles. Ceci facilite la recherche des composants métiers satisfaisant les préoccupations fonctionnelles et permet la factorisation de l'utilisation des composants assurant les préoccupations non fonctionnelles. Dans notre approche MMSA (Meta-model for MultiMedia Software Architecture), ces deux types de préoccupations sont assurés respectivement par les composants et les connecteurs. Ainsi les connecteurs assurent la communication et la connexion des composants qui réalisent la partie métier/fonctionnelle. Leur exécution au sein de configurations adéquates conduit à la prise en compte des aspects non fonctionnels.

La conception à base de composants a deux activités fondamentales : la conception pour la réutilisation, et la conception par la réutilisation. L'objectif majeur de la conception pour la réutilisation est de créer une bibliothèque complète de composants réutilisables alors que l'objectif majeur de la conception par la réutilisation est de créer de nouveaux produits en réutilisant les composants déjà existants. Dans ce chapitre nous mettons l'accent sur la deuxième activité pour construire des applications multimédia (applications manipulant plusieurs types de médias tels que le texte, les images, le son, la vidéo). Comparées aux applications conventionnelles, ces applications souffrent de plusieurs problèmes liés à la diversité des médias (type, format et caractéristiques), et à leur adaptation. Ces difficultés sont accrues par le caractère pervasif omniprésent dans de telles applications.

L'hétérogénéité des composants en matière de mécanismes de communication (GPRS, WIFI, Bluetooth, ZigBee, etc.), de vitesse de transmission ainsi que la variété des médias (son, vidéo, texte, image) engendre un problème d'interopérabilité entre les éléments d'une même application. Cela nécessite une prise en compte de l'adaptation à un niveau abstrait afin d'éviter les solutions ad' hoc non réutilisables et/ou généralisables (cf. figure 2.1).

La phase d'analyse permet de séparer les préoccupations fonctionnelles et non-fonctionnelles de l'application. La phase de conception permet de mettre en évidence d'autres préoccupations non-fonctionnelles (communication, adaptation, sécurité, etc.) liées aux composants lors de la configuration.

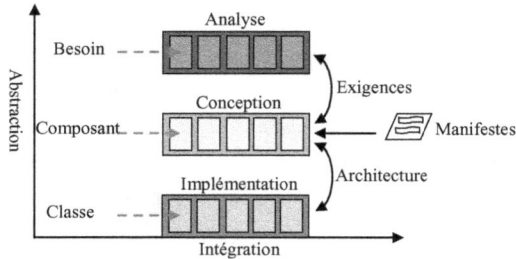

Figure 2.1.   Niveaux d'abstraction de l'architecture logicielle

La définition des architectures logicielles dans le cadre de l'ingénierie logicielle multimédia MSE (MultiMedia Software Engineering) paraît ainsi l'une des pistes les plus prometteuses pour :

- Proposer au concepteur des techniques et des langages de modélisation permettant d'exprimer les propriétés des applications multimédia, des composants et de leurs interactions,
- Capitaliser et réutiliser des modèles d'architectures logicielles adaptés aux MSE,
- Promouvoir des guides de conception propres aux MSE.

Nous proposons ici un méta-modèle d'architecture logicielle pour applications multimédia intégrant les propriétés des flux de données multimédia. L'adaptation des flux de données est déportée sur les connecteurs appelés ici connecteurs d'adaptation. Ces derniers intègrent les services d'adaptation nécessaires ainsi que des extensions qualitatives de ces services afin d'offrir une mesure reflétant l'évolution du flux de données suite aux adaptations.

Problème de l'interopérabilité

L'interopérabilité des systèmes n'est pas un problème nouveau. Plusieurs types d'hétérogénéité ont été exposés (au niveau canevas, architecture, plateforme, modèle, etc.). Un grand nombre de problèmes ont déjà été traités par les nombreuses recherches sur l'intégration [VER96, BER98]. Cependant, alors que l'intégration concerne les aspects organisationnels, l'interopérabilité se focalise principalement sur les aspects techniques. Elle concerne à la fois les systèmes matériels et les systèmes logiciels. De nombreuses définitions existent dans la littérature (pour ne citer que les plus communes) :

- L'interopérabilité est la capacité des systèmes informatiques et des processus qu'ils supportent à échanger des données et à permettre le partage d'informations et de connaissances (EIF, 2004) ;
- « la capacité pour un système à communiquer avec un autre système et à utiliser les fonctionnalités de celui-ci » [VER96] ;
- L'interopérabilité est la capacité, approuvée mais non garantie par la conformité à un ensemble de standards, d'équipements hétérogènes, généralement développés par différents fabricants, de travailler ensembles dans un environnement en réseau [IEE00] ;
- l'interopérabilité est la capacité d'interaction entre les applications d'entreprises. L'interopérabilité est considérée comme acquise si cette interaction peut, au moins, se réaliser à trois niveaux : donnée, application et organisation. Le niveau « organisation » est décomposé en trois sous-niveaux : modèle d'affaire, modèle décisionnel et processus industriel » [IDE03] ;
- L'interopérabilité est la capacité de systèmes, unités ou ressources à fournir ou à d'utiliser des services d'autres systèmes, unités ou ressources et d'utiliser ces services échangés pour leur permettre de coopérer de manière effective [DOD01] ;
- L'interopérabilité est la capacité de communiquer avec d'autres systèmes et d'accéder à leurs fonctionnalités [VER96] ;
- L'interopérabilité est la capacité à communiquer, à exécuter des programmes et à transférer des données entre différentes unités fonctionnelles de manière à ce qu'un utilisateur n'ait besoin que de peu ou pas de connaissances sur les caractéristiques de ces unités [ISO93].

Même si l'aspect plate-forme, intégration et communication est incontournable, nous nous sommes limités, dans nos travaux, à l'aspect échange de données multimédia et nous adopterons donc la définition, adaptée des précédentes, proposée par l'IEEE [IEE90] : *«L'interopérabilité est la capacité que possèdent deux ou plusieurs systèmes ou composants à échanger des informations puis à exploiter les informations venant d'être échangées»*

Motivation pour une approche multimédia

L'introduction massive de données multimédia dans les systèmes ubiquitaires/pervasifs conduit à manipuler différents types de médias, ce qui engendre un problème d'incompatibilité et influence l'interopérabilité des composants de ces systèmes. Les services d'adaptation sont une solution pour résoudre ce problème qui représente l'un des défis majeurs de ces applications. Notre principale motivation est de proposer un métamodèle pour maintenir la cohérence des configurations constituées par des composants hétérogènes en utilisant de nouveaux types d'interfaces graphiques et des connecteurs dotés d'une sémantique plus riche. L'utilisation de ces interfaces permet la détection automatique des points d'hétérogénéité entre composants, alors que l'utilisation des connecteurs d'adaptation permet la résolution de ces hétérogénéités.

Les systèmes sont construits par assemblage de composants et de connecteurs où chaque élément peut être mis à la bonne place dans la configuration de l'architecture. Dans la plupart des ADL et des langages existants on trouve que :

- Le choix des connecteurs disponibles dans l'environnement se limite aux connecteurs primitifs, Les connecteurs composés ne sont pas pris en compte ;
- La gestion des préoccupations non fonctionnelles des composants est assurée après la définition de l'architecture et la configuration des composants, ce qui rend difficile le maintien de la cohérence des applications après l'intégration de ces préoccupations ;
- La gestion des assemblages ne prend pas en considération les hétérogénéités comportementales des composants de l'architecture logicielle ce qui peut rendre inutilisables les données transférées entre composants de l'application ;
- Peu de modèles permettent de définir de nouveaux connecteurs avec des traitements différents qui assurent les préoccupations non fonctionnelles des composants (sécurité, communication, conversion, etc.), ce qui oblige les concepteurs à ne chercher que des composants correspondant aux préoccupations fonctionnelles et non-fonctionnelles.

Il n'y a pas de correspondance directe et automatique entre les architectures (les modèles) et les applications conçues suivant ces architectures (instances). Afin de répondre à ces insuffisances, nous proposons MMSA (Meta-model Multimedia Software

Architecture) pour décrire ces architectures logicielles basées composants multimédia. Fondé sur la définition de quatre types d'interfaces selon le flux de données (Image, Son, Texte, Vidéo) et d'une stratégie d'adaptation des flux multimédia (type, format, propriété) à trois niveaux, il résout le problème d'hétérogénéité des composants. Le méta modèle est constitué pour atteindre les objectifs suivants :

- Assurer un niveau d'abstraction élevé pour les connecteurs afin de les rendre plus génériques, réutilisables et reconfigurables.
- Prendre en compte la sémantique des liens de communication entre composants afin de détecter les points d'hétérogénéité en matière de données échangées et d'insérer des connecteurs d'adaptation capables de régler et d'assurer l'interopérabilité entre les composants hétérogènes.
- Favoriser le maintien et la gestion de la qualité de service d'adaptation et de la communication assurée par les connecteurs en donnant la possibilité d'ajout, de suppression et de substitution de services d'adaptation.

Les contributions de ce travail se différencient de celles des travaux déjà réalisés par le rôle central donné au connecteur dans les architectures dynamiques. Ce travail exploite les capacités des profils UML (méta-modèles et modèles) pour la définition d'une spécification complète pour les architectures des applications multimédia et l'exploitation des contraintes OCL pour vérifier la cohérence des données au niveau de l'architecture (chapitre 03).

Données multimédia et MMSA

Les environnements multimédia sont de plus en plus hétérogènes, l'interopérabilité des composants et des applications multimédia basées composants et le déploiement automatique de tels composants sont très difficiles. En effet, la diversité des langages, des protocoles, des plates-formes et des médias (image, texte, son, vidéo) génère des problèmes d'incompatibilité très importants. De plus l'instanciation et la configuration des applications multimédia, guidées par les préférences des utilisateurs, les exigences du contexte et les caractéristiques des composants multimédia n'est pas une tâche facile à réaliser.

La réalisation d'applications multimédia nécessite deux modèles complémentaires. Un modèle de flux de données multimédia permettant de représenter les différents types de médias échangés entre les composants ainsi que leurs relations et un modèle d'architecture basé sur les concepts d'ADL étendus au multimédia et intégrant les connecteurs d'adaptation. L'idée principale de cette proposition est de permettre la prise en compte des concepts standards des données multimédia ainsi que les propriétés non fonctionnelles (adaptation de données, protocole de communication, sécurité, etc.) d'un composant par des connecteurs au niveau de l'architecture logicielle. L'objectif est ainsi de proposer une description générique, claire et complète. Dans ce qui suit, les différents concepts sont représentés par des modèles. Pour chaque modèle nous détaillerons les relations entre ces concepts.

4.1. Modèle de flux de données

Dans les environnements pervasifs (et donc a priori hétérogènes et mobiles), les appareils peuvent demander tout type de contenu allant d'un contenu textuel à des documents multimédias complexes et riches. Assurer la délivrance des données adaptées à chaque périphérique exige des techniques d'adaptation qui prennent en considération les médias et la structuration des flux. C'est pourquoi leur modélisation est nécessaire. Elle facilite le travail d'adaptation entre médias de même type (image vers image par exemple) ou entre des médias de différents types (texte vers son par exemple).

La structure hiérarchique des médias est exprimée en UML à l'aide d'un diagramme de classe. Les médias se classent en deux catégories : les médias continus, tels que la vidéo et le son, qui sont caractérisés par des dépendances temporelles, et les médias discrets tels que les images et le texte. Chaque type de média a un ensemble de formats d'encodage et possède un certain nombre de propriétés spécifiques comme la résolution (dans le cas des images/vidéo), la fréquence (dans le cas du son), etc. On distingue trois types de liens structurels entre médias : temporel (permet de décrire les dépendances temporelles entre unités), logique (permet de décrire l'organisation logique d'un flux sous forme d'une hiérarchie de médias) et spatial (permet de décrire la disposition des éléments du flux multimédia).

Actuellement, les flux de données multimédia doivent pouvoir être utilisés sur de nombreuses plates-formes (téléphones portables, PDA, ordinateurs de bureau ou portables, etc.). Cette diversification des utilisations et des supports nécessite une adaptation des flux à leur contexte d'exécution, imprévisible au moment de la conception de l'application.

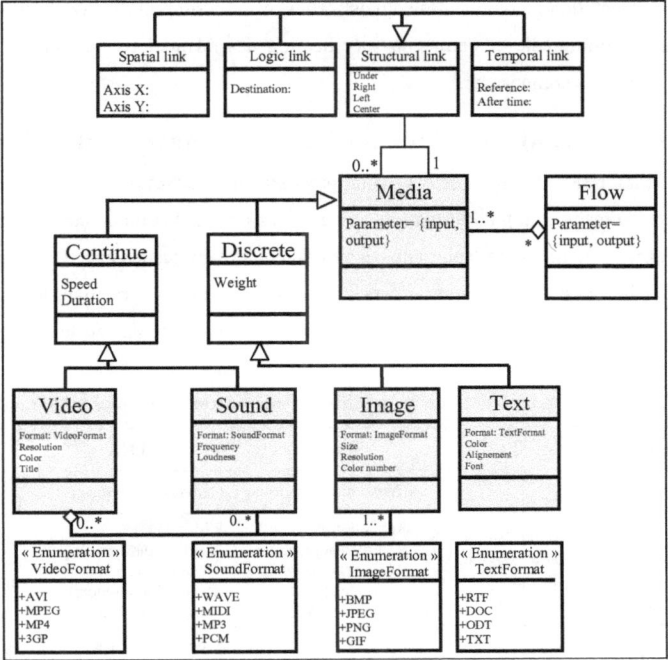

Figure 2.2.   Modèle de flux multimédia MMSA

Pour notre métamodèle nous proposons une notation graphique des ports d'interface multimédia qui permet d'identifier visuellement les entrées/sorties par type et par format de médias de chaque composant et ainsi de mettre en évidence la nécessité de la recherche de connecteurs d'adaptation en cas d'hétérogénéité (cf. tableau 1).

TABLE 2.1.   PORTS D'INTERFACE MULTIMEDIA

69

La représentation graphique des entrées/sorties offre un support de modélisation des flux de données multimédia et permet la spécification des adaptations nécessaires pour une configuration des composants.

4.2. Techniques d'adaptations des données multimédia

L'adaptation des flux de données est un processus permettant une modification du type de média (Transmodage), de format du codage (Transcodage) et/ou du contenu des médias (Transformation) afin de l'adapter aux besoins du composant destinataire. Le diagramme de classes de la figure 2.3 montre les diverses classes d'association permettant le passage d'un type de média à un autre, d'un format de média à un autre format ou le changement de propriétés.

Le tableau suivant présente une taxonomie des adaptations possibles entre média :

Catégorie	Texte	Image	Vidéo	Son
Transcodage	Conversion de format	Conversion de format	Conversion de format	Conversion de format
Transformation	Réduction de la taille de police Changement de police, couleur.	Réduction de la taille Redimensionnement Réduction de couleur profondeur Niveau de gris	Réduction de : -Taux de défilement -Résolution spatiale -Résolution temporelle -Profondeur de couleur	Changement d'échantillon nage
Transmodage	Texte vers Son Texte vers Image	Image vers Texte	Vidéo vers Image Vidéo vers Texte Vidéo vers Son	Son vers Texte

TABLE 2.2.   ADAPTATIONS DES MEDIAS

Nous classifions les traitements d'adaptation de médias en trois catégories :

- Le **Transmodage** consiste à changer la modalité des médias. Par exemple, la transformation d'un texte en image si le terminal cible ne possède pas la police exigée.
- Le **Transcodage** consiste à changer le format de codage des médias. Par exemple, la vidéo peut être transcodée du format MOV au format AVI.
- La **Transformation** des médias ne change ni la modalité ni le format. Ce processus transforme le contenu, par exemple en réduisant la taille d'une image.

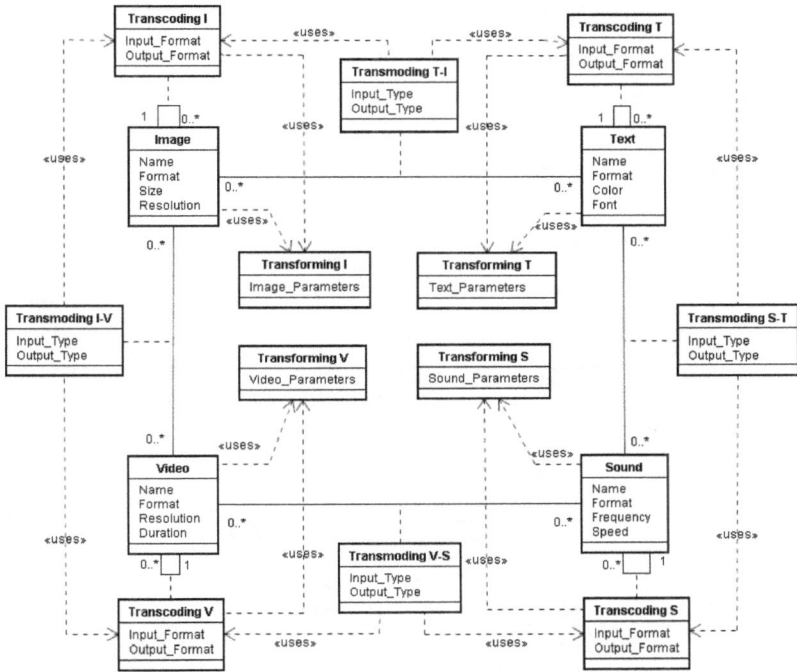

Figure 2.3.   Relations de transformation entre différents médias

Ce diagramme montre les différentes classes d'association permettant le passage d'un type de média à un autre, d'un format de média à un autre, ou d'une propriété à une autre. La relation entre la classe d'association Transmodage et la classe d'association Transcodage exprime que la classe Transmodage peut faire appel à la classe Transcodage pour accomplir sa tâche. Il en va de même entre la classe Transcodage et la classe Transformation. La classe média (son, vidéo, texte, image) utilise la classe Transformation pour changer les caractéristiques de média. Cette relation indique que chaque format de média a un ensemble de paramètres pour gérer les différentes qualités. La transformation est un type particulier d'adaptation qui garde le même type et le même format de média avec des changements de caractéristiques (exemple : mise en noir et blanc d'une image JPEG).

71

4.3. Le méta modèle d'architecture logicielle MMSA

Dans notre approche, nous optons pour la catégorie explicite de connecteurs qui permet de proposer des connecteurs génériques et paramétrables. Ainsi, dans le méta-modèle MMSA, nous présentons un type explicite de connecteurs que le système peut spécialiser selon les besoins de l'architecture et des composants.

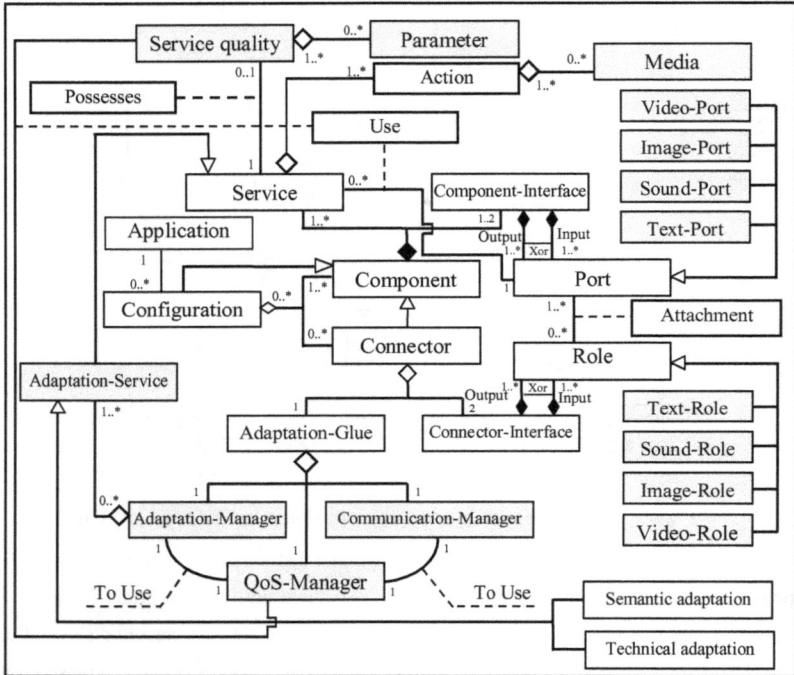

Figure 2.4.   Diagramme de classes de l'architecture logicielle MMSA

Le problème de l'adaptation couvre plusieurs aspects. Parmi eux, l'hétérogénéité du contenu de l'information. Beaucoup de nouvelles fonctionnalités ont été intégrées avec de nouvelles techniques d'encodage. On trouve aujourd'hui du contenu sous forme d'images, de dessins vectoriels, d'animations, de vidéo, etc. Face au problème d'hétérogénéité provoqué par l'évolution qu'a connue le contenu de l'information, les concepteurs doivent réagir à un niveau plus abstrait, afin de proposer des solutions réutilisables et génériques permettant une bonne conception de l'architecture d'une application multimédia.

72

Un ADL pour les applications multimédia doit fournir des mécanismes et des techniques pour résoudre le problème de l'hétérogénéité des échanges de données entre composants, par exemple un composant qui traite des images au format JPEG alors qu'un autre fournit des images de format PNG. Les modèle de composants et les ADL qui existent jusqu'à maintenant ne prennent pas en considération cette dimension. MMSA décrit l'architecture logicielle d'un système comme une collection de composants (homogènes et hétérogènes) qui interagissent par l'intermédiaire de connecteurs. Les composants et les connecteurs ont le même niveau d'abstraction (un connecteur est un composant qui assure l'adaptation et la communication) et sont définis explicitement par la séparation de leurs interfaces et de leurs configurations internes.

Les concepts de base de l'architecture logicielle MMSA sont les mêmes que dans la plupart des architectures logicielles, à savoir : configurations, composants et connecteurs. Le modèle d'architecture logicielle MMSA est un modèle hybride basé sur les concepts d'architecture orientée composants (CBSE) et d'architecture orientée service (SOA). Un composant est défini par un ensemble de services interagissant pour remplir un rôle et communiquant avec l'environnement via deux interfaces (requise et fournie).

Un **composant** est une unité de calcul ou de stockage à laquelle est associée une unité d'implantation et possède un état. Il peut être simple ou composé, on parle alors de composite [ACC02]. Les composants MMSA sont des abstractions qui encapsulent des services manipulant des médias dans plusieurs formats via des interfaces. On distingue deux types d'interfaces, celle de type « Output » qui exporte les données d'un composant, et celle de type « Input » qui importe les données au composant. L'interface décrit les informations nécessaires d'un composant y compris les points de connexion (ports). On définit un type de port par type de média identifié (cf. Tab2). Chacun fournit/requiert des médias de type correspondant. Cette distinction des ports par type de média (son, image, vidéo et texte) permet, dès la phase de conception, la vérification de l'assemblage et la simulation du comportement d'un composant à l'exécution afin de détecter les points d'hétérogénéité entre composants et de les traiter à ce niveau. Ceci apporte une meilleure vérification de la cohérence et de la validité des configurations des architectures logicielles.

Le connecteur correspond à un élément d'architecture qui modélise de manière explicite les interactions entre un ou plusieurs composants, ceci par la définition des règles qui gouvernent ces interactions. Par exemple, un connecteur peut décrire des interactions simples de type appel de procédure ou accès à une variable partagée, mais aussi des interactions complexes tels que des protocoles d'accès à des bases de données avec gestion des transactions, la diffusion d'événements asynchrones ou encore l'échange de données sous forme de flux [ACC02]. Généralement, les connecteurs définissent des abstractions qui encapsulent les mécanismes de communication, de coordination et de conversion (les services de conversion permettent aux composants qui n'ont pas été spécialement conçus les uns pour les autres, d'établir et de mener des interactions). Un connecteur est représenté par une interface et une «glu» [GOU03, SYL07]. Cette description considère le connecteur comme un médiateur entre composants, ce qui limite son rôle à la communication. La spécification d'une glu décrit la fonctionnalité qui est attendue du connecteur. Elle représente la partie cachée du connecteur.

Un **connecteur** MMSA est représenté par une glu et deux interfaces (fournie et requise), La glu peut être un simple composant de communication liant les composants de l'application ou un composite de trois composants assurant la communication, l'adaptation et le contrôle de QdS.

Exemple 1 :

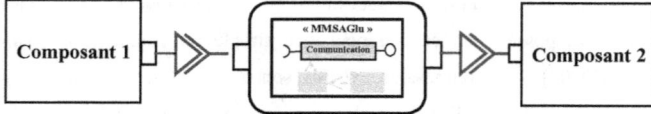

Figure 2.5.   Connecteur de communication

Exemple 2 :

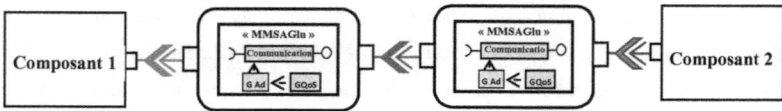

Figure 2.6.   Connecteurs de transcodage d'image JPEG TO BMP To PNG

Dans le premier exemple, les composants échangent le même type et format des données. Ils ont besoin d'un connecteur de communication, mais pas d'adaptation. C'est pourquoi, le gestionnaire d'adaptation et le gestionnaire de QoS sont désactivés (en gris). Alors que le deuxième exemple montre la possibilité de connecter deux composants hétérogènes (un composant qui fournit une image JPEG, à un qui requiert une image PNG).

74

Cela nécessite une adaptation assurée par un ou plusieurs connecteurs en fonction de la complexité de l'adaptation. Dans cet exemple, elle est assurée par deux connecteurs (JpegToBmp et BmpToPNG).

Les composants constituant la glu peuvent être des composants non-MMSA. La glu gère le transfert des données entre composants et permet de faire les adaptations. Une interface requise/fournie d'un connecteur se compose d'un ensemble de rôles. Chaque rôle sert de point par lequel le connecteur est relié à un composant. Cette distinction par rapport aux composants est exprimée par le fait que deux composants ne peuvent être liés que par un connecteur, alors que deux connecteurs peuvent être liés directement.

L'**attachement** est un lien de communication entre un port d'un composant et un rôle d'un connecteur (*un port de type « Output » doit être lié seulement avec un rôle de type « Input », un port de type « Input » doit être lié seulement avec un rôle de type « Output »*). Un connecteur est un composant qui assure la correspondance entre deux composants dans une configuration. Il peut être simple (*un seul connecteur*) ou complexe (*plusieurs connecteurs reliés entre eux*). Dans notre solution deux composants peuvent être reliés par un ou plusieurs connecteurs, cette exigence correspond au fait qu'un composant ait besoin d'un connecteur au minimum pour communiquer avec un autre composant, et puisse utiliser plus d'un connecteur suivant la complexité de la tâche d'adaptation (*cf. figure 2.7*).

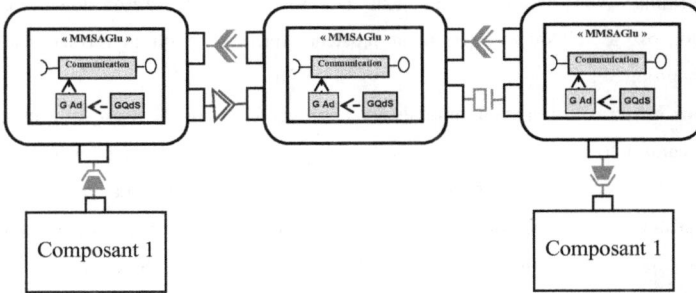

Figure 2.7.   Des connecteurs qui travaillent en parallèle et en séquence

La figure 2.7 présente une adaptation qui fait intervenir plusieurs connecteurs, il s'agit d'une adaptation de vidéo (son et image) vers une vidéo (image et texte) en passant par trois connecteurs d'adaptation (*VidéoToSon+Image, SonToTexte et Son+ImageToImage*).

Une **liaison** est un lien entre un composant MMSA et un composant non-MMSA, ce type de lien permet de faire intervenir des services proposés par des composants non-

MMSA dans la tâche d'adaptation et de profiter du choix de services disponibles sur internet pour avoir une meilleure qualité de service.

Une **configuration** est une interconnexion de composants et de connecteurs via des interfaces. Des contraintes sont nécessaires pour décrire les dépendances entre composants et connecteurs au sein d'une configuration. Le but des configurations est de faire abstraction des détails des différents composants et connecteurs (encapsulation des constituants assurée par restriction de l'accès à travers les interfaces). Une configuration possède un nom et peut avoir une interface (représentée par les interfaces des composants qui fournissent/requièrent des flux à/de l'environnement extérieur) et un ensemble de services (encapsulés dans les composants). La configuration est définie par des composants, des attachements, des liaisons et des connecteurs qui permettent les interactions entre les composants.

4.4. Adaptation de flux de données avec MMSA

Au cours du processus de création de l'architecture, la prise en compte de l'adaptation pour résoudre le problème d'hétérogénéité des éléments de l'architecture (composant, connecteur et configuration) est faite en trois étapes successives : (I) adaptation de types (Transmoding) (II) adaptation de formats (Transcoding) (III) adaptation de propriétés (Transforming). Nous partons du plus générique au plus spécifique (top down), ce choix s'explique par le fait qu'un type inclut plusieurs formats, et qu'un format peut avoir plusieurs propriétés.

Le flux est un constituant essentiel des composants fonctionnels, il est souvent spécifié comme contrainte à associer à une fonctionnalité de communication pouvant impliquer plusieurs composants. Les contraintes de flux telles que le type, le format et les paramètres du média doivent être spécifiées au niveau architectural. Pour cela, nous considérons un nouveau type de composant destiné à assurer un aspect non-fonctionnel : celui de l'adaptation. On l'appelle connecteur d'adaptation des données multimédia échangées entre composants.

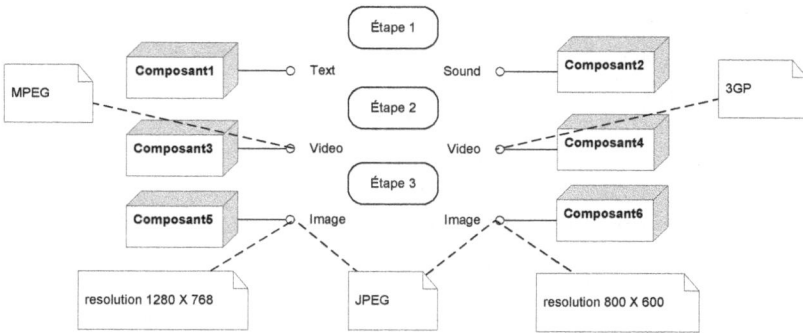

Figure 2.8.   Présentation des types d'hétérogénéités entre composant

La détection d'hétérogénéités se fait automatiquement par la vérification des contraintes de formes et de couleurs. Par exemple un port de type «Text» doit être lié seulement avec un port de type «Text» ayant le même format multimédia. Il en va de même pour les autres types.

4.4.1. Adaptation de types

L'hétérogénéité des composants qui manipulent des médias de types différents est détectée par l'utilisation des formes différentes pour représenter les ports des composants (étape 1, figure 2.8). Donc, deux composants qui n'ont pas les même ports (exemple : port Texte et port Son) ne peuvent être reliés qu'avec l'utilisation d'un ou plusieurs connecteurs d'adaptation de type (cf. figure 2.9). Ce problème sera résolu par l'intégration des connecteurs de transmodage au niveau architectural.

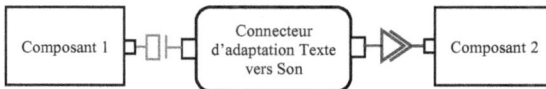

Figure 2.9.   Connecteur de transmodage texte vers audio

4.4.2. Adaptation de formats

L'hétérogénéité des composants qui manipulent le même type de média mais avec des formats d'encodage différents (étape 2, figure 2.8) peut être détecté par la présence de couleurs différentes entre les formats du même type. Donc, deux composants qui n'ont pas la même couleur pour le même port (exemple : port vidéo avec couleur rouge .MPEG et

77

bleue .3GP) ne peuvent être reliés que par l'utilisation d'un ou plusieurs connecteurs d'adaptation de format (cf. figure 2.10). Ce problème sera résolu par l'intégration de connecteurs de transcodage au niveau architectural.

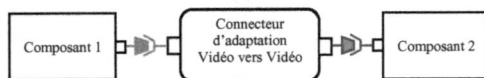

Figure 2.10. Connecteur de transcodage MPEG vers 3GP

4.4.3. Adaptation de propriétés

L'hétérogénéité des composants qui manipulent le même type de média ayant le même format (étape 3, figure 2.8) mais avec des propriétés différentes (exemple : résolution et couleur pour l'image, vitesse et échantillonnage pour la vidéo, etc.) ne peut pas être exprimée visuellement dans notre architecture en raison du nombre important de paramètres qui dépendent du média et du service d'adaptation (paramètres du service). Donc, deux composants qui ont la même couleur pour le même port (exemple : port Image) peuvent être reliés avec un simple connecteur de communication et, lors de l'exécution, le gestionnaire d'adaptation et le gestionnaire de qualité de service gèrent ensemble l'adaptation. A ce niveau le problème d'hétérogénéité sera résolu à l'exécution par une manipulation des paramètres du service d'adaptation, s'il est paramétrable, en fonction du flux produit par le service. Dans le cas contraire, on adoptera un changement de service d'adaptation.

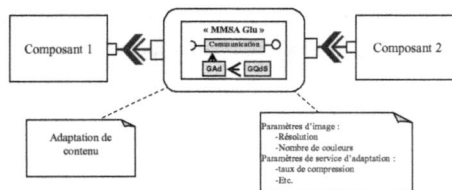

Figure 2.11. Connecteur d'adaptation de contenu image

Le service d'adaptation est paramétré pour qu'une adaptation puisse être appliquée dans différentes situations. Il est appliqué dans plusieurs contextes, par exemple, pour l'adaptation de la résolution d'une image (cf. figure 2.11).

Eléments d'implantation de l'architecture MMSA

Il est largement admis qu'un composant « ne peut être accessible que via des interfaces bien définies» [SZY02]. Ces interfaces lient les composants avec l'environnement. Les langages de description d'architecture proposent des concepts différents pour décrire les interfaces : des éléments tels que les services, les ports, les interfaces, les protocoles, ayant parfois des significations différentes. Par exemple, dans Fractal [BRU04] ou dans Enterprise JavaBeans [MON99], les concepts de port et d'interface sont mélangés c'est pourquoi on ne parle que d'interfaces. Dans les composants UML [CHE00], les deux concepts de ports et d'interface existent comme dans ArchJava [ALD02] où les interfaces sont appelées port d'interfaces. C'est pourquoi nous avons choisi d'expliquer clairement les choix que nous avons faits pour MMSA. En MMSA, un composant fournit ou requiert des services par les ports décrits dans l'interface fournie/requise. Ainsi, MMSA propose un typage de ports pour les différencier selon le type de média manipulé (Texte, Son, Vidéo, Image).

5.1. Composants MMSA

Les composants sont les éléments de base (au sens brique logicielle) à partir de laquelle une application MMSA est créée. Comme les atomes, les composants MMSA se comportent de façon cohérente avec les connecteurs d'adaptation et ils peuvent être assemblés en différentes configurations.

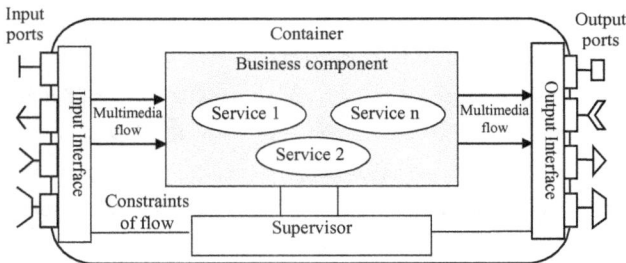

Figure 2.12.   Modèle de composant multimédia

Un composant est une instance d'une application qui a été correctement configurée. La mise en œuvre est le code qui réalise effectivement les fonctions du composant, comme une classe Java ou un processus BPEL *(Business Process Execution Language).* Un composant

MMSA fournit des fonctionnalités nommées services. Fondamentalement, un service est un sous-programme défini dans un programme ou une méthode dans le modèle orienté objet. Pour décrire un composant MMSA, nous devons définir les concepts d'interface, de port, de service et de domaine qui permettent la modélisation des lieux d'exécution des composants et donc la distribution des composants.

5.2. Interfaces - composants

De façon générale, les interfaces sont un support de description des composants permettant de spécifier comment ils peuvent être assemblés ou utilisés au sein d'une architecture. Les interfaces se situent soit à un niveau local (associées à un port) soit à un niveau global (associées à un composant). Les interfaces de composants en MMSA sont vues comme les points de connexion des composants et sont le support des invocations de services. Le concept de port est utilisé pour représenter les échanges de données via les interfaces des composants.

- **Ports (Fourni et Requis)**

«Un composant est une abstraction statique avec plugins» [NIE95]. Les ports représentent ces plugins qui sont les points d'interaction des composants. Cela signifie que tout passe par ces ports, comme l'invocation de services par exemple. Le port est présent dans presque tous les modèles de composants mais avec différentes sémantiques. Lorsque les ports sont unidirectionnels comme dans ComponentJ [SEC00] ou Fractal [BRU04], un composant fournit ou requiert l'ensemble de services via ses ports. En ArchJava [ALD02] ou UML 2.0 [CHE00] les ports sont bidirectionnels et un composant requiert et fournit à la fois des services à travers chacun de ses ports.

Dans MMSA les ports sont unidirectionnels parce qu'un port peut fournir/requérir des données via/à partir des connecteurs. Ces derniers peuvent appliquer des adaptations sur les données et, généralement, les services d'adaptation ne sont pas bidirectionnels (cf. Figure 2.13, le service d'adaptation du texte vers le son n'est pas le même que celui d'adaptation du son vers le texte).

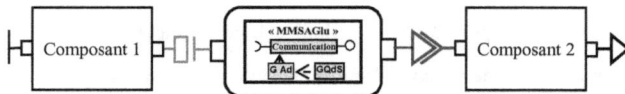

Figure 2.13.   Connecteur de transformation TexteToAudio

80

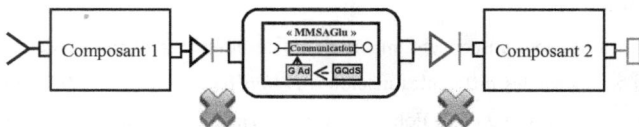

Figure 2.14.   Connecteur de transformation AudioToTexte

La figure 2.14 montre qu'il est impossible d'utiliser le connecteur d'adaptation audioToText pour assurer l'adaptation inverse (TextToAudio). Il faut donc recourir à un autre connecteur avec un autre service qui n'est pas toujours disponible et/ou faisable.

- **Services**

Un service est une fonctionnalité assurée par le composant, il possède un ensemble de paramètres qui permet d'en maîtriser les sorties. L'ensemble de ces paramètres avec les arguments (paramètres d'appel) décrit l'interface du service qui communique avec l'extérieur via les ports fournis/requis du composant.

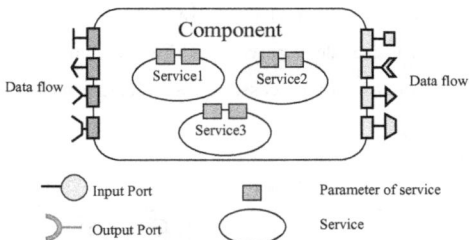

Figure 2.15.   Modélisation des services et de leurs paramètres dans MMSA

On peut dire qu'un service est une fonction définie à l'intérieur d'un composant et offerte aux autres composants pour qu'ils puissent l'invoquer. Les paramètres de services et le passage des arguments lors de l'invocation de service soulèvent de nombreuses questions : Qu'est-ce qu'un paramètre ? A-t-on réellement besoin de paramètres ? Quelle est la différence entre argument et paramètre ?

Dans MMSA, les arguments sont les éléments nécessaires à l'exécution d'un service (la variable, terme ou expression sur laquelle un service opère), alors que les paramètres sont les éléments de contrôle de QdS. (e.g. un service qui permet la transformation d'une image BMP en JPEG reçoit en argument une image Bitmap et en paramètre le taux de compression).

5.3. Domaine

Les domaines sont un concept important, ils définissent la disposition et la distribution des composants sur les différentes machines *(Téléphones portables, PDA, Ordinateurs de bureau ou portables, etc.).* Un domaine peut contenir un ou plusieurs composites chacun ayant des composants mis en œuvre dans un ou plusieurs processus s'exécutant sur une ou plusieurs machines [CHA07].

La notion de domaine telle qu'elle est présentée dans SCA [CHA07] est utilisée dans MMSA, cette notion permet de prendre en considération des contraintes sur l'environnement d'exécution, afin de fournir un bon service à la machine qui exécute le composant (e.g. un composant d'affichage de vidéo à besoin de connaitre les contraintes de la machine sur laquelle il va s'exécuter pour pouvoir adapter la résolution ou la vitesse par exemple)

La figure 2.16 montre un domaine avec trois machines et huit composants. En haut à gauche, trois composants s'exécutent dans un seul processus, à droite on trouve deux composants qui s'exécutent dans deux processus différents mais sur la même machine. Au dessous, trois composants dans deux processus qui s'exécutent sur la même machine.

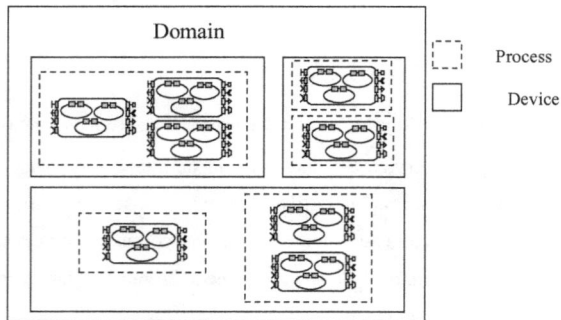

Figure 2.16.   Exemple de la notion du domaine

Un domaine est composé de plusieurs machines, chaque machine est chargée de l'exécution de plusieurs processus et chaque processus peut contenir un ou plusieurs composants (cf. figure 2.17).

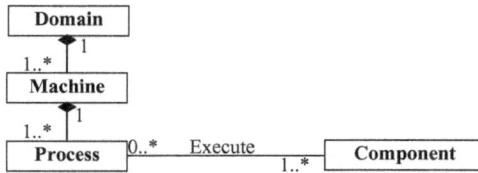

Figure 2.17. Modélisation du concept de Domaine

La notion de domaine est importante dans MMSA, pour le choix des connecteurs et des services d'adaptation permettant la prise en compte des contraintes de l'environnement au moment de la conception de l'architecture d'une application.

5.4. Connecteur MMSA

Permettre à des composants hétérogènes d'interagir les uns avec les autres est une tâche non négligeable. L'adaptation est considérée comme un besoin non-fonctionnel d'un composant. Cette tâche doit être assurée par un autre élément. Le connecteur fournit les aspects non-fonctionnels (communication, adaptation, sécurité, etc.) dont le composant a besoin. Le rôle du connecteur d'adaptation est de recevoir les données, de les adapter selon les directives du gestionnaire de QoS et de les acheminer vers le composant/connecteur destinataire.

Comparés à ceux des langages de description d'architectures [ALL97a] [MEH00], les connecteurs que nous proposons peuvent être simples ou composés et peuvent même assurer des services. Autrement dit, ces connecteurs n'assurent pas uniquement les liens de communications mais également l'adaptation des données échangées entre composants. Dans notre approche, le connecteur constitue l'entité de communication et d'adaptation, c'est-à-dire qu'il est capable de transférer des données multimédia entre les différents composants tout en assurant l'adaptation de ces dernières.

La figure 2.18 montre qu'un service est proposé pour satisfaire un besoin : il peut être proposé par un composant (besoin fonctionnel), un connecteur (besoin non-fonctionnel) ou comme un service d'adaptation (besoin d'interaction). Un connecteur d'adaptation est composé d'un ensemble de services d'adaptation et peut être lié à d'autres composants non MMSA *(eg. Web service)*. C'est un connecteur spécifique entre deux composants hétérogènes.

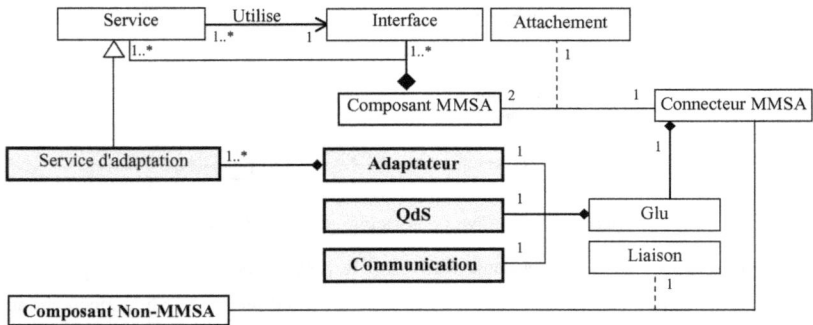

Figure 2.18.   Relation composant, service et connecteur

Un connecteur d'adaptation sert à satisfaire un besoin non-fonctionnel d'un composant, ce besoin est détecté lors de l'assemblage des composants, il s'agit d'une incompatibilité des flux de données échangés entre les composants d'une même configuration, cette incompatibilité est qualifiée d'hétérogénéité sémantique.

L'hétérogénéité est causée par l'utilisation de données de nature différentes (le son, le texte, l'image et la vidéo) ou l'échange de données de différents types et formats ou les caractéristiques physiques des composants de présentation de l'information. La solution que nous proposons est basée sur l'adaptation des flux échangés entre composants hétérogènes, il s'agit d'une adaptation assurée par les connecteurs lors de la communication. Cette solution permet d'éviter de devoir rechercher des composants compatibles en matière de flux, et d'éviter des reconfigurations des applications et des réassemblages de composants qui peuvent engendrer des problèmes d'incohérence. Il existe plusieurs techniques et services d'adaptation qui dépendent du type ou du format de média. Celles qui nous intéressent sont l'adaptation de type (transmodage), l'adaptation de format (transcodage), et la transformation, ainsi que la gestion des paramètres des services d'adaptation qui représentent les différentes qualités produites par ces services.

Il existe plusieurs types de connecteurs d'adaptation (figure 2.19) qui dépendent des types et des formats de données. Un connecteur d'adaptation est constitué d'une glu et de deux interfaces, une pour les entrées et l'autre pour les sorties. Chaque interface contient des rôles, le type des rôles dépend du service d'adaptation, par exemple, un connecteur de transformation de format d'image contient deux rôles de type image, un pour l'entrée et un pour la sortie. Les connecteurs d'adaptation ont la même structure pour la glu qui est

84

composée de trois composants (communication, adaptation, QdS), la seule différence se situe au niveau du type des rôles (image, texte, son, vidéo).

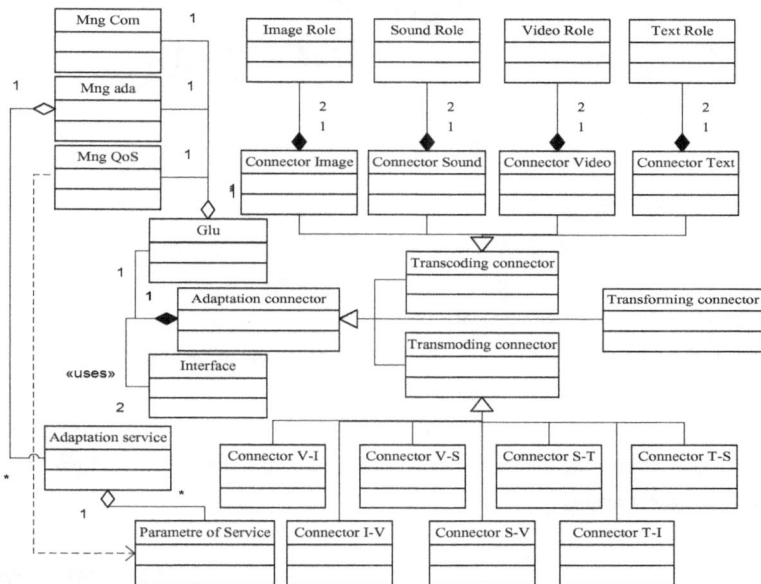

Figure 2.19.   Présentation des types de connecteurs d'adaptation

Tous les connecteurs, même ceux affectés à la communication, ont la même structure interne. La seule différence entre les connecteurs se situe au niveau des rôles qui permettent la connexion avec des composants qui ont les mêmes ports. Cette distinction offre deux avantages :

1) Lors de l'exécution on peut demander au connecteur de communication d'assurer une tâche d'adaptation de format pour satisfaire un nouveau besoin lié à un nouveau contexte d'exécution.

2) Une gestion de la qualité de service assure l'adaptation suivant les besoins et le contexte, et le changement éventuel du service d'adaptation dans le cas où ce service n'est pas capable de fournir la qualité demandée.

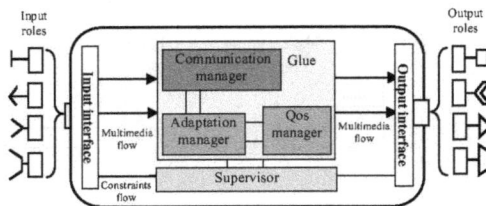

Figure 2.20.   Modèle de connecteur d'adaptation

Pour le 1er point prenons l'exemple d'un utilisateur qui voyage dans un train et qui veut regarder un match de foot. Pour cela il utilise son téléphone portable qui se connecte directement à un composant d'acquisition et de diffusion via un connecteur. Le connecteur assure la connexion et la communication entre les deux composants *(cf. figure 2.21, 1)*. Après une demi-heure l'utilisateur a remarqué un problème d'énergie et pense que la batterie ne tiendra pas jusqu'à la fin du match. Il décide de ne garder que le son afin d'écouter le match jusqu'à la fin. La solution idéale est d'installer un service d'adaptation au niveau du connecteur pour faire l'extraction du son à partir de la vidéo, et n'envoyer que le son à l'utilisateur *(cf. figure 2.21, 2)*.

1)-

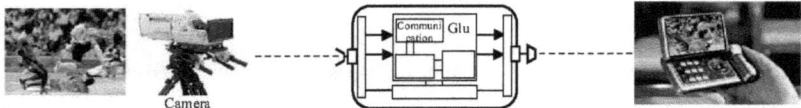

2)-

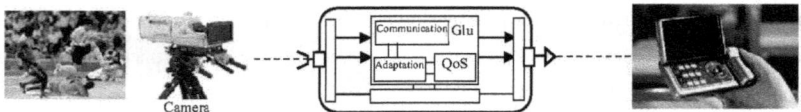

Figure 2.21.   Exemple de modification de service du connecteur d'adaptation lors de l'exécution

Concernant le 2eme point, le tableau suivant présente la représentation textuelle d'un connecteur sans service d'adaptation et d'un connecteur avec service d'adaptation :

Connecteur de communication	Connecteur d'adaptation

Class Adaptation-connector {
Properties {flow =}
Service {Connection}
Glue {   //simple case of a glue
Communication {Synchronous}
	Class Adaptation-connector {
	Properties {flow = proprieties of data}
	Service {Connection, adaptation}
	Glue { //adaptation glue
	Communication {Synchronous}

Adaptation service {}
 QoS {{}}
 Interface {
 Required-Roles {category A}
 Provide-Roles {category A}}
 }
	Adaptation service {service of adaptation}
	 QoS {parameters of adaptation}}
	 Interface {
	 Required-Roles{category A or category B}
	 Provide-Roles{category A or category B}}
	 }

- **Rôles (Fourni et Requis)**

Il existe deux catégories de connecteurs d'adaptation :

Connecteur de format : Cette catégorie regroupe les connecteurs qui ont le même type de rôle pour l'entrée et la sortie. Les connecteurs appartenant à cette catégorie sont regroupés dans le tableau suivant :

Connecteur d'adaptation de format	Représentation graphique	Classe de connecteur

Connecteur-Image : ce connecteur est responsable des adaptations de transcodage entre médias de type image.	⊣□ Image □≪	**Class Image-connector {**
		 Service {Connection, adaptation}
		 Glue {
		 Communication service {}
		 Adaptation service {}
		 QoS {}}
		 Interface {
		 Required {Input-Role-Image}
		 Provide { Output-Role-Image }}
		 }

Connecteur-Texte : ce connecteur est responsable des adaptations de transcodage entre médias de type texte.	⊢□ Text □⊐	**Class Text-connector {**
		 Service {Connection, adaptation}
		 Glue {
		 Communication service {}
		 Adaptation service {}
		 QoS {}}
		 Interface {
		 Required {Input-Role-Text}
		 Provide { Output-Role-Text}}
		 }

Connecteur-Son : ce connecteur est responsable des adaptations de transcodage entre médias de type son.	≻□ Sound □▷	**Class Sound-connector {**
		 Service {Connection, adaptation}
		 Glue {
		 Communication service {}
		 Adaptation service {}
		 QoS {}}
		 Interface {
		 Required {Input-Role-Sound}
		 Provide { Output-Role-Sound}}
		 }

Connecteur-Vidéo : ce connecteur est responsable des adaptations de transcodage entre médias de type vidéo.	≻□ Video □▷	**Class Video-connector {**
		 Service {Connection, adaptation}
		 Glue {
		 Communication service {}
		 Adaptation service {}
		 QoS {}}
		 Interface {
		 Required {Input-Role-Video}
		 Provide { Output-Role-Video}}

Connecteur de type : Cette catégorie regroupe les connecteurs qui n'ont pas le même type de rôle pour l'entrée et la sortie. Le tableau suivant présente quelques exemples de connecteurs appartenant à cette catégorie sont regroupés dans le tableau (la liste des connecteurs n'est pas exhaustive)

Connecteur d'adaptation de type	Représentation graphique
Connecteurs permettant d'assurer des adaptations sémantiques entre des médias de différents types. Ce type d'adaptation s'appelle le transmodage.	

- **Services d'adaptation**

Le connecteur assure la communication entre deux composants (même hétérogènes) à partir des services fournis par des composants ou des fournisseurs de service, suivant la qualité exigée par le gestionnaire de QdS.

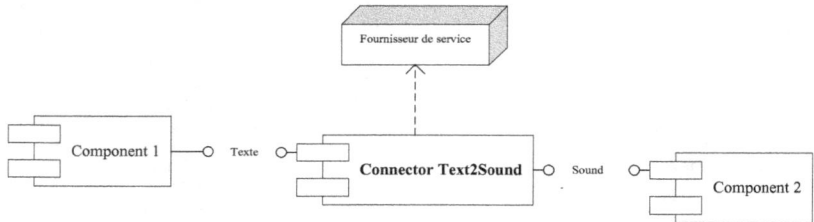

Figure 2.22.   Relation Connecteur-Fournisseur

Le service d'adaptation est chargé de participer à la réalisation d'une adaptation de données échangées par des composants. La représentation d'un composant par un ensemble de services rend possible l'utilisation de ces services pour des tâches d'adaptation (cf. figure 2.22). Le mécanisme de cette utilisation ressemble à l'utilisation de Web Services en considérant les composants comme fournisseurs de services locaux.

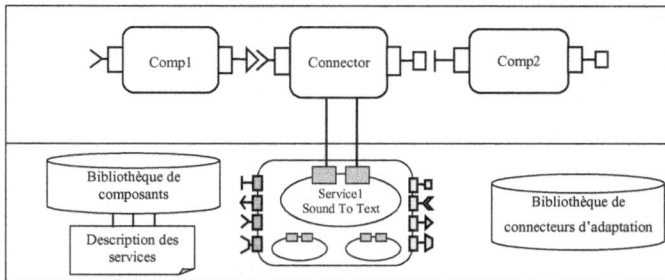

Figure 2.23.   Utilisation de services des composants pour assurer l'adaptation

Deux mécanismes peuvent être exploités ici : La composition de services telle que définie dans Kmelia [ATT06] et la notion de bibliothèque de composants telle que définie dans Fractal [COU06].

- La composition crée une relation de structuration hiérarchique (inclusion) qui permet de définir de nouveaux services à partir de services existants. La disponibilité de mécanismes de composition de services facilite la définition de nouvelles abstractions de services sans passer nécessairement par l'introduction de nouveaux composants. Pour cette composition de services, le concept d'inclusion « Include » défini par un diagramme de cas d'utilisation a été utilisé dans MMSA pour décrire les enchainements logiques des services d'adaptation.

- Fractal propose un concept de bibliothèque de composant Dream [QUE05] pour le développement d'applications à base de composants. Dream est une bibliothèque de composants dédiée à la construction d'intergiciels orientés messages dynamiquement configurables. Le même concept a été utilisé par MMSA pour proposer des bibliothèques de connecteurs d'adaptation et de services d'adaptation fournis par les composants (cf. figure 2.23).

- **Composant partagé**

Un composant partagé est un composant qui est inclus dans plusieurs composites. De façon paradoxale, les composants partagés sont utiles pour préserver l'encapsulation [COU06]. Cette notion permet à MMSA de partager les mêmes connecteurs d'adaptation pour résoudre les problèmes d'hétérogénéité entre composants.

A la différence des composants qui sont instanciés à la demande et peuvent avoir plusieurs instances, un service est unique. Mais il présente l'avantage d'être connecté aux composants et aux autres services via des standards *(tels que UDDI (Universal Description Discovery) ou SOAP (Simple Object Access Protocol) pour les SOA.* Ces standards assurent le découplage, c'est-à-dire la réduction des dépendances.

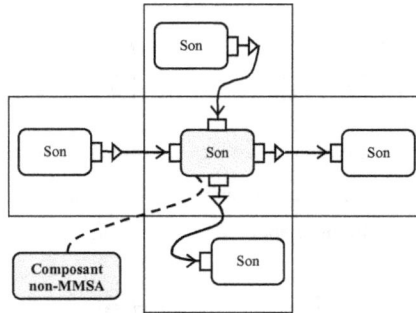

Figure 2.24.   Exemple d'un connecteur partagé

Comme montré dans la figure 2.24, la notion de connecteur partagé est très intéressante. Surtout, si le service d'adaptation est proposé par un composant externe (eg. Web Service). L'objectif est de bénéficier du mécanisme d'instanciation des composants et de l'interopérabilité des architectures orientées services.

- **Attachement/Liaison**

Dans MMSA, nous avons défini deux types de liens entre éléments de l'architecture. L'attachement est un lien de communication et d'échange de données entre composant/connecteur ou connecteur/connecteur. Il s'agit d'un assemblage entre composants qui possèdent les mêmes ports/rôles.

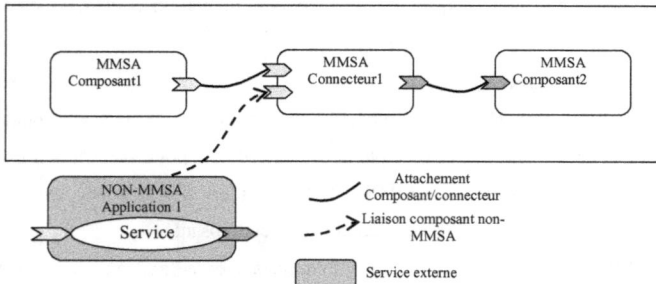

Figure 2.25.   Mécanismes de lien entre éléments de l'architecture

La liaison est un lien de service entre un connecteur d'adaptation et un Web Service ou une autre application non MMSA.

5.5. Configuration

Une configuration est une construction logique : ses éléments peuvent s'exécuter en une seule opération sur un seul ordinateur ou être répartis sur plusieurs ordinateurs. Une application complète peut être construite d'un seul composite (configuration) ou combiner plusieurs types de composites. Les éléments qui composent chaque composite peuvent utiliser la même technologie ou être construits en utilisant différentes technologies (comme la montre la figure 2.27).

Une configuration MMSA est décrite dans un fichier de composition dont le nom se termine par .configuration. Ce fichier utilise un format basé sur XML appelé CDL (Configuration Description Language) pour décrire les composants de cette configuration. Pour les trois composants de la figure 2.26, la structure de base de la configuration CDL ressemblerait à ceci :

```
<Configuration name="Example" ...>
    <component name="Component1"> ... </component>
    <component name="Component2"> ... </component>
    <connector name ="Connector1"  > ... </connector>
    <webservice name = "WebService1"> ...</webservice >
    <liaison name= "Liaison1", Comp1=" Connector1", Comp2=" WebService1"> ...
</ liaison >
    <attachment name=" Attachment 1", Comp1=" Component1", Comp2="
Connector1"> ...</attachment>
    <attachment name=" Attachment 2", Comp1=" Connector1", Comp2="
Component2"> ...</attachment>
</Configuration>
```

La configuration, exprimée en CDL, définit les interactions avec le monde extérieur. Chaque composant repose sur un ensemble commun d'abstractions, incluant les services, les paramètres des services, les flux de données et les attachements. Un descripteur de composite ne contient pas les descripteurs de ses composants mais il y fait référence.

La configuration de composants est un mécanisme central qui repose, dans la plupart des modèles, sur différents types de liens entre les ports (ou entre interfaces pour les modèles sans ports).

5.6. Propriétés (fonctionnelles et non fonctionnelles)

Selon le paradigme de séparation avancée des préoccupations, un système est un ensemble de préoccupations fonctionnelles et extra-fonctionnelles (aspects). Les préoccupations fonctionnelles sont les fonctionnalités métier que le système doit assurer, alors que les préoccupations extra-fonctionnelles sont des services dont le système a besoin pour effectuer les fonctionnalités métier. Comme exemple de préoccupations extra-fonctionnelles [CHU99] on peut citer la sécurité, la synchronisation, la gestion de la persistance, etc.

Dans MMSA les préoccupations fonctionnelles sont assurées par les composants, alors que les préoccupations non-fonctionnelles, représentées par les services d'adaptation, sont assurées par les connecteurs avec l'aide de composants MMSA ou de composants non-MMSA.

5.7. Mécanisme de vérification syntaxique des configurations MMSA

Les systèmes multimédia sont souvent complexes et nécessitent un développement rigoureux pour assurer leur validité fonctionnelle et sémantique. Les techniques dites du model-checking constituent, dans ce contexte, un outil permettant la vérification formelle et automatique d'une large classe de systèmes. En fait, les méthodes de spécification formelles permettent de représenter des systèmes avec précision et donc de disposer de procédures permettant une vérification automatique par modelChecker des propriétés requises. Cependant, les modèles issus des énoncés formels déployés sont souvent complexes et parfois même inexploitables si le nombre d'états est trop important. D'autre part, les spécifications qui offrent des mécanismes de modélisation avancés notamment les statecharts (Harel [HAR87] et UML 2.0 [OMG05]) manquent souvent des fondements formels nécessaires pour accomplir une vérification exhaustive et complète des modèles.

Une grammaire est un formalisme permettant de définir une syntaxe et donc un langage formel, c'est-à-dire un ensemble de mots admissibles sur un alphabet donné. La notion de grammaire formelle est particulièrement utilisée en programmation logique, compilation (analyse syntaxique), en théorie de la calculabilité et dans le traitement des langues naturelles. Pour vérifier l'appartenance des configurations au langage MMSA, nous avons utilisé le mécanisme de vérification par grammaire

C'est pourquoi la définition formelle du langage MMSA passe par la définition d'une grammaire et de l'ensemble des mots formés uniquement de symboles terminaux qui peuvent être atteints par dérivation à partir de l'axiome.

Composant	c	Service non-MMSA	w
Connecteur	t	Attachement	a
Service	s	Liaison	l
Configuration	C	Adaptateur	D
Assemblage	A	Adaptation	P

Ainsi, la grammaire définie par les terminaux {c, t, s, w, a, l}, les non-terminaux {C, A, D, P}, l'axiome C et les règles de production suivantes :

1- $C \rightarrow c\,a\,A\,/\,c\,/\,CaC$	Un composant ne peut être attaché qu'à un connecteur
2- $A \rightarrow t\,a\,C$	Un connecteur assure la connexion entre deux composants
3- $D \rightarrow s\,/\,w\,/s\,D\,/\,w\,D$	Un adaptateur peut être simple ou composé
4- $P \rightarrow c\,l\,D$	Une adaptation est assurée par plusieurs adaptateurs

L'exemple de la figure 2.23 peut être représenté par la chaine : « catac » c.à.d composant-connecteur-composant. Cette chaine peut être engendrée par l'utilisation des règles suivantes :

$C \rightarrow$ caA, $C \rightarrow$ cataC et enfin $C \rightarrow$ catac.

MMSA et les langages de description d'architecture

MMSA tente de proposer une solution générique pour le problème d'incompatibilité des composants, afin d'assurer l'interopérabilité des composants de l'application lors de l'exécution. Il propose une présentation de l'architecture à partir d'un ensemble de composants, de connecteurs et de services. Un composant propose un ensemble de services à travers son interface « fournie » et demande un ensemble de services à travers son interface « requise ». Il détient un manifeste qui décrit toutes les informations nécessaires à la composition, tandis qu'un connecteur est chargé d'assurer la communication entre les services des composants connectés et peut être utilisé pour assurer plusieurs connexions. Il est composé de trois composants principaux : 1) un composant de communication, 2) un composant de QdS et 3) un composant d'adaptation. Le composant d'adaptation peut être un web service s'il n'y a pas de composant qui permet de réaliser l'adaptation demandée. Un service est une tâche significative (un ensemble d'actions avec une interface qui décrit clairement les paramètres et la fonction réalisée par ce service). Un service est soit fourni par un composant soit par un autre fournisseur tel qu'un Web service par exemple.

Malgré l'absence de mécanismes d'adaptation qui permettent la prise en compte du problème d'hétérogénéité dans les ADL présentés dans le chapitre 01, plusieurs avantages et qualités peuvent être exploitées afin de proposer un ADL convenable aux applications multimédia. Le modèle fractal introduit la notion de composants partagés, qui permet d'inclure un composant dans plusieurs composites. Ceci permet aux connecteurs d'adaptation de MMSA d'appartenir à plusieurs compositions. Kmelia présente l'avantage de mettre en avant la notion de service qui procure un pont relativement naturel avec les architectures orientées services et fournit une structure hiérarchique et un comportement dynamique pour le service. Cette notion, reprise dans MMSA, lui permet de combiner des services proposés par des composants ou d'autres fournisseurs pour constituer les adaptateurs à intégrer dans les connecteurs d'adaptation. Le comportement dynamique des connecteurs est exprimé par la capacité de remplacer les services lors de l'exécution afin de répondre à des nouveaux besoins ou des exigences de QdS. Le modèle SCA fournit plusieurs avantages tels que la connexion (liaison) des composants avec des Web services afin d'accomplir une tâche de l'application. De même la notion de domaines permet d'avoir une idée sur l'exécution de composants et leurs dispositions. Ces caractéristiques ont été utilisées dans MMSA pour permettre l'utilisation de Web services dans la composition des services d'adaptation et pour prendre en considération les contraintes de l'environnement d'exécution en matière de communication et de flux de données.

Synthèse

Dans ce chapitre nous avons proposé un méta modèle pour architectures à composants multimédia hétérogènes. Il n'existe actuellement pas de solution générique pour déployer automatiquement une architecture distribuée basée sur des composants multimédia. La mise en évidence des incompatibilités entre composants est une nécessité dans de telles approches. En effet, les architectures logicielles valident les aspects fonctionnels ce qui n'est pas suffisant pour garantir un assemblage réaliste et remédier aux problèmes d'hétérogénéité des flux de données échangés. Pour mettre en évidence ces incompatibilités et permettre de trouver des solutions, une approche basée modèle appelée MMSA (Meta-model MultiMedia Software Architecture) [DER10] a été proposée. Elle permet la description d'architectures logicielles exprimant un système logiciel comme une collection de composants qui manipulent différents types et formats de données et interagissent par l'intermédiaire de connecteurs incluant des connecteurs d'adaptation.

MMSA est un méta modèle générique pour la description des architectures logicielles tout en intégrant les concepts multimédia et de qualité de service. Ceci nous a permis de séparer les paramètres de flux et de média en ce sens qu'ils présentent un aspect très important des configurations et assemblages des composants. Les points forts de MMSA sont la prise en compte de l'aspect multimédia et la séparation entre l'aspect fonctionnel et non fonctionnel des composants.

MMSA peut également servir de support au développement d'applications de gestion de ressources numériques (DAM : Digital Asset Management). Ce type d'application manipule une grande variété de données, et communique avec les utilisateurs à travers diverses plateformes (Téléphones portables, PDA, Ordinateurs de bureau ou portables, etc.). MMSA peut apporter une solution efficace au développement des DAM, surtout dans les parties : acquisition, traitement, distribution et utilisation du contenu. Il offre la possibilité de prendre en considération les facteurs engendrant des incompatibilités entre composants dans de telles architectures. Il permet aussi de résoudre ce problème au niveau de l'architecture par l'injection de connecteurs d'adaptation et, au niveau de l'exécution, par la gestion de la QdS et la reconfiguration de ces connecteurs.

CHAPITRE 03 : UN Profil UML pour le MMSA

Introduction

Durant ces dernières années, UML est devenu un standard de spécification, de visualisation, de construction et de documentation des systèmes logiciels. Les concepts d'UML dans sa version 2.0 [OMG04] sont devenus suffisamment génériques pour être utilisés dans la description d'architectures logicielles en fournissant une documentation riche et complète et en permettant l'expression d'une sémantique non ambiguë. Néanmoins, des concepts architecturaux tels que les connecteurs d'adaptation, les composants multimédia, les interfaces des flux multimédia, etc. ne peuvent pas être directement exprimés en UML 2.0. Il est donc nécessaire de définir un profil-UML, ce qui est l'objet du présent chapitre. L'objectif de ce profil est de fournir une documentation riche et complète et de produire une sémantique non ambiguë des concepts multimédia pour permettre aux développeurs d'exprimer les éléments du méta modèle MMSA [DER10] tout en prenant en considération l'hétérogénéité engendrée par l'utilisation de plusieurs protocoles de communication et la manipulation de plusieurs types de médias. Nous définissons ici un ensemble de stéréotypes pour décrire une spécification complète et structurée des architectures logicielles.

Dans ce chapitre nous définissons un langage intermédiaire sous la forme d'un profil UML afin de faciliter la correspondance entre des modélisations d'architectures de systèmes en UML et l'ADL MMSA. La définition d'un profil exige deux préalables : la description du domaine couvert par le profil et l'identification du sous-ensemble UML2.0 concerné. Le domaine couvert par notre profil, à savoir MMSA, est décrit, sous forme d'un méta-modèle (cf. chapitre 2).

Définition d'un profil UML2.0 pour MMSA

L'intérêt principal du méta modèle MMSA est d'exprimer les concepts architecturaux multimédia non explicitement définis en UML 2.0. En d'autres termes, l'utilisation de stéréotypes, de contraintes et de valeurs marquées permet de mieux préciser et capturer les concepts du méta modèle MMSA (interface multimédia, composant multimédias, connecteur multimédia, glu d'adaptation, etc.).

Cette section est consacrée à la définition technique complète du profil UML2.0 pour l'ADL MMSA. Un tel profil comporte un ensemble de stéréotypes et un ensemble de contraintes OCL appliquées à des méta-classes UML2.0.

2.1. Avantages du Profil MMSA

MMSA offre un ensemble de concepts architecturaux pour les applications multimédia à un niveau méta-modèle. UML fournit un nombre de mécanismes d'extension (stéréotypes, contraintes et valeurs marquées) pour la spécification et la capture des concepts du méta-modèle MMSA non-explicitement définis dans UML tels que : les interfaces multimédia, les composants multimédia, les connecteurs multimédia, la glu d'adaptation, etc.

L'objectif du profil est de définir la spécification formelle des concepts architecturaux de l'architecture logicielle multimédia afin de faciliter la vérification et la validation des assemblages de composants hétérogènes. Un profil UML fournit une vérification rigoureuse de la structure des éléments architecturaux, chaque concept dans le profil est basé sur un ensemble de stéréotypes. Il permet notamment de bénéficier de :

- La sémantique précise des notations OCL afin d'exprimer formellement les aspects structurels de l'architecture logicielle, d'assurer la qualité d'assemblage des composants multimédia et d'automatiser la vérification des assemblages ;
- Divers outils sont fournis pour UML, comme Modeler Eclipse d'IBM Rational Software (http://www.ibm.com/developerworks/). La plupart de ces outils permettent une vérification de la syntaxe, des règles de preuve et facilitent la gestion des documents ;
- La spécification de plusieurs styles de modélisation et la description formelle des architectures logicielles.
- L'approche UML-MDA vise à fournir un cadre précis et efficace pour la production et la maintenance de logiciels.

L'intérêt de définir un profil UML est de représenter les concepts MMSA en utilisant les notations UML 2.0 et donc de disposer d'une présentation formelle de l'approche MMSA et, pour le long terme, d'intégrer l'architecture logicielle dans le cadre MDA. Le profil MMSA est dédié au domaine des architectures logicielles intégrant des flux multimédia.

2.2. Les paquetages de MMSA

Le profil UML est développé en utilisant trois paquetages. Que nous détaillons dans la suite.

2.2.1. Paquetage Composant

Ce paquetage fournit un support pour représenter la partie fonctionnelle des composants indépendamment de leur environnement. Le concept important de cet ensemble est le stéréotype MMSAComponent (cf. figure 3.1).

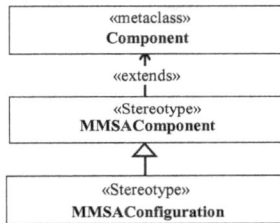

Figure 3.1. paquetage composant

Un composant MMSA peut fournir des services via les ports associés aux interfaces «fournis» ou «requis». Les types de composants MMSA correspondent à des types de composants UML 2.0 et les instances des composants MMSA correspondent à des instances de composants UML.

2.2.2. Paquetage interfaces multimédia

Le paquetage d'interfaces multimédia, comme le montre la figure 3.2, définit les stéréotypes utilisés pour modéliser les interfaces des composants MMSA et les interfaces des connecteurs MMSA dans le méta-modèle UML 2.0.

La classe UML Port représente l'interface des composants et des connecteurs MMSA dans le méta-modèle UML 2.0, mais ils doivent être distingués par des stéréotypes propres puisque ils n'ont pas les mêmes contraintes d'utilisation. Pour une représentation efficace des points de raccordement des MMSA en UML, nous avons représenté chaque port/rôle en fonction de son type de données par un stéréotype spécifique. La représentation des ports est spécifique et chaque type est destiné à supporter un type de données.

Un port UML a de multiples formes de représentation selon la direction du flux ou le type (texte, son, image, vidéo) et correspond à des rôles de connecteurs et de ports de composants MMSA. Les MMSAPorts (MMSARoles) sont stéréotypés comme:

- Texte «*InputTextPort*»/«*OutputTextPort*» («*InputTextRole*»/ «*OutputTextRole*»),

- Vidéo «*InputVideoPort*»/«*OutputVideoPort*»(«*InputVideoRole*»/«*OutputVideoRole*»),

- Image «*InputImagePort*»/«*OutputImagePort*»(«*InputImageRole*»/«*OutputImageRole*»)

- Son «*InputSoundPort*»/«*OutputSoundPort*» («*InputSoundRole*»/«*OutputSoundRole*»).

Chaque stéréotype a des valeurs marquées (cf. tableau 3.1). Chaque port possède, pour chaque type de média, une valeur marquée en fonction de son format.

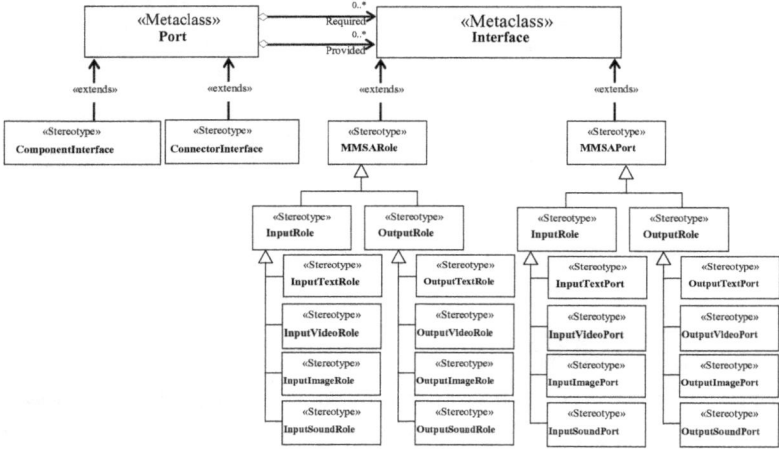

Figure 3.2. Paquetage d'interfaces multimédia

Représentation graphique des stéréotypes	Valeurs marquées
«Text» «Text» TextFormat=Doc	Une interface UML «Text» possède une valeur étiquetée Format : *TTextFormat*.
«Image» «Image» ImageFormat=BMP	Une interface UML «Image» possède une valeur étiquetée Format : *TImageFormat*.
«Sound» «Sound» SoundFormat=WAVE	Une interface UML «Sound» possède une valeur étiquetée Format : *TSoundFormat*.
«Video» «Video» SoundFormat=AVI	Une interface UML «Video» possède une valeur étiquetée Format : *TVideoFormat*.

TABLE 3.1. VALEURS ETIQUETEES DES PORTS D'INTERFACE MULTIMEDIA

2.2.3. Paquetage Adaptation Multimédia

Ce paquetage définit les stéréotypes pour les connecteurs d'adaptation, la glu, le gestionnaire de QdS, le gestionnaire de communications, les services d'adaptation et les paramètres de QdS.

La notion de connecteur «MMSAConnector» correspond à la méta-classe du méta-modèle UML. Les composants et les connecteurs sont traités différemment dans MMSA. Les composants sont des abstractions qui comportent des mécanismes de calcul et les connecteurs sont des abstractions qui comportent des mécanismes de communication et d'adaptation. Notre choix porte sur des composants UML pour représenter les composants MMSA et des classes UML pour représenter les connecteurs MMSA. Un connecteur d'adaptation est un médiateur entre deux composants éventuellement hétérogènes ou un composant et un connecteur qui n'ont pas la même interface MMSA (adaptation qui fait intervenir plusieurs connecteurs). Le rôle du connecteur d'adaptation consiste à recevoir les données, à les adapter selon les directives du gestionnaire de QdS et à les livrer à un connecteur ou à un composant (voir figure 3.3).

Figure 3.3. Un connecteur Transmodage Texte vers Son

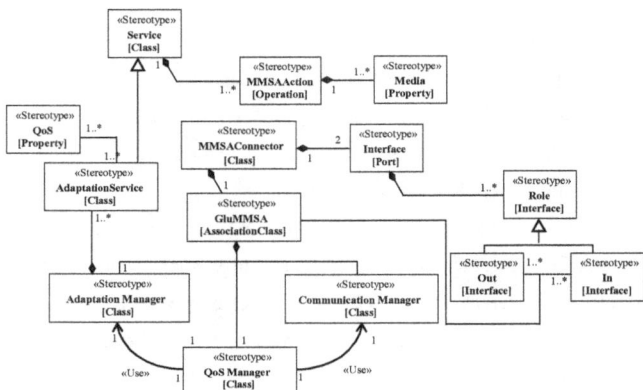

Figure 3.4. Paquetage Adaptation multimédia

101

Le connecteur MMSA définit le comportement de chacune des parties assurant la communication (comment ces comportements sont combinés pour assurer la communication), ceci est décrit par la glu. En UML le concept de classe d'association est relatif à la notion de glu MMSA.

La glu se compose d'un gestionnaire de communication, d'un gestionnaire d'adaptation et d'un gestionnaire de QdS (cf. figure 3.5), elle décrit le travail effectué par chaque gestionnaire afin d'assurer l'interaction entre les composants.

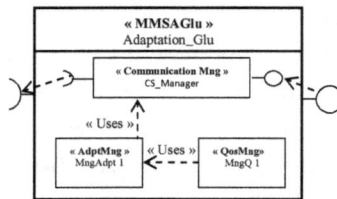

Figure 3.5. Structure interne de la glu

Une classe UML peut avoir des sous-classes, par exemple la classe UML stéréotypée «MMSAConnector» contient les sous-classes suivantes :

- Le gestionnaire de communication étend la méta-classe UML afin de modéliser le protocole de communication (RMI, RPC, socket, etc.) et le mode de communication (synchrone, asynchrone).

- Le gestionnaire d'adaptation est une extension de la méta-classe UML et il est caractérisé par un ensemble de services d'adaptation. Les services d'adaptation coopèrent à la réalisation de deux types d'adaptations : l'adaptation technique (adaptation des propriétés des médias) et l'adaptation sémantique (conversion de formats et conversion de types de données).

- Le gestionnaire de QdS étend la méta-classe UML afin de gérer les propriétés non-fonctionnelles (paramètres de QdS) des différents services d'adaptation du connecteur. Les paramètres de QdS étendent les propriétés UML et définissent les propriétés de QdS pour un service d'adaptation. Le service d'adaptation peut être ajusté par de simples paramètres.

102

Après avoir défini les différents éléments du profil-UML, il nous reste à présenter les règles qui gèrent la construction et la validation de ces éléments. Pour cela un langage formel sera utilisé dans la section suivante.

2.3. La validation des modèles en MMSA

Cette section est consacrée à la définition technique complète du profil UML2.0 pour l'ADL MMSA. Un tel profil comporte un ensemble de stéréotypes et un ensemble de contraintes OCL appliquées sur des méta-classes UML2.0.

2.3.1. Paquetage composant

Contexte MMSAComponent. Le composant multimédia est le concept de base de notre méta modèle. Ce concept n'a pas de correspondance explicite dans UML c'est pourquoi le profil UML doit inclure un stéréotype pour le représenter. Nous appelons ce stéréotype «MMSAComponent». Il correspond à la méta-classe Component du méta modèle UML. Cette dernière est plus expressive qu'une classe UML 2.0 et offre des services via les ports associés à des interfaces « Fournies » et « Requises ». La première contrainte impose que tout composant stéréotypé «MMSAComponent» ait au moins une interface. Cette contrainte peut être décrite en OCL comme suit:

```
context UML::InfrastructureLibrary::Core::Constructs::Component
inv : self.isStereotyped("MMSAComponent")
implies
        (self.ownedPort->size()=1) and
        (self.ownedOperation->IsEmpty()) and
        (self.ownedPort->forAll(p|p.isStereotyped("ComponentInterface"))) and
        (self.clientDependency.target->forAll(t|t.oclIsKindOf(Interface)))->isEmpty())
```

2.3.2. Paquetage Interface multimédia

Contexte ConnectorInterface. Les interfaces dans MMSA sont des entités de première classe. Elles fournissent des points de connexion entre les éléments de l'architecture. Chaque interface fournie/requise est composée de plusieurs ports multimédia en fonction des formats des entrées/sorties. Un port UML doit avoir des interfaces avec des services correspondant à des interfaces de composants MMSA. Cette contrainte est exprimée en OCL comme suit:

```
context UML::InfrastructureLibrary::Core:: Constructs::Port
inv : self.isStereotyped("ComponentInterface")
implies
        (self.owner.isStereotyped("MMSAComponent")) and
        (self.ownedOperation->IsEmpty()) and
```

(self.required->size() >= 1 or self.provided->size() >= 1) and
(self.required->forAll(p|p.isStereotyped("InputVideoPort")or
        p.isStereotyped("InputAudioPort")or
        p.isStereotyped("InputTextPort")or
        p.isStereotyped("InputImagePort"))) and
(self.provided->forAll(p|p.isStereotyped("OutputVideoPort")
        p.isStereotyped("OutputAudioPort") or
        p.isStereotyped("OutputTextPort") or
        p.isStereotyped("OutputImagePort")))

Contexte MMSAPort. En MMSA, on distingue quatre catégories de ports multimédia: texte, image, son et vidéo. Un port peut être de type entrée ou sortie. Il fournit un ensemble de services correspondant aux types de médias. Par exemple, un port de type vidéo sera utilisé pour des services qui fournissent/ requièrent des données de type vidéo. En UML, le concept d''interface est parfaitement identique à la notion de MMSAPort mais il reste à définir sa sémantique avec la contrainte OCL suivante :

context UML::InfrastructureLibrary::Core:: Constructs::Interface
inv : self.isStereotyped("MMSAPort")
implies
    (self..isStereotyped("ComponentInterface")) and
    (self.ownedOperation->forAll(p|p.isStereotyped("MMSAMedia")))

Une interface UML stéréotypée « OutputSoundPort »/« InputSoundPort » exporte/importe seulement des données de type « Sound ». Cette contrainte est exprimée en OCL comme suit :

context UML::InfrastructureLibrary::Core:: Constructs::Interface
inv : self.isStereotyped("OutputVideoPort")
implies
self.ownedOperation->forAll(op.formalParameter->forAll(fp.dir=#output
   implies fp.Type.**oclASType**(Sound).Format = #WAVE **or**
         fp.Type.**oclASType**(Sound).Format = #MIDI **or**
         fp.Type.**oclASType**(Sound).Format = #MP3 **or**
         fp.Type.**oclASType**(Sound).Format = #PCM))

2.3.3. Paquetage d'adaptation

Contexte MMSAConnector. Cette classe UML définit et précise les connecteurs de MMSA. Une classe peut contenir des ports en tant que points d'interaction. Un connecteur MMSA doit avoir au moins un port stéréotypé «ConnectorInterface» et contient une seule glu. Cette contrainte peut être décrite en OCL comme suit:

```
context UML::InfrastructureLibrary::Core::Constructs::Class
inv :self.isStereotyped("MMSAConnector")
implies
        (self.ownedPort->size()>=1)and
        (self.ownedOperation->isEmpty())and
        (self.ownedPort->select(p|p.isStereotyped("ConnectorInterface"))->size()>=2) and
        (self.nestedClassifier->select(m|m.oclIsTypeOf(Class))->
                                forAll(g|g.isStereotyped("AdaptationGlue")))-> size()=1) and
        (self.clientDependency.target->forAll->(t|t.oclIsKindOf(Interface)))-> isEmpty())
```

Contexte ConnectorInterface. L'interface du connecteur MMSA est principalement définie par un ensemble de rôles. Chaque rôle fourni (requis) doit être relié à un port requis (fourni) d'un composant ou à un rôle requis (fournis) d'un autre connecteur et doit prendre en charge la communication unidirectionnelle. Un port UML stéréotypé «MMSARole» possède une seule interface stéréotypée «TextRole», «ImageRole», «SoundRole» ou «VideoRole». Cette contrainte est exprimée en OCL comme suit:

```
context UML::InfrastructureLibrary::Core:: Constructs::Role
inv : self.isStereotyped("ConnectorInterface")
implies
        (self.owner.isStereotyped("MMSAConnector")) and
        (self.ownedOperation->IsEmpty()) and
        (self.required->size() = 1 or self.provided->size() = 1)  and
        (self.required->forAll(p|p.isStereotyped("InputVideoRole")or
                               p.isStereotyped("InputAudioRole")or
                               p.isStereotyped("InputTextRole")or
                               p.isStereotyped("InputImageRole"))) and
        (self.provided->forAll(p|p.isStereotyped("OutputVideoRole")
                               p.isStereotyped("OutputAudioRole") or
                               p.isStereotyped("OutputTextRole") or
                               p.isStereotyped("OutputImageRole")))
```

Contexte AdaptationGlu. C'est un aspect important de l'architecture MMSA, il assure l'adaptation et la communication entre des composants hétérogènes. Comme une classe-association UML, une glu peut contenir des sous-classes ainsi qu'un protocole de communication. Les glus d'adaptation MMSA sont représentées par une classe d'association UML avec les contraintes OCL suivantes:

```
context UML::InfrastructureLibrary::Core::Constructs::AssociationClass
inv : self.isStereotyped("AdapattionGlue")
implies
        (self.owner.isStereotyped("MMSAConnector")) and
        (self.nestedClassifier ->select(m| m.oclIsKindOf(Class))->select(cg|
                                g.isStereotyped("CommunicationMng"))->
size()=1)) and
        (self.nestedClassifier ->select(m| m.oclIsKindOf(Class))->select(am|
                                am.isStereotyped("AdapatationMng"))->
```

```
size()=1)) and
    (self.nestedClassifier ->select(m| m.oclIsKindOf(Class))->select(qm|
                    qm.isStereotyped("QualityMng"))-> size()=1))
```

Contexte MMSAAttachment. Propose des connecteurs d'adaptation afin d'assurer la liaison entre des interfaces incompatibles (manipulant des types de données multimédia hétérogènes). Un assemblage de connecteurs en UML correspond au concept d'attachement en MMSA. Il est utilisé pour définir un lien entre un port « fourni » d'un composant (respectivement port « requis ») et un rôle « requis » d'un connecteur (respectivement rôle « fourni ») mais aussi entre un rôle « fourni » (rôle « requis ») d'un connecteur et un rôle « requis » (rôle « fourni ») d'un autre connecteur. Cette contrainte est exprimée en OCL comme suit:

```
context UML::InfrastructureLibrary::Core::Constructs::Connector
inv : self.isStereotyped("MMSAAttachment")
implies
    (self.kind=#assembly) and
    (self.memberEnd.type->forAll(m|m.oclIsKindOf(Interface))) and
    (self.end->(exists(cp1,cp2|cp1.name <> cp2.name and
              cp1. oclASType(Media).Format=cp1.oclASType(Media).Format))) and
    ((self.end->select(cp1|cp1.isStereotyped("InputVideoRole"))->size >=1)and
     self.end->select(cp2|cp2.isStereotyped("OutputVideoRole"))->size >=1))or
    (self.end->select(cp1|cp1.isStereotyped("InputImageRole"))->size >=1) and
     self.end->select(cp2|cp2.isStereotyped("OutputImageRole"))->size >=1))or
    (self.end->select(cp1|cp1.isStereotyped("InputSoundRole"))->size >=1)and
     self.end->select(cp2|cp2.isStereotyped("OutputSoundRole"))->size >=1))or
    (self.end->select(cp1|cp1.isStereotyped("InputTextRole"))->size >=1) and
     self.end->select(cp2|cp2.isStereotyped("OutputTextRole"))->size >=1)))
```

Contexte MMSAConfiguration. Comme le composant UML peut contenir des sous-composants et des sous-classes, les configurations MMSA sont projetées vers un graphe de composants UML avec la contrainte OCL suivante:

```
context UML::InfrastructureLibrary::Core::Constructs::Component
inv :self.isStereotyped("MMSAConfiguration")
implies
    (self.ownedPort->size()=1) and
    (self.ownedOperation->isEmpty()) and
    (self.ownedPort->forAll(p|p.isStereotyped("ComponentInterface"))) and
    (self.member->select(m|m.oclIsKindOf(Component))->forAll
       ->(c|c.isStereotyped("MMSAComponent")))->size()>=1) and
    (self.member->select(m|m.oclIsTypeOf(Class))->forAll
       ->(c|c.isStereotyped("MMSAConnector")))->size()>=1)
```

La section suivante présente une implémentation du profil UML sur Rational Software Modeler (RSM). Il fournit un moyen de vérification et de validation automatique de l'architecture décrite par MMSA. Nous proposons aux utilisateurs la possibilité de vérifier

106

le modèle d'architecture pour chaque modification afin de garantir sa cohérence structurelle et sémantique. Les différents tests effectués sur des modèles d'architecture valident parfaitement notre projection. Afin d'examiner la projection de MMSA en UML 2.0, les contraintes OCL seront évaluées de façon dynamique sur un exemple de modèle de système de surveillance.

Outil de validation pour les architectures logicielles multimédia

3.1. Exemple illustratif : un système de vidéosurveillance

La surveillance biométrique se réfère aux technologies de mesure et d'analyse de caractéristiques physiques et/ou comportementales par l'authentification ou l'identification. Des exemples de caractéristiques physiques sont les empreintes digitales, les empreintes rétiniennes, la reconnaissance faciale, alors que les caractéristiques comportementales concernent la signature manuscrite, la voix ou l'écriture. Toutes les caractéristiques du comportement biométrique sont pourvues d'un élément physiologique. La surveillance biométrique est relativement nouvelle, et en cours de développement.

Les fonctions principales dans un système de surveillance sont la vérification et l'identification. La vérification permet de déterminer si une personne est bien celle qu'elle prétend être (l'identité d'une personne peut être vérifiée si son information biométrique est sur une carte ou une base de données). Alors que l'identification est utilisée pour identifier la personne (l'information extraite est comparée avec une information sauvegardée dans une base de données).

Pour illustrer notre stratégie de projection, nous prenons un système de surveillance automatique, qui contient des caméras de surveillance, un système d'information et des appareils d'alerte. Nous disposons des composants logiciels suivants:

- Un composant d'acquisition vidéo (fournit la vidéo sous format MPEG)
- Un composant d'amélioration des images (requiert/fournit des images PNG)
- Un composant de détection de visage (requiert/fournit des images PNG)
- Un composant de reconnaissance de visage (requiert des images BMP/fournit du texte)
- Un composant d'interrogation de BD multimédia (fournit des images BMP)
- Un composant de gestion d'alarme (fournit un son WAVE)

La figure 3.6 décrit le système de surveillance en MMSA et les figures 3.7 à 3.10 montrent la représentation de ce même système après l'application du profil UML proposé.

```
Class Configuration Monitoring {
        Class Component Acquisition {
            Properties { data-type = video; data-format =MPEG;}
            Constraints {max-persons=1;}
            Interface {Connection-Mode : synchronous ;
                Ports provide{provide_MPEG;}
                Services provide {acquisition-video;} }
        }
        Class Component Preparation {
            Properties {data-type = image; data-format =PNG;}
            Interface {Connection-Mode : synchronous ;
                Ports provide{ProvImage _PNG;}
                Ports request{ReqImage_PNG;}
                Services provide { treatment -image;} }
        }
        Class Component Treatment {
            Properties { data-type = image; data-format =PNG;}
            Interface {Connection-Mode : synchronous ;
                Ports provide {ProvImage _PNG;}
                Ports request{ReqImage_PNG;}
                Services provide { treatment -image;} }
        }
        Class Component Alarm {
            Properties { data-type = sound; data-format =WAVE;}
            Interface {Connection-Mode : synchronous ;
                Ports request {ReqText_OL;}
                Ports provide{ProvSound_WAVE;}
                Services provide { treatment -image;} }
        }
        Class Component Recognition {
            Properties { data-type = image; data-format =BMP;}
            Interface {Connection-Mode : synchronous ;
                Services provide {image_analyze, images_comparaison;}
                Ports provide{ReqImage_BMP_1; ReqImage_BMP_2;}
                Ports request{ ProvText_OL;} }
        }
        Class Component SGBDImage {
            Properties { data-type = image; data-format =BMP;}
            Interface {Connection-Mode : synchronous ;
                Services provide {image_analyze;}
                Ports provide{ReqImage_BMP; }
                Ports request{ ProvImage_BMP;} }
        }
        Class Component DataBase {
            Properties { data-type = image; data-format =BMP;}
            Interface {Connection-Mode : synchronous ;
                Services provide {image_provide}
                Ports provide{ReqImage_BMP; } }
```

}
Class Text-Connector connector1{
    Properties {flow = data}
    Glue {   //simple case of a glue
    Communication {Com_Service}
    Adaptation service { }
    QoS {}}
    Interface { Connection-Mode : synchronous
              Roles_Required {ProvText.OL}
              Roles_Provide { ReqText.OL}}
              Service {Connection} **}**
}
Class V-I-Connector connector2{
    Properties {flow = data}
    Glue {   //simple case of a glue
    Communication {Com_Service}
    Adaptation service {MpegToJpeg}
    QoS {resolution}}
    Interface { Connection-Mode : synchronous
              Roles_Required {ProvVideo.Mpeg}
              Roles_Provide { ReqImage.Jpeg }}
              Service {connection, adaptation} **}**
}
Class Image-Connector connector3{
    Properties {flow = data, size, resolution, color }
    Glue {
    Communication {Com_Service}
    Adaptation service {JpegToPng}
    QoS {resolution, compression, transparency}}
    Interface { Connection-Mode : synchronous
              Roles_Required { ProvImage.JPEG}
              Roles_Provide { ReqImage.PNG}}
              Service {connection, adaptation} **}**
}
Class Image-Connector connector4 {
    Properties {flow = data, size, resolution, color }
    Glue {
    Communication {Com_Service}
    Adaptation service {PngToBmp}
    QoS {transparency}}
    Interface { Connection-Mode : synchronous
              Roles_Required { ProvImage.PNG}
              Roles_Provide { ReqImage.BMP}}
              Service {connection, adaptation} **}**
}
Class Image-Connector connector5 {
    Properties {flow = data, size, resolution, color }
    Glue {
    Communication { }
    Adaptation service { }
    QoS {}}
    Interface { Connection-Mode : synchronous
              Roles_Required {ProvImage.PNG}

```
                    Roles_Provide {ReqImage. PNG}}
                    Service {connection } }
         }
         Class Image-Connector connector6 {
         ........................................
             Interface { Connection-Mode : synchronous
                    Roles_Required { ProvImage.BMP}
                    Roles_Provide { ReqImage. BMP}}
                    Service {connection } }
         }
         Instance Monitoring {
             Instances {  CP1 : Acquisition; CP2 : Preparation;
                    CP3 : Treatment;   CP4 : Alarm;
                    CP5 : Recognition; CP6 : SGBDImage;
                    CP7 : DataBase; CN1 : Connector1;
                    CA1: Connector2, CA2: Connector3; …}
         Attachment {
                    CP1toCA1; CA1toCA2; CA2toCP2 ;…}
         }
```

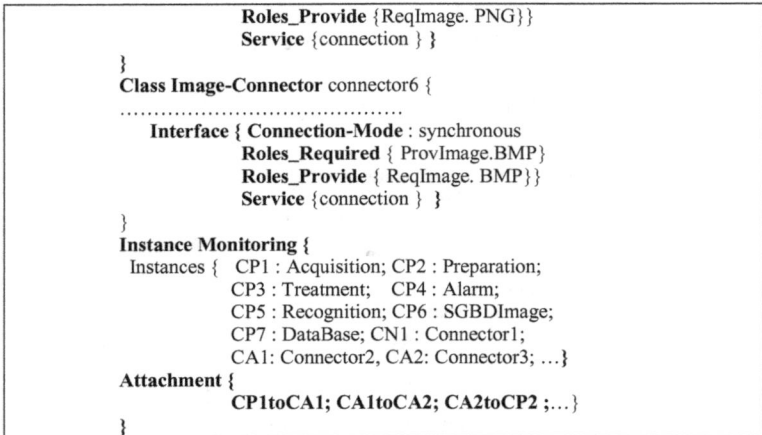

Figure 3.6. Système de surveillance en MMSA

3.1.1. Diagramme fonctionnel de l'application

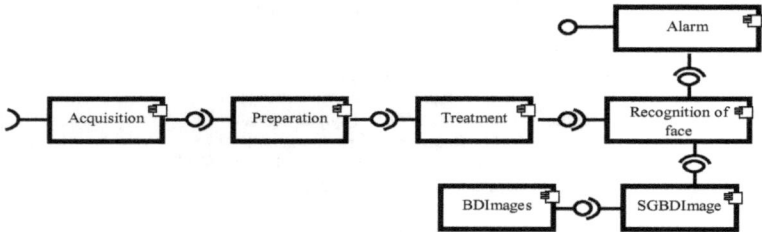

Figure 3.7. Description du système de surveillance en UML 2.0

La figure 3.7 montre le diagramme de composants de notre exemple, décrit en UML 2.0.
Cette modélisation ne permet pas la détection de l'hétérogénéité entre les différents
composants.

3.1.2. Application du profil UML MMSA

Etape 1: Pré-configuration

Dans cette étape nous représentons le système de surveillance avec la spécification des
types d'E/S de chaque composant de l'architecture

110

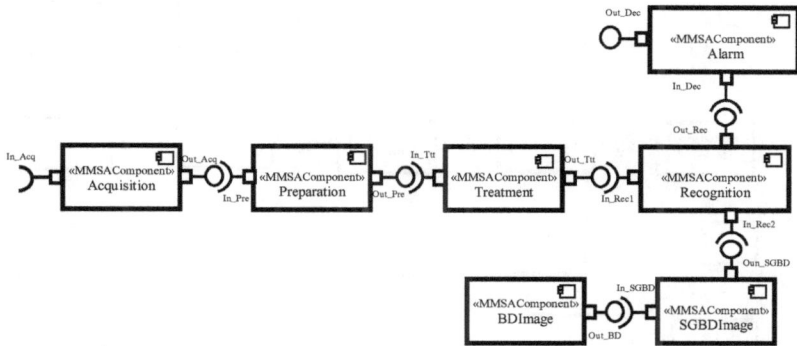

Figure 3.8. Pré-configuration du système

Etape 2: Typage, formatage des interfaces et détection d'hétérogénéités

Dans cette étape, nous utilisons les notations du profil que nous avons définies. Ces notations nous permettent de localiser et de détecter (cf. figure 3.9) les points d'hétérogénéité (type et format des données) des composants de l'architecture.

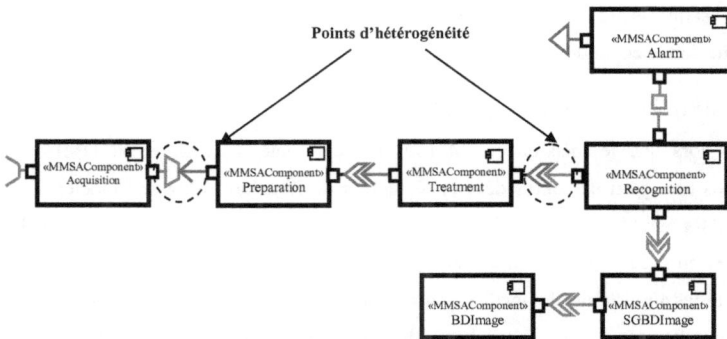

Figure 3.9. Utilisation des composants du profil

Etape 3: Intégration des connecteurs

Dans cette étape, nous intégrons les connecteurs entre composants en tenant compte des hétérogénéités détectées.

111

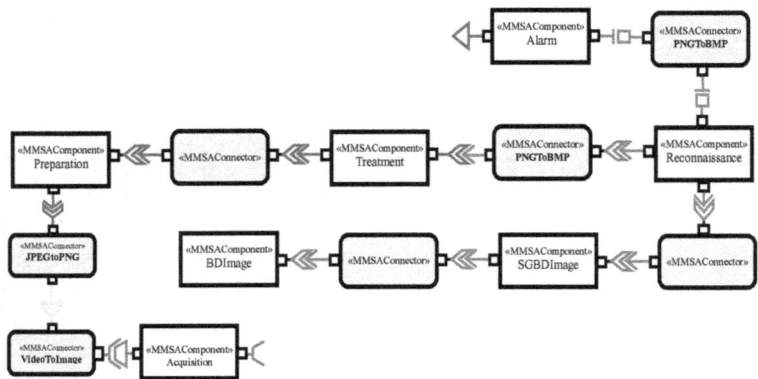

Figure 3.10.   Intégration des connecteurs de l'UML-profil

Après cette présentation d'un exemple avec MMSA, la section suivante présente le développement du profil MMSA dans Rational Software Modeler (http://www.ibm.com/developerworks/RSM) pour Eclipse. Pour cela, nous choisissons d'utiliser les mécanismes de création de profils de RSM. Ensuite, nous nous concentrons sur ce qui est nécessaire pour que l'outil détecte l'hétérogénéité (type et format de données) d'un système donné et valide sa sémantique.

3.2.   Implémentation du profil

Dés lors que le métamodèle MMSA est représenté dans un profil UML2.0, nous pouvons tirer parti des outils développés autour de Rational Software Modeler. Le profil UML 2.0 pour MMSA est implémenté dans IBM Rational Software Modeler pour Eclipse 3.1. Cet outil de modélisation visuelle permet la création et la gestion des modèles UML 2.0 pour les applications logicielles, indépendamment de leur langage de programmation, et fournit un langage commun pour décrire la sémantique formelle du langage OCL.

Le Plug-In est développé avec deux niveaux d'abstraction. Le haut niveau correspond au métamodèle de MMSA avec toutes les valeurs étiquetées et les contraintes OCL 2.0 définies dans la section 5. Ce diagramme joue un rôle important dans le second niveau quand il est utilisé par le modèle d'architecture logicielle. Il assure que le modèle d'architecture est conforme aux contraintes sémantiques définies par le profil.

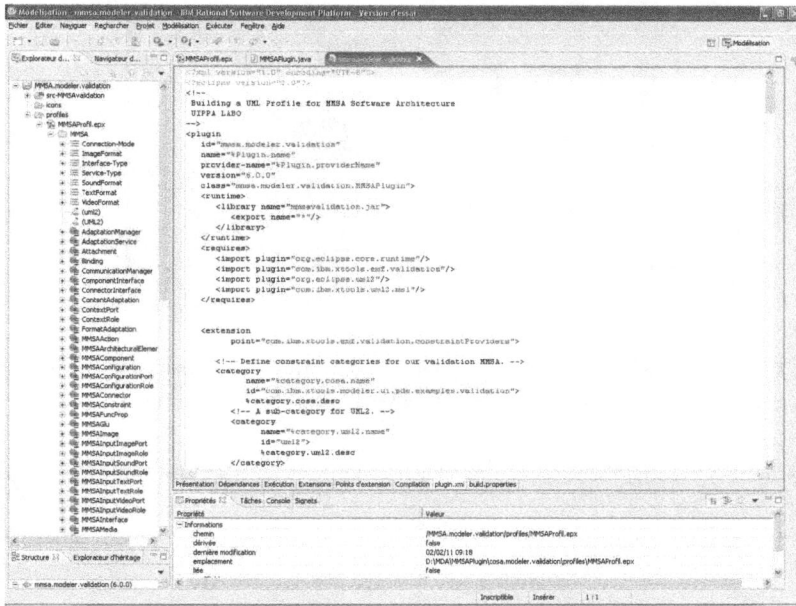

Figure 3.11. Le profil-MMSA dans RSM pour Eclipse 3.1.

Ce plug-in offre aux utilisateurs la possibilité de vérifier la cohérence structurelle d'un système donné et de valider sa sémantique avec l'approche MMSA. Nous avons d'abord créé un diagramme de composants UML 2.0 pour le système décrit, puis ajouté les contraintes OCL nécessaires. Après cela, le modèle est évalué par le profil-UML en utilisant les mécanismes de création de profils de RSM. La figure 3.11 montre le profil avec ses stéréotypes, les valeurs marquées et les contraintes OCL exprimées dans le méta-modèle UML 2.0 - EMF (Eclipse Modeling Framework).

3.2.1. Résultats finaux

Après la modélisation de cet exemple de surveillance avec MMSA, Ce modèle sera validé selon les contraintes sémantiques définies par le profil UML, Le système final projeté est illustré dans la figure 3.12. Ce résultat permet de maintenir un lien fort entre l'architecture abstraite MMSA et le modèle d'architecture UML 2.0. Grâce au profil UML 2.0 pour MMSA, l'hétérogénéité par type et format de média est réalisée.

113

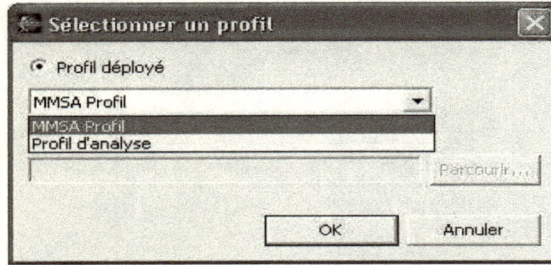

Figure 3.12. Sélection du profil MMSA pour le système Surveillance.

L'un des points forts de cet outil pour le profil MMSA est sa capacité à lier l'espace modèle (UML) à l'espace architectural (MMSA) en utilisant les mécanismes d'extension de modèles.

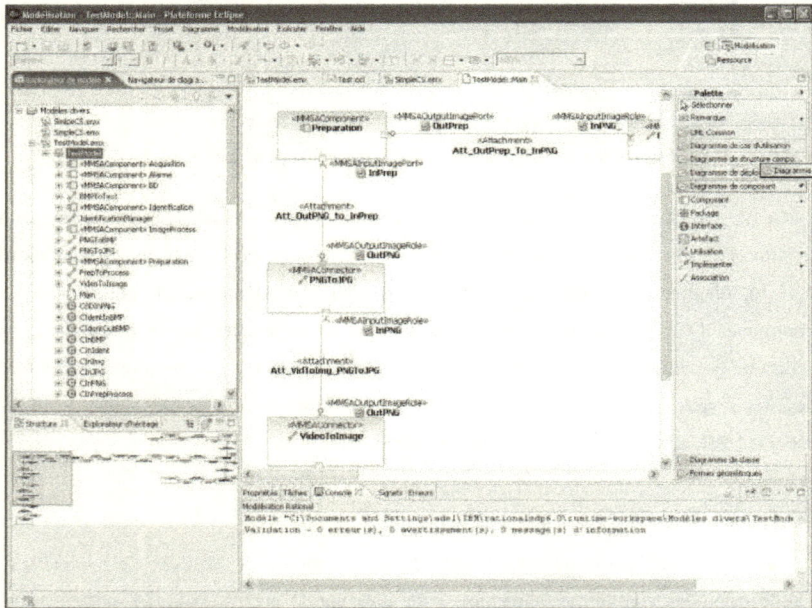

Figure 3.13. Validation du système Surveillance en UML 2.0 avec RSM.

3.2.2. Discussions et résultats

Notre outil MMSA-Plugin peut être comparé à des outils similaires, tels que le profil UML 2.0 pour π-ADL [OQU06] ou le profil UML 2.0 pour C3 [AMI09]. En effet, ces deux applications permettent la représentation graphique d'architectures et la vérification automatique des contraintes des modèles en utilisant le langage OCL.

L'utilisation de MMSA-Plugin offre plusieurs avantages par rapport aux outils proposés par [OQU06] [AMI09], elle permet :

- D'offrir un moyen simple pour décrire les architectures de logiciels complexes dans un éditeur visuel de diagrammes facile à utiliser et à installer.
- De mettre en œuvre la plupart des concepts des applications multimédia (ports média comme la vidéo, utilisation des connecteurs d'adaptation, structures telles que les configurations de composants complexes et les connecteurs complexes).
- De détecter automatiquement l'hétérogénéité par le contrôle des contraintes de formats et de types de données.
- De fournir une représentation adéquate des connecteurs d'adaptation qui sont définis au méta-niveau (notion de classe d'UML 2.0) plutôt que d'utiliser un attribut.

Synthèse

Les architectures logicielles sont le complément indispensable permettant l'organisation fonctionnelle des applications basées composants ainsi que la mise en place des communications. Dans un contexte applicatif multimédia, l'architecture logicielle d'une application multimédia est définie comme un ensemble de composants manipulant différents types de données multimédia, avec des contraintes spécifiques qu'il faut impérativement prendre en compte dès le niveau architectural, afin de : I) maîtriser la complexité du logiciel à partir d'une distinction entre les préoccupations fonctionnelles et non-fonctionnelles, II) éviter les reconfigurations et les réassemblages qui peuvent engendrer des incohérences ou même des incompatibilités. Parmi les langages permettant de représenter les architectures logicielles, UML 2.0 été retenu car il fournit un ensemble de mécanismes d'extension dans le but de documenter les concepts multimédia dans les architectures logicielles.

Dans ce chapitre, nous avons défini un profil UML 2.0 pour exprimer et modéliser le méta modèle MMSA (Meta-model Multimedia Software Architecture). Le tableau suivant présente une comparaison entre les concepts architecturaux d'UML et ceux de MMSA.

	UML 2.0	**MMSA**
Composant	Une classe enrichie	Une classe composée de services
Connecteur	Implicite. Il représente une relation de communication entre deux composants	Explicite. C'est un composant spécifique assurant les préoccupations non fonctionnelles des composants métier.
configuration	Assemblage des composants (composants composites)	Assemblage de composants et de connecteurs
Interface	- Associé à un ou plusieurs ports - Une interface peut être requise, fournie ou les deux	Contient les ports d'un composant ou les rôles d'un connecteur. Il y'a une différence entre interface d'E et interface de S.
Port	Permet d'assurer le transfert des flux fournis/requis du composant	- Associé à un ou plusieurs services - Un port peut être requis ou fourni
Rôle	/	Associé à la glu
Service	/	Assure un rôle d'un composant/connecteur
Glu	/	Assure la communication et l'adaptation des flux
Attachement	Une relation entre deux composants	Une relation entre un composant et un connecteur ou entre deux connecteurs
Liaison	/	Une relation entre un composant MMSA et une application non-MMSA.

TABLE 3.2. COMPARAISON ENTRE UML ET MMSA

Notre profil UML2.0 pour l'ADL MMSA comporte un ensemble de stéréotypes appliqués à des méta-classes issues du métamodèle UML2.0. Les stéréotypes proposés sont dotés de contraintes d'utilisation exprimées formellement en OCL [WAR03, OMG03a]. Un tel profil est défini pour favoriser :

1. la récupération (ou réutilisation) des architectures logicielles décrites en MMSA;
2. la conception et la réalisation des systèmes logiciels multimédia ayant des architectures logicielles explicites et documentées ;
3. la transformation de modèles selon l'approche MDA [OMG03b]. Par exemple, la transformation d'un PIM (Platform Independent Model) décrit dans ce profil vers un autre PIM ou un PSM (Platform Specific Model) décrit à l'aide d'autres profils.

Après avoir présenté l'aspect architectural des applications multimédia et des mécanismes de vérification des configurations de ces derniers, la partie suivante s'intéresse à l'aspect comportemental et dynamique des mécanismes d'adaptation. Nous y aborderons les processus d'adaptation et d'auto-adaptation des flux multimédia et les mécanismes de choix et d'intégration des services d'adaptation.

Chapitre 04 : Architecture et Plateformes d'Adaptation

Introduction

La multiplication des terminaux mobiles et la généralisation des réseaux sans fil impliquent des changements dans la conception et l'exécution des applications logicielles. Les systèmes ubiquitaires sont des systèmes dynamiques qui changent leur comportement en fonction des besoins de l'utilisateur lors de l'exécution en se basant sur des informations de contexte. Comme il n'est pas possible de développer ces systèmes à partir de zéro à chaque fois, un modèle de composants permettant des adaptations dynamiques des systèmes est nécessaire. En outre, une infrastructure d'adaptation gèrera les adaptations du système afin d'offrir un comportement dynamique et adaptatif aux utilisateurs.

L'hétérogénéité des besoins, des capacités et des caractéristiques des utilisateurs et des appareils nous oblige à adapter dynamiquement le système pour qu'il réponde aux exigences.

Nous distinguons deux types d'adaptations logicielles [KBC02]. La première est dite statique car l'adaptation nécessite l'arrêt de l'application. La deuxième est dite dynamique car elle se fait pendant l'exécution de l'application. L'adaptation statique est suffisante dans de nombreux cas. L'adaptation dynamique s'avère néanmoins nécessaire dans les applications critiques pour lesquelles l'environnement change constamment (applications distribuées dans lesquelles le nombre de nœuds disponibles et la capacité de la bande passante évoluent de façon imprévisible), celles dont l'arrêt est coûteux ou difficile à mettre en œuvre (applications industrielles de très grande taille), celles qui ne peuvent redémarrer que rarement par obligation contractuelle (routeurs de télécommunication) et enfin les applications critiques dont l'arrêt est impossible (applications de gestion de centrales nucléaires) [KBC02].

La partie suivante présente les approches d'adaptation avec quelques exemples d'architectures qui traitent l'adaptation des données multimédia en fonction des contextes, ce qui permet d'avoir les services nécessaires pour mettre en place une politique d'adaptation des flux multimédia. Tandis que la section 3 présente les caractéristiques des plateformes d'auto-adaptation avec quelques exemples qui traitent l'adaptation des applications multimédia afin de comprendre les mécanismes d'intégration et de suppression et changement de composants dans ces applications. On terminera par une synthèse.

Architecture d'adaptation des données multimédia

L'adaptation de contenu multimédia a besoin de mécanismes efficaces pour atténuer le problème d'hétérogénéité des composants logiciels, des dispositifs matériels, des réseaux et des contraintes des environnements informatiques pervasifs tels que la mobilité. En outre, l'adaptation permet de fournir des données conformes aux préférences de l'utilisateur et au contexte de son environnement.

Dans cette partie, nous allons présenter en premier lieu les caractéristiques des architectures d'adaptation. En second lieu, nous présenterons les différentes approches au travers de quelques architectures d'adaptation en montrant leurs points forts et leurs points faibles. Et enfin, une synthèse des avantages et des inconvénients de chaque architecture d'adaptation terminera cette partie.

2.1. Caractéristiques des architectures d'adaptation de contenu

Le développement d'applications pour l'informatique pervasive présente un certain nombre de défis pour l'ingénierie logicielle, dont en particulier, l'adaptation au contexte : adaptation à l'environnement (localisation, temps, etc.), à la connectivité (débit, protocole, etc.), aux limites des appareils (écran, son, etc.) et même aux utilisateurs (handicap physique, choix personnels, etc.).

La prise en compte de l'ensemble des facteurs influençant l'adaptation est une tâche complexe qui demande la connaissance de certains principes et caractéristiques des architectures d'adaptation.

2.1.1. Gestion des profils et du contexte

La gestion du contexte s'appuie d'une part sur un langage de description des éléments du contexte et d'autre part sur les outils utilisés pour collecter ces données, les comprendre et les analyser. Le système d'adaptation de contenu multimédia doit être muni des bons outils lui permettant de décrire, de stocker, de récupérer et d'analyser ces informations contextuelles, qui, agrégées, constituent l'un des éléments clés dans le processus de prise de décision pour l'adaptation [LEM04b, LAP05, KAZ08].

2.1.2. Gestion des contenus multimédia

La gestion de contenu vise à prendre en compte les informations qui ne sont pas structurées, comme les documents électroniques, par opposition à celles déjà structurées dans des bases de données. Un système de gestion de contenu est destiné à la conception et à la mise à jour dynamique de documents ou d'applications multimédia [LEM04a, JAN06].

2.1.3. Gestion des configurations

Le processus de reconfiguration est géré par le gestionnaire de configurations, qui utilise le plan de configuration choisi et les services d'adaptation nécessaires à la mise en œuvre de l'application multimédia. Cela nécessite la collaboration avec d'autres gestionnaires afin de satisfaire le nouveau contexte [KAZ08, HAG06].

2.1.4. Gestion d'adaptation

La gestionnaire d'adaptation s'occupe de la prise de décision, du choix des services d'adaptation et du suivi de l'exécution des adaptateurs.

2.1.5. Gestion de la prise de décision

Le but de cette fonctionnalité est de déterminer si le contenu demandé par l'utilisateur nécessite une adaptation ou non. Pour ce faire, il est nécessaire d'analyser, d'une part, les informations contextuelles de l'utilisateur et, d'autre part, les informations relatives aux contenus multimédia demandés. La prise de décision peut être guidée par des politiques d'adaptation [LAP05, KAZ08].

2.1.6. Gestion des plans d'adaptation

Cette fonctionnalité n'est pas commune à toutes les architectures et est souvent intégrée à la fonction de gestion de la prise de décision. Nous la considérons comme une fonctionnalité à part entière car une fois que la phase d'identification des adaptations est terminée (gestion de la prise de décision), il s'agit de déterminer le plan d'adaptation et les endroits où elle sera réalisée [LAP05, KAZ08, HAG06].

A ces gestionnaires on rajoute un contrôleur de changement de contexte, qui contient un ensemble de capteurs pour observer et vérifier le bon fonctionnement de l'application.

2.2. Approches d'adaptation

Depuis l'apparition des systèmes pervasifs, l'échange de données dans les environnements ubiquitaires requiert une adaptation, en raison de la diversité des média (image, texte, son, vidéo) et des capacités limités des appareils. Plusieurs techniques d'adaptation ont été proposées. Ces techniques reposent sur la transformation textuelle [NAG01] le transcodage d'images [WEE03, LEE03] ou le traitement vidéo et audio [LIB04, SHA00]. L'une des questions majeures en terme d'architecture d'adaptation est de savoir où se réalise la prise de décision et surtout où s'exécutent les opérations d'adaptation. En raison de la puissance de calcul des terminaux, de la bande passante et des ressources disponibles, le choix du lieu d'exécution des adaptations des données peut varier. Plusieurs approches existent pour la localisation des processus d'adaptation sur le parcours de transmission de données, entre la source de données (serveur) et la destination des données (client). Ces approches sont : l'approche centrée serveur, l'approche centrée client, l'approche centrée Proxy, et l'approche hybride.

2.2.1. Approche centrée serveur

Dans la première approche, l'adaptation est effectuée à la source (sur le serveur) comme le montre la figure 4.1. Dans [MAR01, MMO01, MHA99], le serveur est chargé de découvrir les capacités du client (gestion des profils) et les caractéristiques du réseau. Il décide alors de la meilleure stratégie d'adaptation.

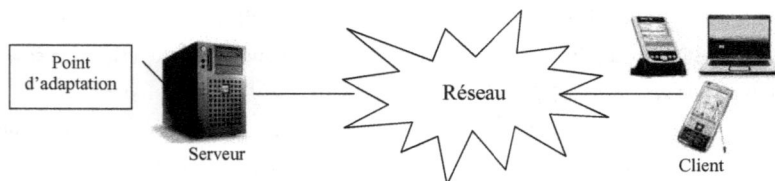

Figure 4.1.   Adaptation centrée serveur

Cette approche permet au serveur du contenu de formuler des conseils ou des contraintes sur l'adaptation. De plus, les solutions centrées serveur permettent la mise en œuvre de mécanismes d'adaptation de contenu dynamiques (à la volée) ou statique (hors ligne). Ces approches présentent un inconvénient majeur : les ressources de transformation induisent une charge de calcul et une consommation de ressources importantes sur les serveurs que ceux-ci n'ont toujours pas la capacité de fournir.

Adaptation d'une application multimédia par un code mobile

L'idée consiste a utiliser un code mobile pour adapter dynamiquement un serveur, afin de prendre en compte les caractéristiques de l'environnement ou d'étendre le service rendu par ce serveur.

Dans [HAG02], une application multimédia répartie a été présentée en utilisant un agent mobile programmé en java. Dans cette application, un agent mobile est envoyé sur le site émettant une vidéo (le serveur) afin d'adapter les données vidéo transmises. L'expérimentation de ce travail montre que l'adaptation par des agents mobiles permet notamment de réduire la charge de calcul sur la machine cliente (en la reportant sur le serveur), de réduire sensiblement la charge sur le réseau, ou encore de personnaliser la prise en compte d'une panne.

Une adaptation basée connaissances

KoMMa (knowledge-based MultiMedia adaptation) [JAN06] est une plateforme visant à planifier et exécuter des opérations d'adaptation à travers un moteur de prise de décision pour l'adaptation. Ce moteur possède l'intelligence nécessaire pour construire les séquences d'adaptation qui réalisent effectivement les transformations sur la base d'une requête du client. Cette logique d'adaptation est également basée sur des techniques de planification qu'elle réalise à l'aide de Prolog. Un plan d'adaptation est calculé pour adapter la ressource originale afin de satisfaire les contraintes et les préférences du client en s'appuyant sur des règles. Cependant, koMMa ne gère pas dynamiquent les adaptateurs et leurs éventuelles disparitions.

ISIS

ISIS pour Intelligent Scalability for Interoperable Services [GCK04] a pour but de concevoir, d'implémenter et de valider un cadre de travail multimédia qui permet à un contenu audio-visuel d'être créé une fois puis adapté suivant une série de scénarios prenant en compte les caractéristiques de transport, les capacités du terminal et les préférences de l'utilisateur final. Les objectifs d'ISIS sont alors de développer des formats de représentation de contenu innovants en insistant sur les techniques de gestion du contenu et de concevoir un cadre de personnalisation capable de traiter des métadonnées et des formats complexes.

Placer les adaptations sur le serveur a aussi ses inconvénients. Cela complique la mise en œuvre du serveur avec des algorithmes de génération de présentation appropriés à une demande, ce qui conduit une charge de calcul supplémentaire et une importante consommation de ressources sur le serveur.

2.2.2. L'approche centrée client

La deuxième approche dans la localisation de l'adaptation se situe au niveau du récepteur (ou client) comme le montre la figure 4.2. Dans l'adaptation centrée client [MAR02, LEI01], l'adaptation nécessaire est assurée par le dispositif client en utilisant des fonctionnalités qui ne seraient pas disponibles sur le serveur.

Le serveur demeure donc inchangé et transmet ses contenus dans leur format d'origine. Le composant client, à la réception du contenu, transforme celui-ci de manière à pouvoir le traiter correctement. La sélection des contenus compatibles peut être réalisée dans le cadre de négociations avec le serveur de contenus : en réponse à une requête du client, le serveur transmet la liste des variantes disponibles pour le contenu répondant à la requête. Le composant client sélectionne l'une des variantes de contenu. A titre d'exemple, certains composants (comme le SmartPhone) modifient la résolution des images (passage d'une profondeur de couleur de 24 bits au niveau de gris sur 4 bits).

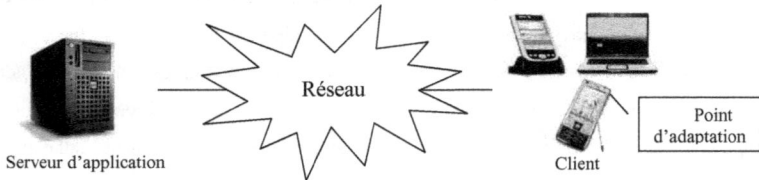

Figure 4.2.   Adaptation centrée client

L'adaptation centrée client requiert des modifications minimales au niveau du composant de connexion et peut être efficace dans la personnalisation du contenu et l'adaptation aux caractéristiques du composant. Toutefois, cette solution est très mal adaptée aux situations soumise à de fortes contraintes de transmission réseau, ce qui est typiquement le cas de nombreuses applications pervasives intégrant des dispositifs mobiles.

En outre, la complexité élevée des mécanismes d'adaptation interdit l'utilisation générique de cette solution dans la mesure où une proportion considérable des dispositifs mobiles reste limitée en termes de puissance de calcul, de mémoire, d'énergie et de stockage. Ainsi, les approches centrées client ne sont en pratique pertinentes que vis-à-vis de problématiques simples d'affichage lorsque les contraintes réseau sont traitées ailleurs.

L'adaptation centrée client est avantageuse lorsque le serveur d'origine est incapable de déterminer les capacités du dispositif client ou quand on veut répartir la charge et réduire l'utilisation du réseau. L'adaptation centrée client présente l'inconvénient de mobiliser fortement les capacités de calcul et de mémoire du dispositif client, ainsi l'adaptation n'est pas transparente pour l'utilisateur.

Les travaux présentés dans [PAR06] proposent de nouveaux sous-systèmes d'affichage dans les terminaux légers qui garantissent une moindre consommation d'énergie. Les auteurs introduisent des changements aussi bien matériels, en introduisant une technologie d'affichage (par ex. OLED Organic Light-Emitting Diode) qui crée des régions d'affichage indépendantes les unes des autres en terme de consommation d'énergie.

2.2.3. Approche centrée Proxy

La troisième approche représente un compromis entre les deux précédentes. Elle place un intermédiaire (Proxy) entre les deux extrémités de la communication. Le nœud intermédiaire, habituellement désigné comme proxy ou Gateway (voir figure 4.3), intercepte la réponse du serveur, choisit et exécute l'adaptation en fonction des préférences de l'utilisateur, des capacités de l'appareil du client et de l'état du réseau, puis envoie le contenu adapté au client [SIN04, WEE03, KIM03].

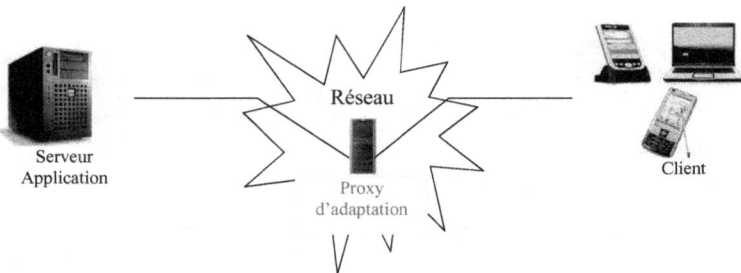

Serveur Application · **Réseau** · **Proxy d'adaptation** · **Client**

Figure 4.3.   L'adaptation centrée Proxy

L'adaptation centrée proxy évite de charger les clients et les serveurs. Le proxy peut transformer les contenus multimédia. Les architectures centrées proxy permettent moins de contrôle sur le résultat de l'adaptation et il est difficile de déterminer si le contenu généré convient au client.

Même si cette approche résout à un certain degré les problèmes rencontrés par les approches orientées client et serveur, elle présente des limitations en termes d'extensibilité en raison du coût élevé des opérations d'adaptation.

Plusieurs travaux ont été développés dans cette approche, la plupart utilisent les même structures et les mêmes composants, mais se différencient au niveau de la politique de mise en œuvre du proxy. Nous avons choisi de représenter les plus récents : NAC [LEM04], DCAF [HAG06] et APPAT [LAP05].

NAC

L'architecture NAC (Negociation and Adaptation Core) [LEM04b] a pour objectif de contribuer à l'adaptation et à la négociation des contenus en considérant les limitations des terminaux et les contraintes de leurs environnements.

NAC inclut deux grandes parties : la description du contexte et l'adaptation pour satisfaire le contexte. L'approche adoptée dans l'architecture NAC vise l'objectif de l'utilisation automatique d'un contenu distant par des clients qui peuvent être différents en termes de capacités de traitement, de formats supportés, de protocoles de communication, etc. L'architecture NAC est organisée sous forme de cinq entités qui coopèrent. L'organisation générale de l'architecture NAC est présentée dans la figure 4.4.

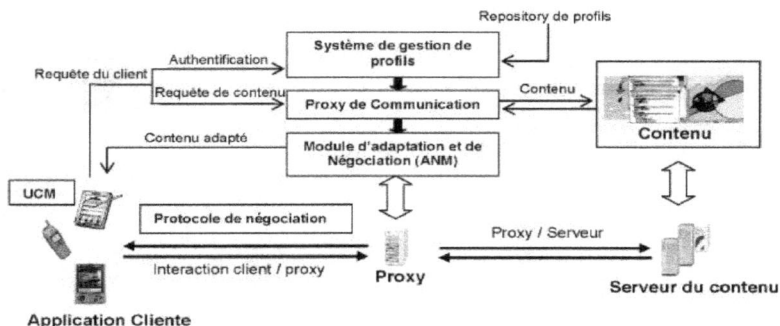

Figure 4.4.   Organisation générale de l'architecture NAC [LEM04a]

124

- **Le proxy de communication :** assure l'adaptation et la négociation du contenu de l'architecture. L'adaptation est, la plupart du temps, dynamique. Ce module coopère avec les autres entités de l'architecture afin de prendre la meilleure décision.

- **Module du contexte de l'utilisateur (UCM) :** assure une négociation avancée du contenu.

- **Protocole de négociation :** assure une stratégie de négociation avancée, définit l'interaction entre le module UCM et le processus de négociation du module ANM (Adaptation and Négociation Module).

- **Système de gestion de profil :** assure l'analyse et la gestion des descriptions du contexte (la description du client, du contenu, des méthodes d'adaptation) au profil de l'adaptation du contenu.

Le Tableau 4.1 résume les fonctionnalités principales de NAC.

Fonctionnalités de base	
Gestion du contexte	- Système de gestion de profils et UCM.
Gestion des contenus multimédia	- Pas de gestion
Gestion de la prise de décision	- Au niveau de l'ANM
Gestion de l'adaptation et lieu de l'adaptation	- Module d'adaptation sur le Proxy.
Gestion des changements dans le contexte	- Au niveau le l'ANM.
Tolérance à l'absence des services	- Pas de gestion.
Techniques d'adaptation	
Structurelle (temporelle, spatiale, logique)	
Types de contenus adaptés	
Document multimédia composé	

TABLE 4.1. FICHE DESCRIPTIVE DE NAC

D'après ce tableau, nous pouvons dire que l'architecture NAC présente l'avantage d'offrir les deux type d'adaptation, statique et dynamique, et d'avoir un module qui s'occupe de la négociation et de la mise à jour des profils. Néomoins, elle ne présente pas de techniques pour la recherche des services d'adaptation, ni pour l'évaluation et le choix des services d'adaptation. Par ailleur elle se base essensiellement sur les adaptations sturcturelles en utilisant le langage SMIL *(Synchronized Multimedia Integration Language).*

L'architecture DCAF

DCAF pour Distributed Content Adaptation Framework est une architecture orientée service qui a été développée au sein du laboratoire LIRIS (Laboratoire d'InfoRmatique en Image et Systèmes d'information) à Lyon [GBP05]. DCAF est une architecture d'adaptation de contenu générique, extensible et inter opérable. Elle est représentée dans la figure 4.5.

L'architecture DCAF (figure 4.5) comprend six composants principaux :

- **Serveurs de contenus** : ce sont des entrepôts de donnés.

- **Proxys de contenus** : *Les proxys de contenus* (Content Proxies : CP) fournissent un accès aux serveurs de contenus, formulent les requêtes des utilisateurs dans un format adéquat, gèrent et livrent (en réponse aux requêtes des utilisateurs) des descriptions de contenu (métadonnées).

- **Gestionnaire de profils utilisateur** : ce serveur stocke les informations du contexte utilisateur.

- **Répertoire des services d'adaptation** : Le répertoire des services d'adaptation (Adaptation Service Registry : ASR) est un annuaire de services d'adaptation semblable à un annuaire UDDI. Il stocke les descriptions fonctionnelles (profils) et non fonctionnelles (ex : coût) des services d'adaptation multimédia et offre des APIs de recherche de services. Les services d'adaptation sont des serveurs hébergeant un ou plusieurs services d'adaptation. Les services d'adaptation sont implémentés en tant que services Web et sont développés de manière indépendante de l'architecture DCAF.

- **Services d'adaptation** : serveurs hébergeant un ou plusieurs services d'adaptation.

- **Proxys locaux** : Les proxys locaux prennent en charge la récupération et le traitement des profils de contexte. Ils décident du type et du nombre de traitements adaptatifs, découvrent les services d'adaptation, planifient l'exécution des services et les invoquent. Le module de négociation et d'adaptation de contenu (CNAM) détermine un schéma d'adaptation optimal et invoque les services d'adaptation ad hoc. Il est responsable de la construction du graphe d'adaptation.

126

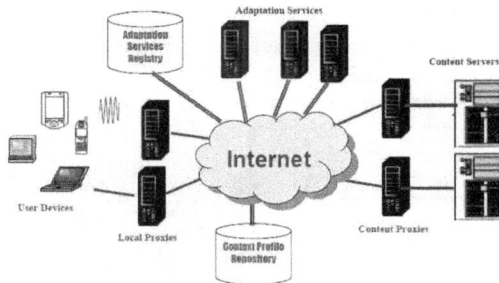

Figure 4.5. Architecture DCAF [HAG06]

Le Tableau 4.2 résume les fonctionnalités principales à DCAF.

Fonctionnalités de base	
Gestion du contexte	- Gestionnaire de profils utilisateur.
Gestion des contenus multimédia	- Pas de gestion
Gestion de la prise de décision	- Au niveau de CNAM par le moteur de décision
Gestion de l'adaptation et lieu de l'adaptation	- Services d'adaptation.
Gestion des changements dans le contexte	- Proxy local.
Tolérance à l'absence des services	- Pas de gestion.
Techniques d'adaptation	
Structurelle (temporelle, spatiale, logique)	
Types de contenus adaptés	
Document multimédia composé	

TABLE 4.2. FICHE DESCRIPTIVE DE DCAF

Malgrer la souplesse qu'offre l'architecture DCAF relativement au choix des adaptateurs et à leur éxecution, elle souffre de plusieurs problèmes liés aux contextes et profils utilisés comme les préferences des utilisateurs. Ainsi, les critères de choix des service ne semblent pas suffisants pour pouvoir choisir le meilleur service.

APPAT

APPAT pour Adaptation Proxies PlATform est une plateforme proposée par une équipe de recherche du LIFC (Laboratoire d'Informatique de l'Université de Franche-Comté) [LAP05]. APPAT est une architecture à base de proxies. Elle introduit la notion de distribution de l'adaptation sur plusieurs hôtes appelés Proxies d'adaptation. Ce travail a comme cadre de travail les applications collaboratives. La plateforme APPAT gère la coordination des proxies, l'échange d'information et l'adaptation.

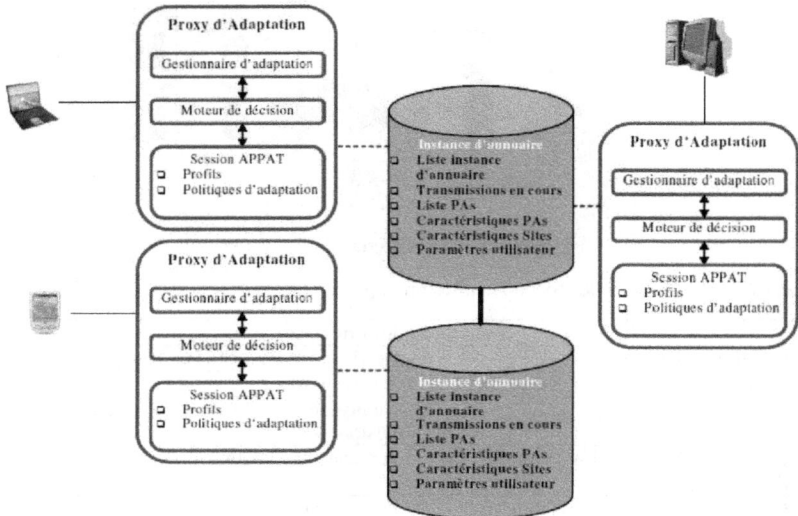

Figure 4.6. Architecture de la plateforme APPAT [LAP05]

Un client est connecté à la plateforme APPAT par l'intermédiaire d'un Proxy d'adaptation. L'idée est de réaliser l'adaptation globale qui est définie comme «l'adaptation des données en fonction de l'ensemble des paramètres impliqués par la multiplicité des utilisateurs». La figure 4.6 montre plusieurs entités amenées à collaborer afin de réaliser l'adaptation globale :

- Le Proxy d'Adaptation (PA) est au cœur de la plateforme APPAT. Il renferme trois fonctionnalités : la partie communication, la partie décision et enfin la partie adaptation.
- Un site est soit émetteur, soit récepteur. Ainsi, chaque site représente à la fois un serveur et un client.
- Une Interface de Proxy d'Adaptation (IPA) est le point d'accès de chaque site à la plateforme.
- Un annuaire distribué est constitué de plusieurs Instances d'Annuaire (IA) qui partagent les informations sur l'ensemble de la plateforme. L'annuaire distribué a des

128

fonctionnalités similaires à un annuaire LDAP sauf que le protocole de communication entre les IA repose sur HTTP/SOAP. Une Instance d'Annuaire contient des informations sur l'état de la plateforme notamment celles relatives aux PA.

APPAT propose trois façons, pour un site ou un nœud, de communiquer ses préférences et les caractéristiques de son terminal. La première est d'envoyer un profil CC/PP dans l'en-tête http de la requête. La deuxième est de proposer une page de configuration située au niveau de l'interface du proxy d'adaptation à travers laquelle les utilisateurs peuvent spécifier leurs préférences qui sont mémorisées. La troisième consiste à avoir une application externe ou interne (plug-in) au client, indépendante de la requête, et permettant le contrôle de chaque client.

Le moteur de décision au niveau du proxy d'adaptation (PA) permet de prendre des décisions sur l'adaptation. Il se base sur une procédure de décision multicritère prenant comme paramètres des informations relatives aux clients, aux PA, au type de données à transmettre et à adapter.

Trois cas peuvent se présenter relativement au lieu d'adaptation: adapter au plus près de l'émetteur, adapter au plus près du récepteur ou adapter au cœur de la plateforme. Chacun a une incidence sur l'état du réseau, sur les transmissions, et sur la qualité de service.

Le Tableau 4.3 résume les fonctionnalités intrinsèques d'APPAT.

Fonctionnalités de base	
Gestion du contexte	- Au niveau du client (requête http contenant un profil CC/PP) - Au niveau du Proxy - Au niveau d'une application interne ou externe (Plug-in)
Gestion des contenus multimédia	Pas de gestion de contenu
Gestion de la prise de décision	- Au niveau du proxy d'adaptation
Gestion de l'adaptation et lieu de l'adaptation	- Au niveau du proxy d'adaptation
Gestion des changements dans le contexte	- Utilisation de MIB (Management Information Base) et d'une fonction de supervision.
Tolérance a l'absence des services	Pas de gestion
Techniques d'adaptation	
Filtrage, transcodage et mixage.	
Types de contenus adaptés	
Flux continus ou données discrètes (images)	

TABLE 4.3.   FICHE DESCRIPTIVE D'APPAT

129

2.2.4. Approche hybride

L'approche hybride pour l'adaptation de contenu est tout à fait récente. Les travaux tels que MARCH [ARD03], PAAM [KAZ08], et DANAE [HUT05] proposent des plates-formes basées sur cette approche. Le projet MARCH (Mobile Aware server aRCHitecture) permet la création d'une couverture réseau basée service en déployant plusieurs Proxys dans divers points entre le client et le serveur. MARS est une approche centrée serveur dans laquelle la décision sur l'adaptation est faite sur un serveur mobile (MAS) qui est un frontal devant le serveur de contenu. DANAE (Dynamic and distributed Adaptation of scalable multimedia coNtent in a context-Aware) propose une plateforme pour l'adaptation dynamique et distribuée du contenu multimédia dans un environnement évolutif sensible contexte. Le projet couvre trois travaux majeurs: la définition des formats de média, l'adaptation de contenu multimédia au contexte et le transport et la livraison de contenu multimédia à l'utilisateur final. DANAE est conçu à partir de MPEG-21 ce qui limite son utilisation pour d'autres formats. Bien que DANAE fournisse des adaptations distribuées en utilisant des nœuds intermédiaires, les outils d'adaptation et le moteur de décision d'adaptation doivent être mis en œuvre dans chaque nœud. De plus, chaque nœud peut ne pas avoir le même type d'outil d'adaptation, ce qui complique encore la mise en œuvre des nœuds d'adaptation.

PAAM : Une architecture orientée services pour l'adaptation des documents multimédia composés

PAAM [KAZ08] est une architecture qui adapte les documents multimédia au contexte des participants d'un système pair-à-pair. Les contenus multimédia ainsi que les adaptateurs sont mis à disposition par le système pair-à-pair. L'architecture d'adaptation recherche les adaptateurs, les compose si nécessaire pour réaliser des opérations d'adaptation complexes et pilote l'adaptation. Le système d'adaptation est sensible aux déconnexions des pairs, potentiellement fréquentes dans un environnement pair-à-pair. Il permet de recomposer dynamiquement les adaptateurs afin de faciliter la prise en compte des changements dans l'environnement des usagers et dans celui des adaptateurs.

Le système PAAM propose des mécanismes pour intégrer de nouveaux adaptateurs et pour composer à la demande des adaptations complexes. PAAM permet l'adaptation dynamique au contexte changeant des usagers et des adaptateurs de documents multimédias composés. L'architecture proposée pour PAAM est illustrée dans la figure 4.7. Un processus d'adaptation comporte quatre éléments: un gestionnaire de contexte, un planificateur, un gestionnaire des documents composés et un gestionnaire d'adaptation. Un cycle d'adaptation est initialisé par un pair client qui envoie une demande au planificateur. Le planificateur envoie des liens (URL) sur la description de l'utilisateur et la description des documents multimédias composés à la fois au gestionnaire de contexte et au gestionnaire de documents composés. Ensuite, les données traitées par le gestionnaire de contexte et le gestionnaire de documents composés sont envoyées au planificateur. Le planificateur, qui met en œuvre la prise de décision des algorithmes pour l'adaptation des documents multimédias composés est fourni avec les politiques d'adaptation. Il décide si une adaptation est nécessaire et quelles sont les opérations d'adaptation à mettre en œuvre pour offrir un document multimédia adapté au contexte de l'utilisateur.

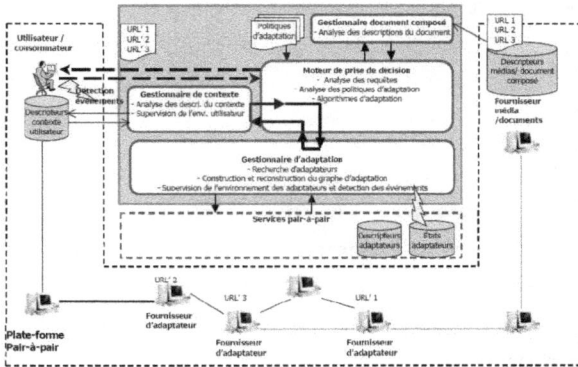

Figure 4.7. Une architecture pour la fourniture de documents multimédia adaptables[KAZ08]

Une fois la décision des adaptations faite, un graphe d'adaptation est construit et instancié par le gestionnaire d'adaptation. A partir de ce graphe d'adaptation logique (pas d'instanciation pour le moment), le rôle du gestionnaire de l'adaptation est de trouver l'adaptateur le plus approprié pour chaque opération d'adaptation nécessaire.

Le Tableau 4.4 résume les fonctionnalités intrinsèques à PAAM.

Fonctionnalités de base	
Gestion du contexte	- Gestionnaire de contexte récupère le descripteur de contexte de chaque client.
Gestion des contenus multimédia	- Gestionnaire de document composé
Gestion de la prise de décision	- Au niveau du planificateur

131

Gestion de l'adaptation et lieu de l'adaptation	- Le gestionnaire d'adaptation contrôle l'adaptation assurée par un Web Service sur un Pair du réseau.
Gestion des changements dans le contexte	- une supervision de l'environnement utilisateur est assurée par le gestionnaire de contexte.
Tolérance à l'absence des services	- Au niveau du gestionnaire d'adaptation par remplacement de l'adaptateur s'il disparait ou par duplication du service d'adaptation.
Techniques d'adaptation	
Transcodage, transmodage et structurelle	
Types de contenus adaptés	
Document multimédia composé	

TABLE 4.4. FICHE DESCRIPTIVE DE PAAM

L'architecture PAAM traite de nombreux problèmes. Au niveau des adaptateurs, elle présente un processus complet d'adaptation. Au niveau des descripteurs, elle propose des mécanismes capables de décrire les services d'adaptation et le contexte. Cependant, cette architecture manque des mécanismes d'optimisation des calculs. Elle ne prend pas en considération le changement de contexte, aussi, manque-t-elle de suivi de la qualité de service pendant l'exécution des adaptations.

MAPS (Media Accelerating Peer Services)

MAPS étend les infrastructures P2P existantes avec des modules qui permettent de personnaliser les fonctions de recherche et de livraison de documents. MAPS [LIE03] contient un module d'accès à des contenus adaptés aux caractéristiques du terminal d'un client, à ses capacités de stockage et aux contraintes de bande passante de son réseau. Dans cette architecture les auteurs ont introduit le concept de surveillance de la qualité pour évaluer ou valider les résultats de diffusion de contenu. Ils ont généralisé les différents composants et conçu une architecture au-dessus de la couche de service standard peer-to-peer. MAPS ne traite cependant que des applications de « streaming » de vidéo ; les autres médias ne sont pas considérés et la composition de plusieurs médias élémentaires n'est pas assurée, pas plus que les applications de partage de fichiers.

2.3. Evaluation des architectures d'adaptation

Plusieurs projets de recherche récents proposent des architectures d'adaptation multimédia telles que l'architecture basée Wrapper proposé par Metso [MET01], MAPS [LIE03], DCAF [HAG06], M21 [VET04], APPAT [LAP05], NAC [LAM04, LAY05] et

PAAM [ZAK08] s'inspirant d'un modèle P2P amélioré, étant en cela comparable à l'approche que nous proposons.

Nous présentons dans ce qui suit une étude comparative sur les architectures de fourniture de contenus multimédia adaptés aux contextes des utilisateurs. Les architectures que nous étudions sont : APPAT, PAAM, NAC, DCAF. Nous avons choisi de présenter ces architectures car elles reposent sur des modèles architecturaux différents, traitent des contenus multimédia différents et illustrent diverses techniques d'adaptation. De plus, l'analyse de ces architectures permet d'en extraire les limitations et de situer ainsi nos objectifs.

Ainsi MAPS (Media Accelerating Peer Services) étend les infrastructures P2P existantes avec des modules qui permettent de personnaliser les fonctions de recherche et de livraison de documents. MAPS contient un module qui permet l'accès à des contenus adaptés aux caractéristiques du terminal d'un client, à ses capacités de stockage et aux contraintes de bande passante de son réseau. MAPS ne traite cependant que des applications de « streaming » de vidéo ; les autres médias ne sont pas considérés et la composition de plusieurs médias élémentaires n'est pas assurée. Les applications de partages de fichiers ne sont pas non plus considérées.

APPAT (Adaptation Proxy Platform) est une architecture basée Proxy. Elle n'est pas construite selon le modèle P2P mais distribue l'adaptation sur plusieurs hôtes appelés « Proxys d'adaptation », ce qui représente une évolution par rapport aux architectures client/intermédiaires/serveur. APPAT est spécialement conçue pour les applications collaboratives où plusieurs participants accèdent simultanément aux mêmes données. Cette plateforme ne traite que des médias non composés tels que les vidéos et les images et n'est pas prévue pour être utilisée à grande échelle.

Rong et al. [VET04] proposent l'architecture M21 qui facilite l'adaptation dynamique des ressources dans un environnement P2P. Le standard MPEG-21 [VET04] est largement utilisé pour décrire des contenus multimédia, en utilisant, en particulier, les informations décrites dans des descripteurs DIA (Digital Item Adaptation) comme les descriptions de l'environnement d'usage. La dynamicité est prise en compte et un large spectre de contenus multimédia - y compris les documents composés - est considéré. Néanmoins, cette architecture ne présente pas de mécanisme de composition d'adaptateurs distribués

Le principe de NAC, consiste à interposer un Proxy entre le client et le serveur. Ce Proxy prend en charge l'essentiel de la négociation et de l'adaptation. NAC définit un module indépendant qui s'appelle système de gestion de profils et assure l'analyse et la gestion des descriptions de contexte (la description du terminal, du contenu, des méthodes d'adaptation, etc.) pour assurer l'adaptation de contenu. Le filtrage appliqué par cette architecture, au niveau des feuilles de style XSLT n'est pas efficace car le contenu de la page XML reste le même. Ainsi, le gestionnaire de profil ne prend en considération ni les handicaps du client ni l'objectif du transfert pour le choix de l'interface d'adaptation. Le transfert des documents entre le serveur est le Proxy peut engendrer une surcharge du réseau surtout s'il fait appel à plusieurs connexion simultanées. DCAF ne gère pas dynamiquement les adaptateurs, notamment leurs éventuelles disparitions. Le passage à l'échelle, l'évolutivité, la versatilité et la robustesse représentent les limitations des architectures étudiées.

Le tableau suivant présente une étude comparative entre les architectures d'adaptation présentées précédemment.

	Adaptation basée Wrappers [MET01]	Adaptation basée code mobile [HAG02]
Objectif	Proposer un Wrapper media capable d'assurer l'adaptation d'une présentation multimédia pour différents environnements (utilisateur, terminal, réseau).	Utiliser le code mobile pour adapter dynamiquement un serveur afin de prendre en compte les caractéristiques de l'environnement ou d'étendre le service rendu par ce serveur.
Scénario d'adaptation	Le processus d'adaptation du Wrapper media inclut dix étapes: de la spécification à la fourniture de la présentation adaptée.	- Une vidéo est transmise à partir d'un site pour le client ; - La vidéo passe par le proxy ; - Des agents d'adaptation sont utilisés au niveau du serveur pour modifier le flux vidéo.
Gestion de Profils	La gestion est assurée par un agent acteur, qui gère les E/S à la base des profils et les mises à jour importées par un ensemble d'agents.	Non spécifié.
Principe	Le système proposé est basé sur une approche d'agents qui coopèrent pour assurer une adaptation au profil du client, du terminal et des caractéristiques du réseau.	Le principe de cette architecture est de faire une adaptation sur le serveur en utilisant des codes mobiles pour l'adaptation, ces codes sont envoyés par le serveur.
Modèle	L'architecture est basée sur un modèle de Proxy.	L'architecture est basée sur un modèle client/serveur justifié par la difficulté de faire exécuter des codes mobiles (considérés comme corps étrangers) dans des appareils limités.
Avantages	+ utilise l'approche Objet ;	+Utilisation du code mobile pour

	NAC [LAM04a]	APPAT [LAP05]
	+ assure la mise à jour des profils ; + prend en considération le terminal, le client et le contexte d'utilisation.	l'adaptation ; + La tolérance aux pannes de connexion permet d'éviter de refaire la transmission.
Inconvénient	- Un seul module est responsable de la tâche d'adaptation ; - ne gère pas la qualité de service ; - Le transfert de documents entre le serveur est le Proxy peut engendrer une surcharge du réseau.	- Surcharge de calcul sur le serveur d'application; - Demande beaucoup de ressources pour le calcul et le stockage.
	NAC [LAM04a]	**APPAT [LAP05]**
Objectif	Assurer l'accès adapté aux contenus multimédias, où qu'ils se trouvent sur le Web et quel que soit le protocole utilisé pour les transférer.	Définir les moyens permettant l'adaptation des documents à des contextes variés dans une architecture Pair à Pair. Chaque nœud du réseau peut être à la fois consommateur ou producteur de contenus multimédia et/ou fournisseur d'adaptateurs.
Scénario d'adaptation	Le Proxy joue le rôle d'un intermédiaire entre le serveur et le client. Il reçoit le contenu du serveur et définit l'adaptation nécessaire suivant le profil du client. Ensuite, il applique l'adaptation sur le contenu et l'envoie au client.	Un cycle d'adaptation est initié par un consommateur qui envoie au planificateur une requête, composée d'une référence à un document multimédia et d'une référence au contexte. Le planificateur applique ses algorithmes et ses heuristiques d'adaptation. Cet enchaînement d'opérations est appelé graphe d'adaptation abstrait [KAZ08]. Ce graphe est envoyé au composeur qui cherche les bons adaptateurs et constitue un graphe d'adaptation concret qui sera communiqué au moteur d'exécution.
Gestion de Profils	NAC définit un module indépendant qui s'appelle système de gestion de profils, il assure l'analyse et la gestion des descriptions de contexte (la description du client, du contenu, des méthodes d'adaptation, etc.).	Pas de gestion de profils
Principe	Le principe de NAC consiste à interposer un proxy entre le client et le serveur. Ce proxy prend en charge l'essentiel de la négociation et de l'adaptation.	Une architecture orientée services adapte des documents multimédia composites. Le langage de description des services Web est étendu par des informations sémantiques qui permettent de décrire les services d'adaptation.
Modèle	L'architecture NAC est basée sur le modèle proxy, le proxy comporte cinq modules: communication, adaptation, négociation, gestion de contexte et gestion de profils.	Etend le modèle architectural Client/intermédiaire(s)/serveur au modèle P2P
Avantages	+ La gestion dynamique des profils	+ apporte plus de possibilités en

		termes de flexibilité, d'évolutivité, d'équilibrage de la charge et de robustesse. + PAAM introduit la notion de partage de ressources et de découverte grâce à l'utilisation de Web Services Sémantiques.
	par un module indépendant ; +L'adaptation est assurée par deux types dynamique et statique ; + Quelques mesures de qualité sont prises en compte.	
Inconvénient	- le filtrage appliqué au niveau des feuilles de style XSLT, n'est pas efficace, car le contenu de la page XML reste le même ; - le profil ne prend en considération ni le client ni le contexte ; - le transfert des documents entre le serveur et le Proxy peut engendrer une surcharge dans le réseau.	- L'approche d'adaptation n'est pas claire en ce qui concerne l'exécution des services d'adaptation ; - Absence de politique de gestion des profils. - Les critères de qualité de service ne sont pas suffisants pour choisir les meilleurs services d'adaptation
	PAAM [KAZ 08]	**DCAF [HAG06]**
Objectif	Concevoir et réaliser un système qui tient compte du contexte d'un utilisateur et adapte des documents multimédia composés dans une architecture basée sur un modèle P2P à l'aide d'un moteur de prise de décision pour l'adaptation et dans un environnement où les adaptateurs sont fournis par des pairs	Définir une architecture basée sur les services d'adaptation multimédia dans un environnement pervasif pour résoudre les problèmes de l'interopérabilité, la flexibilité et l'évolutivité.
Scénario d'adaptation	L'adaptation est basée sur un graphe d'adaptation composé de plusieurs fournisseurs d'adaptation. Un graphe d'adaptation guide l'instanciation d'adaptateurs en séquence ou en parallèle • Si un pair-adaptateur disparaît, le moteur de prise de décision recherche un adaptateur équivalent et l'instancie ; • S'il n'y a pas d'adaptateur équivalent, il procède à la reconstruction dynamique du graphe d'adaptation	- Trouver les services d'adaptations disponible ; - Construire un graphe d'adaptation orienté, à partir de ces services et des E/S désirées ; - Supprimer les nœuds non connectés ; -Trouver le meilleur chemin d'adaptation, en se basant sur le coût et le temps.
Gestion de Profils	géré par un gestionnaire de contexte, capable d'assurer les tâches de supervision de l'utilisateur et d'analyse des descriptions du contexte.	Basé sur une analyse du client, du réseau et du profil de contenu. Elle est assurée par le gestionnaire de profils.
Principe	Cette architecture repose sur quatre gestionnaires: un gestionnaire de contexte, un gestionnaire de documents composés, un moteur de prise de décision et un gestionnaire d'adaptation.	Le système est composé d'un ensemble de services et de proxys. Les Proxy sont utilisés pour fournir les informations nécessaires à l'adaptation et les services pour trouver le chemin d'adaptation adéquat.

	Basé sur le modèle client/intermédiaire/serveur dans un environnement P2P, chaque client peut jouer le rôle d'un adaptateur, d'un client ou d'un fournisseur.	L'architecture est basée sur le modèle proxy, on trouve trois types de proxys: - Proxy de contenu, - Proxy local, - Proxy de services d'adaptation.
Modèle		
Avantages	+ Basé sur la modularité, + Adaptation dynamique des documents multimédias, + Tolérance: si un adaptateur vient à disparaître le GA le remplace par un ou plusieurs adaptateurs offrant le même service avec reconstruction du graphe d'adaptation.	+ Le système est évolutif en termes de chemins d'adaptation,
Inconvénient	- Politique d'adaptation basée sur condition/action, ne permet pas la gestion des adaptations complexes, ni l'adaptation comportementale. - Présence d'un nœud qui joue le rôle d'un intermédiaire d'adaptation. - pas de gestion d'optimisation de graphe d'adaptation. - surcharge du réseau au lieu de P2P utilise P2A2A...2P.	- la construction du chemin d'adaptation basée sur le coût et le prix néglige les autres facteurs de QdS tels que la qualité du document produit après l'adaptation, - le gestionnaire de profil ne prend pas en considération le contexte d'utilisation.

TABLE **4.5.** CARACTERISTIQUES DES DIFFERENTES ARCHITECTURES D'ADAPTATION

En résumé, beaucoup d'effort ont été faits pour développer des approches et techniques d'adaptation de contenu. Des outils commercialisés tels que : IBM transcoding [IBM06], Web Clipping [HIL01], WebSphere [ROD01], etc. et des prototypes issus de travaux de recherche comme : Odyssey [NOB00], Conductor [YAR01], etc. ont été développés pour fournir des techniques d'adaptation de données multimédia dans des environnements hétérogènes. Ces travaux ont beaucoup contribué à l'élaboration de stratégies, d'architectures et de techniques d'adaptation. Cependant aucun de ces travaux ne permet de résoudre convenablement le problème d'interopérabilité, d'extensibilité, de flexibilité et de passage à l'échelle qui sont des points essentiels dans les environnements pervasifs, puisque la majorité des systèmes sont conçus pour des besoins spécifiques.

Plateformes d'auto-adaptation des applications basées composants

Les applications auto-adaptables modifient leur comportement de façon dynamique et autonome par le biais d'opérations d'introspection, de recomposition, d'ajout et de suppression de composants dans le but de s'adapter aux changements pouvant survenir dans leur contexte d'exécution. L'un des moyens de favoriser leur robustesse est de disposer d'un support formel permettant de modéliser ces applications, de spécifier les programmes d'adaptation, d'y exprimer des propriétés et de les vérifier.

L'auto-adaptation des applications basées composants se réfère à la capacité d'un système à s'adapter à l'évolution des besoins des utilisateurs et aux conditions d'exploitation par l'exploration des connaissances sur la composition et les caractéristiques de qualité de services (QdS) dans les architectures logicielles.

3.1. Classification des plateformes d'auto-adaptation

Plusieurs schémas de classification sont proposés dans la littérature [BRA98, PER99], les critères de classification les plus récurrents sont : 1) la nature de l'adaptation qui peut porter sur la modification du contenu, de la structure de l'application ou des interfaces de sa présentation 2) l'objectif de l'adaptation qui peut être la personnalisation de l'application ou la reconfiguration des composants.

Nous proposons dans la suite une classification fondée sur les trois critères suivants :

3.1.1. La nature de l'adaptation

Nous distinguons les cinq types d'opérations d'adaptation suivants :

- Adaptation comportementale : elle permet de redéfinir dynamiquement le comportement interne de l'application et de ces composants sans changer sa structure ou son architecture logicielle.
- Adaptation architecturale : Il s'agit de modifier les liens qui relient les différents composants. L'adaptation architecturale peut se présenter sous la forme d'ajout de nouveaux attachements pour relier de nouveaux composants. Une autre forme d'adaptation structurelle consiste à supprimer des attachements existants afin de réduire la complexité de l'espace ;
- Adaptation fonctionnelle : il s'agit de remplacer un composant par un autre ou un service par un autre en raison d'une indisponibilité ou d'un changement du contexte ;
- Adaptation technique : Il s'agit de modifier le type du support de l'information échangée entre les composants ou le protocole de communication. Il s'agit par exemple de modifier la résolution des images transférées par les composants en

138

fonction de la charge du réseau ou de modifier le schéma de codage des médias en fonction des caractéristiques de l'environnement utilisateur ou de ses handicaps ;

- Adaptation du déploiement : Ceci correspond à la migration d'un composant d'une plateforme vers une autre.

3.1.2. Point de vue de l'adaptation

Nous distinguons au moins quatre points de vue différents qui peuvent guider un processus d'adaptation. Ces points de vue correspondent aux causes de l'adaptation et se justifient par la diversité des canevas et des ADL, des plateformes d'exécution, des protocoles de communication et des flux de données échangés entre composants.

3.1.3. Adaptation «en ligne» contre adaptation « hors ligne »

Ce critère indique si l'adaptation est faite pendant la communication entre composants (c.à.d. le système construit l'adaptateur en fonction des besoins) ou hors ligne (c.à.d. le système applique l'un des adaptateurs disponibles).

Dans nos travaux de recherche, nous nous intéressons au critère de nature de l'adaptation, plus précisément, au niveau comportemental, au niveau architectural et au niveau technique.

3.2. Quelques plates-formes existantes d'auto-adaptation

La capacité d'adaptation et d'auto-adaptation représente un besoin dans les systèmes pervasifs tels que : les systèmes à haute disponibilité, les systèmes critiques, les systèmes temps réel, etc. Ces systèmes, dits auto-adaptables, évoluent dans un environnement variable avec une intervention humaine réduite. Préserver la consistance d'un système suite à une adaptation devient dès lors une tâche difficile. En effet, il devient critique de pouvoir assurer que les adaptations ne constituent pas une menace pour la cohérence du système. Différentes approches sont étudiées et présentées dans la littérature pour l'auto-adaptation.

3.2.1. MUSIC

Dans le projet MUSIC [ROM09], les auteurs ont suivi une approche basée sur la séparation des préoccupations d'auto-adaptation et de la logique d'application afin de déléguer autant que possible la complexité supplémentaire liée à l'auto-adaptation au middleware générique. Le procédé d'adaptation se fonde sur le modèle d'architecture de l'application qui spécifie ses possibilités d'adaptation et ses dépendances au contexte en temps d'exécution. Dans MUSIC, une application est modélisée comme un ensemble de composants définissant les fonctionnalités qui peuvent être dynamiquement configurées. Ainsi, le but d'une plateforme de planification d'adaptation est d'évaluer l'utilité des configurations alternatives pour répondre aux changements de contexte, de choisir la plus adéquate (par exemple, celle offrant l'utilité la plus élevée) pour le contexte courant et d'adapter l'application en conséquence.

L'approche MUSIC pour l'auto-adaptation

Dans MUSIC, la connaissance sur la composition des services est fournie sous la forme d'un modèle dirigé par la QdS (cf. figure 4.8) qui décrit la composition abstraite, les dimensions pertinentes de la QdS et comment elles sont affectées par les variantes de configurations des composants. Ce modèle est exploité par le middleware d'adaptation pour sélectionner, connecter et déployer une configuration de composants fournissant la meilleure utilité. L'utilité est mesurée par le degré d'accomplissement des préférences utilisateur tout en optimisant l'utilisation des ressources du dispositif [MAS02, GEI08].

Le modèle décrit la composition abstraite comme un ensemble de rôles en collaboration avec des ports qui représentent des fonctionnalités fournies ou requises par les composants. Les propriétés et les fonctions prédictives associées aux ports définissent comment les propriétés de QdS et les besoins en ressources des composants sont influencés par les propriétés de qualité de service des composants dont ils dépendent. Un port a un type qui définit les fonctions représentées par le port en termes d'interfaces et de protocoles.

Les composants implémentent des ports et peuvent être utilisés dans un rôle si les ports correspondent (même type). Les composants sont atomiques ou composites. Une réalisation composite est une composition abstraite et permet une décomposition récursive. Les contraintes sont des prédicats sur les propriétés des éléments constitutifs d'une composition qui limitent les combinaisons possibles des composants (par exemple configuration consistante) [GEI08, KHA08].

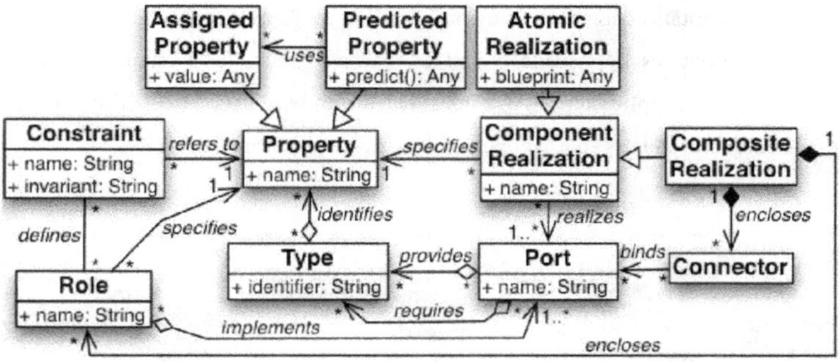

Figure 4.8. Description du méta-modèle MUSIC [ROM09]

Le modèle est représenté à l'exécution comme un ensemble de plans au sein du middleware. Un plan reflète les composants, décrit leurs ports, les prédicats des propriétés associées ainsi que les dépendances implicites sur la plateforme d'hébergement (par exemple le type de la plateforme et sa version). Dans le cas de la réalisation d'un composant atomique, il contient également une référence à la classe qui réalise le composant. Dans le cas d'un composite, il décrit la structure interne en termes de rôles, de ports et de connexions entre eux. La variation s'obtient en décrivant un ensemble de réalisations possibles de remplacement des rôles.

L'architecture de la plateforme MUSIC

Le middleware MUSIC gère un ensemble d'applications et cherche à maximiser l'utilité générale qui est calculée comme la somme pondérée des utilités des applications individuelles. Les coefficients de pondération sont fournis par l'utilisateur.

La figure 4.9 représente l'architecture basée composants de la plateforme MUSIC. La planification est généralement déclenchée par des changements de contexte détectés par le gestionnaire de contexte.

Le contrôleur d'adaptation coordonne le processus d'adaptation. Le raisonneur d'adaptation prend en charge l'exécution de l'heuristique de planification qui est pilotée par des métadonnées incluses dans les plans [BRA07]. Le dépôt de plan offre une interface IPlanResolver pour le raisonneur d'adaptation permettant la récupération récursive de plans associés à un port donné. Les métadonnées supplémentaires sur les types aideront le dépôt de plan à exclure des plans pour réduire l'espace d'exploration [BRA07, LUN07]. Le raisonneur d'adaptation construit une configuration de l'application en cours de validité et rejette celles dont les dépendances sont en suspens. Puis, les heuristiques classent les configurations de l'application en évaluant leur utilité basée sur le calcul des prédicats de propriétés dont les valeurs sont récupérées à partir du gestionnaire de QdS.

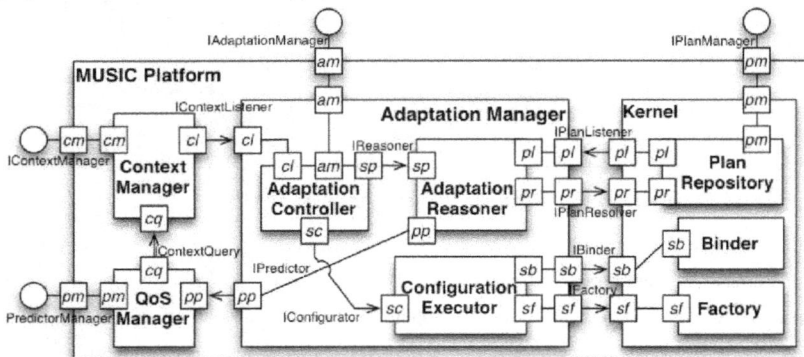

Figure 4.9. Architecture de la plateforme MUSIC [ROM09]

Le processus de reconfiguration est effectué par l'exécuteur de configuration qui évalue l'ensemble des plans choisis par le planificateur pour modifier l'application. Ceci exige la collaboration des composants qui doivent mettre en application une interface de reconfiguration permettant au Middleware de les amener dans un état où ils peuvent être remplacés et peuvent transférer leur état à un composant alternatif.

Le Tableau 4.6 résume les fonctionnalités assurées par MUSIC.

Gestionnaires de base	
Gestion de contexte	Assuré par un gestionnaire de contexte qui surveille aussi les changements de contexte.
Gestion de QoS	Assuré par un gestionnaire de QdS qui gère et offre les valeurs des prédicats.
Gestion d'adaptation	Assuré par un gestionnaire d'adaptation qui choisit le nouveau plan d'adaptation.
Processus de reconfiguration	• Exécution du plan choisi • Remplacement des composants • Transfert des états aux nouveaux composants
Technique d'adaptation	
Adaptation fonctionnelle / réassemblage	

TABLE 4.6. FONCTIONNALITES ASSUREES PAR MUSIC

MUSIC est une plateforme ouverte qui facilite le développement et permet l'exécution de l'auto-adaptation pour des logiciels reconfigurables qui doivent s'adapter à la mobilité des utilisateurs et au contexte d'exécution.

La plateforme music sépare la préoccupation d'auto-adaptation des préoccupations fonctionnelles et la délègue autant que possible au middleware générique. Le mécanisme de typage de services peut être utilisé dans notre approche pour classifier les services d'adaptation selon le type d'adaptation. Ainsi le mécanisme de changement de service nous permettera de changer les services d'adaptation à l'intérieur du connecteur d'adaptation.

Le principe de séparation des préoccupations utilisé dans MUSIC ne touche pas les services et les composants de l'application, mais agit au niveau du traitement des besoins d'adaptation. Le middleware ne fait pas de tests sur le comportement des nouveaux composants, ce qui provoque parfois un problème d'incohérence.

3.2.2. VieDAME BPEL

Les Web Services doivent prendre en compte la dynamique des mécanismes d'adaptation (au moment de l'exécution). Dans les processus fortement dynamiques, les services ont souvent besoin d'être changés pour diverses raisons. VieDAME BPEL [MOS08] permet la surveillance des processus en fonction des attributs de Qualité de Service (QdS) et le remplacement des services des fournisseurs existants basé sur différentes stratégies (Pluggable). Les services de remplacement choisis peuvent être syntaxiquement ou sémantiquement équivalents à l'interface BPEL (Business Process Execution Language). Les services peuvent être remplacés lors de l'exécution sans aucun temps d'indisponibilité du système global. Cette solution a été implémentée avec une approche orientée aspect en interceptant les messages SOAP pour permettre aux services d'être changés au cours de l'exécution avec un faible coût d'exploitation ce qui rend l'approche adaptée aux environnements BPEL de haute disponibilité.

Description du VieDAME BPEL

Le système VieDAME est constitué d'un noyau VieDAME et d'un moteur d'adaptation VieDAME. Le noyau assure le suivi et la sélection des services ainsi que leur installation. Pour la transformation des messages, il fournit des services tels que l'accès aux données stockées, la programmation et les données de configuration. Pour supporter les nouveaux moteurs BPEL, il est nécessaire de mettre en œuvre un moteur d'adaptation spécifique à l'application désirée. L'environnement VieDAME supporte actuellement ActiveBPEL 3.0, avec Apache ODE et JBoss jBPM WS-BPEL Runtime. Les moteurs d'adaptation VieDAME sont implémentés en utilisant la Programmation Orientée Aspect (AOP) afin de réduire les dépendances du système au minimum.

Architecture VieDAME BPEL

L'architecture du système VieDAME est présentée dans la figure 4.10. Après le déploiement d'une définition de processus (1), le processeur BPEL (2) est prêt à créer des instances de nouveaux processus. Une nouvelle instance de processus BPEL (2a) est créée lorsque l'une de ses activités de démarrage est déclenchée, par exemple par un message entrant. L'interaction avec un lien partenaire est initiée par Invoke Activities (2b) qui crée des appels SOAP (3a). Ces appels SOAP *(Simple Object Access Protocol)* sont exécutés par un moteur SOAP (10) qui retourne le résultat de l'invocation d'un service partenaire arbitraire (11) à l'issue de la demande.

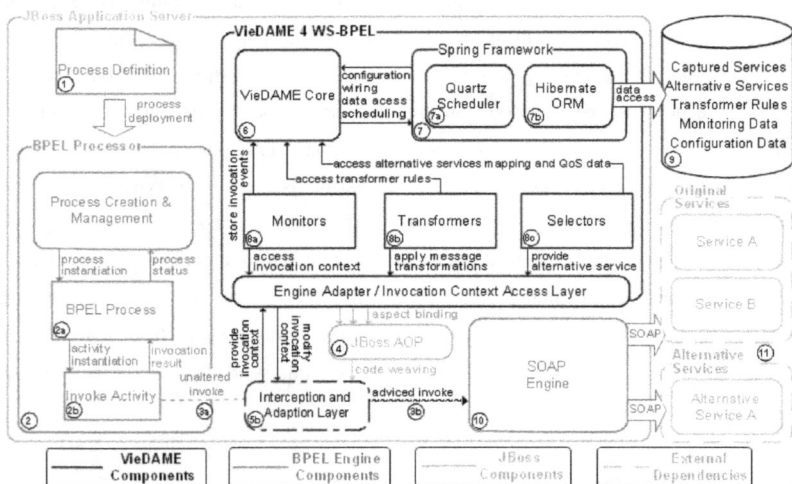

Figure 4.10. Architecture du système VieDAME [MOS08]

Lorsque le système VieDAME est activé, un niveau supplémentaire de traitement est introduit, qui se manifeste dans la couche d'interception et d'adaptation (5b) dénommée IAL *(Interception and Adaption Layer)*. L'IAL est créée par des aspects qui sont liés à des points

144

de jonction spécifiques dans le code du moteur BPEL par la définition de points de coupure. Le code est ensuite inséré dans les invocations de la méthode originale par le Framework AOP *(Aspect-Oriented Programming)* (4) au moment du chargement. L'IAL fournit une interface bidirectionnelle au moteur d'adaptation (5a) pour exploiter la communication entre les Invoke Activity (2b) et le moteur SOAP (10). Le moteur d'adaptation fournit, à son tour, par lecture-écriture un accès au contexte d'invocation permettant aux autres composants VieDAME- tels que le Monitor (8a) ou le Selector (8c) – de modifier les paramètres d'invocation et les données de l'exécution.

Le premier composant VieDAME appelé après l'interception d'un lien partenaire d'invocation par l'IAL est le composant moniteur. Il examine le contexte d'invocation pour trouver le nom du service, l'adresse du point final et le nom de l'opération afin de charger une référence de service précédemment stockée ou de stocker une nouvelle référence de service pour de futures demandes. Le moniteur exploite le noyau de VieDAME (6) et le Framework ORM (7b) pour enregistrer des objets (10). En outre, le moniteur active un temporisateur pour mesurer le temps écoulé pendant l'appel réel de SOAP et stocke cette information ainsi qu'une référence au service impliqué et un indicateur de succès ou d'échec. Un Framework de programmation (7a) est utilisé pour insérer des événements d'invocation afin d'optimiser l'accès aux données stockées. Si la référence de service chargée par (8a) est marquée comme remplaçable, le prochain composant de VieDAME prend le contrôle. Le composant de sélection (8c) détermine un service alternatif de remplacement en appliquant un algorithme de sélection sur une liste de configurations des services de remplacement (9). Si un service alternatif est trouvé, le contexte d'invocation sera mis à jour avec les paramètres du point final de l'alternative.

Comme le composant moniteur, les sélecteurs accèdent aux données stockées en employant (6) et (7b). Le même principe s'applique au dernier composant de VieDAME qui est le transformateur. Le transformateur (8b) est responsable de compenser la disparité d'interface entre le service original et le service alternatif. Il emploie des règles de transformation (par exemple des feuilles de style XSLT) stockées dans (9) pour exécuter les transformations exigées.

Après que toutes les modifications applicables ont été appliquées au contexte d'invocation, l'appel de SOAP est finalement exécuté pour invoquer un service de remplacement à la place du service d'origine. L'ICD (invocation Context Delta) mesure les

145

différences entre l'interface originale du service et l'interface du service alternatif, Un ICD de zéro indique que ni remplacement de service ni transformation de message n'ont été nécessaires. La valeur mesurée d'ICD peut être employée comme indicateur pour déterminer le degré de l'adaptation que le système de VieDAME a effectuée.

Le Tableau 4.7 résume les fonctionnalités assurées par VieDAME.

Gestionnaires de base	
Gestion de contexte	Assurée par le composant moniteur qui examine le contexte d'invocation pour charger une référence précédemment stockée de service ou stocker une nouvelle référence de service.
Gestion de QoS	Assuré par le noyau VieDAME qui garantit le suivi et la sélection des services ainsi leur installation.
Gestion d'adaptation	Assurée par le moteur d'adaptation et le composant de sélection.
Processus de reconfiguration	• Le moniteur examine le service pour savoir s'il est remplaçable ; • Le composant de sélection (8c) détermine un service alternatif puis le contexte d'invocation sera mis à jour avec les paramètres du service alternatif ; • Le transformateur (8b) est responsable de compenser la disparité d'interface entre le service original et le premier alternatif.
Technique d'adaptation	
Adaptation fonctionnelle, et adaptation comportementale / Assemblage	

TABLE 4.7. FONCTIONNALITES ASSUREES PAR VIEDAME

VieDAME permet de surveiller les processus BPEL en fonction des attributs de qualité de service et de remplacer les services existants en se basant sur diverses stratégies de remplacement (à connecter). Le problème de VieDAME se situe au niveau des attributs de QdS qui sont statiques. Ainsi, cette plateforme ne prend pas en considération les contraintes des flux de données multimédia et ne fait pas la séparation des préoccupations.

3.2.3. CARISMA

CARISMA est un projet réalisé à l'University College de Londres. Il s'agit d'un modèle d'intergiciel qui exploite le mécanisme de réflexion [SMI82] pour les interactions sensibles au contexte entre les applications mobiles. Dans le modèle [CAP01], le middleware est chargé du maintien d'une représentation valable de contexte d'exécution en interagissant directement avec le système d'exploitation et le réseau. Par contexte, il entend tout ce qui peut influencer le comportement d'une application incluant les ressources internes de l'appareil, telles que la mémoire, la batterie, la taille de l'écran et la puissance de traitement et les ressources externes comme la bande passante de connexion réseau, l'emplacement des hôtes et les ressources définies par l'application, comme l'activité de l'utilisateur.

CARISMA [CAP03] est un middleware d'informatique mobile qui exploite le principe de la réflexion pour améliorer la construction des adaptations et la sensibilité au contexte des applications mobiles. Le middleware fournit des primitives pour décrire comment les changements de contexte doivent être manipulés. Sa contribution est la conception, la formalisation et l'évaluation de nouvelles abstractions et des mécanismes inclus dans une couche de logiciel d'informatique mobile, facilitant ainsi le développement d'applications sensibles au contexte. En particulier, il exploite le principe de réflexion pour réaliser des adaptations dynamiques aux changements du contexte.

Le Tableau 4.8 résume les fonctionnalités assurées par CARISMA.

Gestionnaires de base	
Gestion de contexte	les applications peuvent dynamiquement inspecter le contenu de leur profil (i.e. la configuration actuelle) et le modifier en ajoutant, supprimant et mettant à jour les associations.
Gestion de QdS	Assurée par un mécanisme de réflexion qui permet de régler les conflits entre les configurations choisies.
Gestion d'adaptation	Assurée par un processus qui s'appelle l'absorption
Processus de reconfiguration	• Initié par les applications. • Trouver les différentes politiques qui peuvent être utilisées dans le même contexte de fourniture de service. • Gérer les conflits en utilisant les renseignements fournis par la réflexion.
Technique d'adaptation	
Adaptation fonctionnelle / Reconfiguration	

TABLE **4.8.** FONCTIONNALITES ASSUREES PAR CARISMA

CARISMA permet d'utiliser à la fois des adaptations réactives et proactives ce qui le rend particulièrement attrayant. Il ajoute la notion de qualité de service à la découverte mais ne fonctionne en conséquence qu'avec des ressources locales. CARISMA prévoit toutes les configurations possibles au moment de la conception ce qui influence l'évolution vers d'autres configuration et limite le choix des configurations par rapport au nouveau contexte. Ainsi, CARISMA ne fait pas la séparation entre les préoccupations fonctionnelles de l'application et celles qui sont liées à l'adaptation vis à vis du nouveau contexte, ce qui exige à chaque fois la modification de la configuration.

3.2.4. MADCAR-Agent

MADCAR-Agent [GRO06] est un modèle pour la conception d'agents auto-adaptables à base de composants (voir figure 4.11). Un agent auto-adaptable est un agent capable de déclencher, planifier et réaliser automatiquement et dynamiquement le réassemblage des composants qui le constituent. L'autonomie des agents est obtenue par l'intégration d'un moteur de réassemblage propre à chaque agent. Dans MADCAR-Agent, le comportement de l'agent (matérialisé par un assemblage de composants) est séparé de la politique d'adaptation (matérialisée par des contraintes qui dirigent le réassemblage).

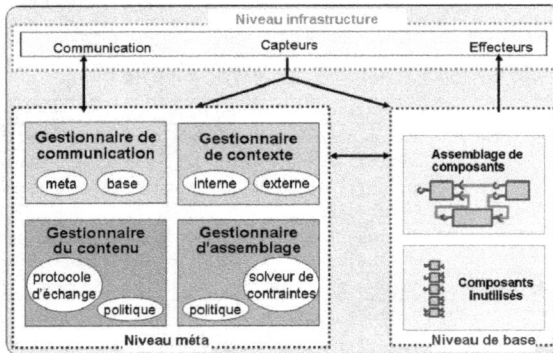

Figure 4.11.   Architecture générale de MADCAR-Agent [GRO06]

MADCAR-Agent [GRO09] prévoit un mécanisme d'assemblage (et de réassemblage) dynamique et automatique des composants des agents. La principale caractéristique de MADCAR-Agent est la séparation au niveau du modèle entre le « comportement normal » de l'agent et son «comportement d'adaptation ». En effet, le modèle introduit plusieurs concepts de haut niveau pour, d'une part, décrire l'agent et, d'autre part, spécifier sa politique d'assemblage. Cette modularité simplifie à la fois la conception et l'évolution des agents. MADCAR-Agent est l'un des rares modèles d'agents visant à faciliter les changements profonds de l'architecture de l'agent.

Les configurations de MADCAR-Agent se démarquent du concept de configuration utilisé dans les ADLs [FUX00, MED97]. En effet, chaque configuration décrit un ensemble d'assemblages possibles structurellement équivalents puisqu'ils sont basés sur le même graphe de rôles. Le concept de rôle dans MADCAR-Agent permet le découplage entre l'architecture de l'agent (décrite par la configuration en cours) et les composants qui la constituent. De plus, la multiplicité des rôles offre la possibilité d'avoir un nombre plus ou moins grand de composants utilisés dans des assemblages issus d'une même configuration.

L'architecture MADCAR-Agent a trois niveaux. Le niveau infrastructure est l'interface entre l'agent et son infrastructure de déploiement (par exemple, une plateforme robotique). Le niveau de base est la «partie opérationnelle» de l'agent, c'est-à-dire l'ensemble de composants implémentant des comportements, des connaissances ou des compétences permettant de réaliser des tâches spécifiques. Le niveau méta est celui qui est chargée des adaptations. Il est connecté au niveau infrastructure et au niveau de base pour percevoir respectivement le contexte externe et le contexte interne de l'agent. Le niveau méta peut modifier le niveau de base en modifiant l'assemblage courant, en supprimant ou en ajoutant des composants.

Le Tableau 4.9 résume les fonctionnalités assurées par MaDcAr-Agent.

Gestionnaires de base	
Gestion de contexte	Assuré par un gestionnaire de contexte externe et interne.
Gestion de QoS	Non clairement définie
Gestion d'adaptation	• Le niveau méta peut modifier le niveau de base en modifiant l'assemblage courant, en supprimant des composants et en en ajoutant. • Politiques d'adaptation : (ré) assemblage et gestion des composants
Processus de reconfiguration	• Utilisation d'une infrastructure d'adaptation interne à chaque agent pour déclencher, décider et réaliser les adaptations • Utilisation d'échanges de composants entre agents pour améliorer leurs possibilités d'adaptation
Technique d'adaptation	
Adaptation fonctionnelle / Réassemblage	

TABLE 4.9. FONCTIONNALITES ASSUREES PAR MADCAR-AGENT

Dans MaDcAr-Agent le concepteur construit un assemblage pour chaque comportement que l'agent peut avoir à adopter. Il ajoute un niveau d'abstraction en considérant des assemblages abstraits dans lesquels les composants ne sont que partiellement spécifiés par des rôles à remplir. Le désavantage de cette approche est qu'elle limite l'adaptabilité de l'agent aux situations prévues par le concepteur. Si un événement imprévu apparaît, l'agent ne pourra pas le prendre en compte.

3.2.5. SAFRAN

SAFRAN [David05] est un système de développement d'applications adaptatives, basée sur le modèle de composants Fractal. La dynamique de configuration de ces composants et leur réflexivité rendent ce modèle approprié à la construction d'applications adaptables. Les adaptations sont considérées comme des aspects qui sont dynamiquement tissés dans les applications. Les politiques d'adaptation de SAFRAN sont structurées suivant un ensemble de règles actives de la forme ECA (Evénement/Condition/Action). Toutes les actions de reconfiguration sont déclenchées suite à la détection d'une condition satisfaisante après l'arrivée d'un événement.

L'avantage de cette architecture réside dans l'utilisation de la notion d'aspect qui sépare le code d'adaptation du code métier des composants. Le système SAFRAN facilite le développement d'applications sensibles au contexte en utilisant les aspects comme technique d'adaptation. Ce système offre une modélisation hiérarchique du contexte et donne la possibilité aux développeurs de choisir les capteurs de collecte du contexte. SAFRAN décharge le développeur d'application de la tâche de collecte du contexte, de son analyse et de l'adaptation de l'application mais, laisse l'interprétation du contexte à sa charge. L'une des limites de SAFRAN réside dans le fait qu'il ne permet pas l'adaptation des applications distribuées. De plus, les instructions de tissage sont chargées par le système au démarrage et ne peuvent pas être modifiées pendant l'exécution.

3.3. Evaluation des plateformes d'auto-adaptation

Les adaptations des applications basées composants se réfèrent à la capacité d'un système à s'adapter aux besoins changeants des utilisateurs et au contexte en exploitant les connaissances sur sa configuration et les caractéristiques de la QdS de ses composants constitutifs. L'adaptation basée planification [ROU08, GEI08, BRA07, FLO06, LUN07] est l'une des approches d'adaptation des applications basées composants. Dans MUSIC [ROM09], cette connaissance est fournie sous la forme d'un modèle dirigé par la QdS qui décrit la composition abstraite, les dimensions pertinentes de la QdS et comment elles sont affectées lorsqu'il existe des variantes de configuration des composants. Ce modèle est exploité par le middleware d'adaptation pour sélectionner, connecter et déployer une configuration de composants fournissant la meilleure utilité. L'utilité est mesurée par le degré d'accomplissement des préférences utilisateur tout en optimisant l'utilisation des ressources du dispositif [MAS02, GEI08].

Adaptive Service Grids (ASG) [KUR08] et VieDAME [MOS08] sont des initiatives permettant les compositions dynamiques et les attachements de services pour l'adaptation. En particulier, ASG propose un cycle de vie adapté à la livraison de services d'adaptation. Il est composé de trois sous-cycles: la planification, l'attachement de la spécification sémantique au service concret et l'incorporation. Le point d'entrée du cycle de livraison est une demande de services sémantiques qui consiste en une description de ce qui sera réalisé et non du service concret qui doit être exécuté. VieDAME propose un système de contrôle qui observe l'efficacité des processus BPEL (Business Process Execution Language) et effectue automatiquement le remplacement de service en cas de dégradation des performances. Comparé à notre approche, ASG et VieDAME sont basés seulement sur la planification à la demande de compositions de services qui concerne les propriétés définies dans la demande de service sémantique. Ainsi, les deux approches ne garantissent pas une configuration cohérente des composants et des services alors que notre plateforme l'assure pour des applications ubiquitaires basées composants tout en séparant les préoccupations de l'application de celles de l'adaptation assurée par les connecteurs d'adaptation.

Menasce et Dubey [MEN07] proposent une approche de QdS en SOA. Les clients demandent des services au broker de QdS qui sélectionne un fournisseur de services qui maximise la fonction d'utilité du client en rendant compte des contraintes de coût. L'approche suppose que les fournisseurs de services s'inscrivent auprès du broker en fournissant des demandes pour chacune des ressources utilisées par les services fournis ainsi que les fonctions de coût pour chaque service. Le broker de QdS emploie des modèles analytiques pour prévoir les valeurs de QdS des divers services qui pourraient être choisis dans des conditions variables de travail. Cette approche est intéressante du point de vue client et fournisseur. Tandis que le client est déchargé d'accomplir la découverte et la négociation de service, le fournisseur détermine le support de la gestion de QdS. Cette approche exige que le dispositif client permette l'accès au broker, ce qui pourrait ne pas être possible dans des environnements ubiquitaire. Notre approche diffère en ce que l'on considère les propriétés proposées comme solutions pour déterminer la meilleure configuration de l'application et permettre aux connecteurs de s'adapter aux besoins des composants.

CARISMA est un middleware pair-à-pair mobile exploitant le principe de réflexion pour supporter la construction des applications adaptables sensibles au contexte [CAP03]. Les services et les politiques d'adaptation sont installés et désinstallés à la volée. CARISMA peut déclencher automatiquement l'adaptation des applications déployées lors de la détection des changements de contexte. CARISMA utilise des fonctions de service pour choisir les profils d'application qui sont utilisés afin de déterminer l'action appropriée à un événement particulier de contexte. S'il existe des profils d'application en conflit, il emploie une procédure d'enchère pour les résoudre. Contrairement à notre approche, CARISMA ne traite pas la découverte de services à distance qui peuvent déclencher des reconfigurations d'application et ne permet pas la recherche des nouvelles configurations possibles.

Les deux modèles conceptuels SeCSE (http://www.secse-project.eu/) et PLASTIC (http://www.ist-plastic.org/) se focalisent sur les systèmes orientés services. Le modèle PLASTIC est une extension du modèle SeCSE qui introduit de nouveaux concepts, comme le contexte, la localisation et le niveau de crédibilité du service. Notre approche et le modèle PLASTIC partagent l'approche de type SOA et le développement de logiciels basés composants. Toutefois, le modèle conceptuel de notre approche est centré composant tandis que celui de PLASTIC est centré service.

Le modèle MUSIC décrit la composition abstraite comme un ensemble de rôles en collaboration avec des ports qui représentent des fonctionnalités fournies ou requises par les composants collaborateurs. Les propriétés et les fonctions prédictives associées aux ports définissent comment les propriétés de QdS et les besoins en ressources des composants sont influencés par les propriétés de QdS des composants dont ils dépendent. Ce middleware d'adaptation propose un typage de service afin de pouvoir changer de service en cas d'absence ou de changement de contexte. Notre plateforme propose un typage des données afin de pouvoir détecter et régler le problème d'hétérogénéité entre composants manipulant différents types de média. Le typage de services est utilisé dans notre approche pour classer les services d'adaptation selon l'adaptation fournie ce qui nous donne la possibilité de choisir les meilleurs services en termes de qualité et de changer le service d'adaptation en cas de disparition ou de baisse de qualité.

Synthèse

Dans le contexte d'adaptation de contenus lié à la très grande hétérogénéité des moyens de communication, des connexions et des préférences des utilisateurs ; de nombreux travaux ont été effectués pour fournir des outils d'adaptation de contenus multimédias. Les techniques actuellement disponibles reposent principalement sur la transformation, le transcodage, le transmodage et l'adaptation structurelle. Assurer la tâche d'adaptation de contenu dans une architecture globale nécessite la connaissance de l'environnement, des composants et des flux échangés entre ces composants.

Mis à part NAC et DCAF, aucune des architectures présentées ne manipule des documents multimédia composés qui nécessitent un effort supplémentaire d'analyse des descriptions du document composé et sa reconstruction en tenant compte de la synchronisation temporelle et/ou de l'organisation spatiale des médias élémentaires composant ces documents.

Les architectures ISIS et NAC ne se prêtent pas à l'extensibilité car les modules réalisant les différentes fonctionnalités sont choisis statiquement et aucun choix dynamique des modules n'est permis.

D'autres architectures telles que MAPS ne passent pas à l'échelle car la plateforme ne le permet pas. APPAT et PAAM sont les seules architectures à introduire la notion de description des ressources d'adaptation en vue d'une recherche par critère dans un annuaire ou une base de données distribuées. Cette fonctionnalité permet le choix des adaptateurs adéquats.

Le tableau ci-dessous présente une étude comparative entre les quatre approches d'adaptation précédentes.

Approche	Décision d'adaptation	Avantages	Inconvénients
Centrée serveur	Au niveau serveur	+ Contrôle efficace des adaptations et de la gestion de contenu. +Mise en œuvre de mécanismes d'adaptation dynamique et statique.	-Le fournisseur intègre des mécanismes d'adaptation. -Charge de calcul sur le serveur. -Portée limitée de l'adaptation
Centrée client	Au niveau client par deux méthodes : sélection de contenus ou transformation ad	+Pour les problématiques simples.	-Mal adaptée aux situations où les contraintes réseau sont prégnantes. -N'est pas pratique.

153

	hoc.		
Centrée proxy	Sur un nœud intermédiaire : proxy	+Mise en cache des résultats. +La charge de calcul est sur le proxy. +Dispose d'une vue globale sur l'environnement.	-Passe mal à l'échelle. -Problème de sécurité -Outils d'adaptation amenés à évoluer.
Hybride	Au niveau du Serveur, Client et Proxy.	+ Plusieurs postes participent aux tâches d'adaptation + Partage de calcul et de charge	-beaucoup de travail de gestion et de contrôle -Gestion très difficile des adaptations et des services -Problème de sécurité

TABLE 4.10. ETUDE COMPARATIVE ENTRE LES APPROCHES D'ADAPTATION EXISTANTES

Notre objectif est de répondre à deux questions : Qui va exécuter les adaptations ? (on parle là de l'entité logique) Et où va-t-on va l'exécuter ? (on parle là de l'endroit physique).

Les utilisateurs possèdent de plus en plus des terminaux à capacités limités telles que les assistants personnels (par exemple les blackberry). De ce fait, une adaptation côté client ne sera pas toujours possible.

L'adaptation côté serveur, ou à la source du document multimédia, nécessite l'implémentation de modules supplémentaires qui n'est pas toujours possible (capacité des serveurs limitée parfois) et qui peut créer une charge supplémentaire indésirable sans rapport avec la production de contenus multimédia. L'adaptation côté serveur n'est ainsi, à son tour, pas toujours évidente.

Nous nous inspirons des architectures centrées Proxy pour pouvoir définir des entités indépendantes des composants des applications, ces entités logicielles, appelées connecteurs d'adaptation, prennent en charge l'adaptation des flux multimédia et assurent l'interopérabilité entre les composants d'une application. Les architectures hybrides permettent d'avoir plus de flexibilité et de liberté pour l'exécution des adaptations ce qui donne la possibilité d'exécuter les connecteurs d'adaptation au niveau du serveur, au niveau du client ou au niveau intermédiaire suivant les capacités de ces derniers.

Dans ce chapitre, nous avons fait un tour d'horizon de différentes architectures d'adaptation utilisant diférentes techniques et politiques d'adaptation. Nous avons constaté que la présence de certaines tâche est nécessaire pour mettre en œuvre une politique d'adaptation telles que : la gestion du contexte, la gestion des adaptations, le suivi du contexte, la prise de décision et la planification des adaptations. Ainsi, nous avons pu constater la dificulté de choix des lieux d'éxecution des adaptateurs.

La majorité des solutions proposées dans le domaine de l'auto-adaptation des applications basées composants repose sur des modèles spécifiques pour les composants utilisés (EJB, CCM, .net, etc.) ce qui limite leur utilisation. Ainsi, les possibilités d'adaptation dans ce domaine restent restreintes du fait qu'elles se limitent à des remplacements ou au réassemblage de composants.

Notre proposition, s'intéresse aux limitations des projets précédemment décrits en proposant, en particulier, une plateforme qui contient tous les gestionnaires permettant de mener des adaptations sur le contenu multimédia echangé entre des composant d'une application. Elle propose un mécanisme d'adaptation indépendant des composants fonctionnels des applications. Il s'agit des connecteurs d'adaptation qui s'éxecutent au niveau du serveur, client ou intermédiaire selon leurs capacités. Cette plate-forme propose des mécanismes pour intégrer de nouveaux connecteurs d'adaptation, permettant ainsi la construction dynamique de connecteurs d'adaptation optimaux pour des données multimédia et la gestion des contextes changeants des utilisateurs, des terminaux et des médias.

CHAPITRE 05 : Descripteurs des éléments du système d'adaptation

Introduction

Les progrès technologiques récents ont permis l'apparition d'une grande variété de nouveaux moyens permettant à un utilisateur d'accéder et d'utiliser l'information multimédia qui l'intéresse en tout lieu et à tout moment. Les composants logiciels d'accès à l'information ont subi une véritable révolution. En effet, les utilisateurs veulent accéder au même contenu en utilisant des périphériques très divers : ordinateurs portables, assistants personnels, téléviseurs, téléphones cellulaires, PDA, Ipod, etc. La communication inter-composant devient de plus en plus complexe, et parfois impossible, à cause d'une part, de l'hétérogénéité des moyens et des composants d'accès à l'information à laquelle s'ajoute une évolution importante du côté du contenu et, d'autre part, parce que le contenu peut être trop complexe pour qu'un composant ayant des capacités limitées, puisse le traiter et le présenter correctement pour des besoins fonctionnels.

La motivation pour l'adaptation de contenu multimédia est de fournir aux composants, ainsi qu'à l'utilisateur, le meilleur contenu possible dans un contexte hétérogène, avec des contraintes, des caractéristiques et des préférences utilisateur personnalisables. La réussite de l'adaptation dépend de la qualité et de la quantité des connaissances recueillies sur le contenu, les composants, les services et l'environnement d'utilisation (contexte). Les modèles et systèmes de métadonnées peuvent fournir un mécanisme de représentation, de stockage et de traitement de cette connaissance.

Nous considérons quatre types de métadonnées : les métadonnées de contenu (par exemple, le format, la taille, la dimension d'une image, etc.), les métadonnées de contexte (taille de l'écran, contenus pris en charge par le dispositif de connexion, bande passante, préférences linguistiques, etc.), les métadonnées ou les descripteurs des services d'adaptation, et les métadonnées ou les manifestes des composants de l'application.

L'objectif de ce chapitre est de proposer une description claire des différents composants du système d'adaptation, afin de l'utiliser dans le processus d'adaptation.

Définition des concepts

2.1. Multimédia

Dans un contexte informatique, il est difficile de trouver une définition à la fois exacte et complète pour le terme « Multimédia ». Cependant, ce domaine vise clairement l'intégration d'objets variés permettant éventuellement l'interaction avec l'utilisateur. Le multimédia permet de combiner des données de différents types (texte, image, audio, vidéo).

Les données multimédia ont également des caractéristiques variées. Tout d'abord, il existe un certain nombre de modalités différentes : image, audio, vidéo, texte. Chaque média est caractérisé par un certain nombre d'éléments tels que le format d'encodage (par exemple WMV ou AVI pour les vidéos, JPG ou PNG pour les photos), la taille, le taux de compression ou les dimensions.

2.2. Contexte

Les chercheurs dans le domaine de la sensibilité au contexte ont commencé par résoudre le problème de la mobilité de l'utilisateur (par exemple le projet Mobile IP [PET96]). Ensuite, ils ont approfondi leur recherche dans le domaine de la sensibilité à la localisation de l'utilisateur. Teleporting [BEN94] et Active Map [SCH94] sont des exemples d'applications sensibles à l'emplacement géographique de l'utilisateur. Ces systèmes utilisent une petite partie du contexte, dont le contenu devrait dépasser la simple localisation de l'utilisateur. Pascoe [PAS98] est l'un des premiers chercheurs à avoir généralisé la notion de contexte en proposant la définition suivante: « le contexte est un sous-ensemble des états physiques et conceptuels ayant un intérêt pour une entité particulière ».

Chaque utilisateur peut être caractérisé par son profil personnel (par exemple son âge, ses centres d'intérêts ou encore ses handicaps), ses préférences de présentation de contenu (par exemple, un utilisateur peut préférer les images en noir et blanc ou les vidéos dans un format bien particulier), les caractéristiques de son terminal (par exemple la taille ou la résolution de l'écran et les codecs disponibles) et les caractéristiques de son réseau d'accès (par exemple la bande passante). Toutes ces informations sont fréquemment regroupées sous l'appellation de « contexte ».

Le mot contexte tel que trouvé dans le dictionnaire Le Petit Larousse est défini comme suit : «un ensemble de circonstances dans lesquelles s'insère un fait, une situation globale où se situe un événement».

D'une manière plus générale, [Dey00] voit le contexte comme : «Toute information qui peut être utilisée pour caractériser la situation d'une entité. Une entité est une personne, un endroit ou un objet considérés comme pertinents lors d'une interaction entre l'utilisateur et les applications elles-mêmes».

D'après [Dey00], un système est dit sensible au contexte s'il utilise le contexte afin de fournir l'information et/ou les services pertinents à l'utilisateur ou à un autre composant logiciel, où la pertinence dépend de la tâche à réaliser.

La diversité des média et le contexte changeant des applications exigent une réflexion sur des mécanismes permettant la fourniture des bons médias aux bons contextes, on parle alors d'adaptation.

2.3. Adaptation

L'adaptation en informatique est toute action qui permet d'assurer la communication, l'échange, l'exécution, etc. entre des composants (logiciel, matériel, humain, etc.) hétérogènes (plateforme, canevas, flux, etc.). L'adaptation signifie un changement dans le système afin de s'accommoder à un changement dans son environnement [SCH01].

Pour les médias mesurables l'adaptation consiste par exemple à enlever des parties du média, à réduire la complexité de décodage, à réduire le débit ou à modifier le compromis Qualité/Débit. Pour les autres types de média elle est concentrée sur le changement de modalité (Audio2Texte, Vidéo2Image) et le changement de paramètres (luminosité d'une scène).

Après cette définition des concepts essentiels pour notre chapitre, il nous reste à définir les informations et les connaissances nécessaires pour la mise en œuvre d'une plateforme d'adaptation.

Descripteurs

Notre architecture repose sur quatre types de descripteurs qui peuvent être regroupés en deux catégories : les descripteurs de données (Contexte et Média) et les descripteurs de traitement (Composants et Services d'adaptation).

3.1. Descripteurs de données Multimédia

L'adaptation de contenu permet l'accès généralisé à des ressources multimédias à travers un processus d'adaptation de contenu. Cela nécessite des connaissances explicites et exploitables sur le contenu et l'environnement d'utilisation (contexte). Les métadonnées fournissent un mécanisme de représentation et de traitement de ces connaissances. Deux types de métadonnées doivent être considérés: les métadonnées de contenu (par exemple pour une image : format, taille, dimension, etc.) et les métadonnées de contexte (par exemple taille d'affichage, contenu supporté, préférence de langue, bande passante, etc.).

Dans les technologies de l'information, le terme métadonnée a été décrit comme «des données structurées sur les données» [DUB99], ou «des information sur les données » et même « des données sur les données ». Ce sont des descriptions techniques. Une définition plus précise a été fournie par Lorcan Dempsey [DEM97]: « Les métadonnées sont des données associées aux objets qui soulagent les utilisateurs potentiels d'avoir des connaissance approfondies sur leur existence ou leurs caractéristiques ». Un utilisateur peut être un programme ou une personne, et les métadonnées peuvent soutenir une variété d'utilisations ou d'opérations.

Différents modèles ont été proposés, dès la création des documents simples jusqu'à l'apparition des documents multimédia, avec leur diversité de choix et de médias utilisés.

3.1.1. Description de médias

Une description des métadonnées caractérise l'information ou le contenu par un ensemble d'attributs. Les attributs peuvent non seulement décrire le contenu réel en termes de données brutes, mais aussi caractériser le contenu concernant son auteur, sa qualité, son temps de transfert, son format, son type, etc. En bref, la métadonnée est l'information sur tous les aspects pertinents des supports de l'information.

Le Dublin Core est un schéma de métadonnées générique qui permet de décrire des ressources numériques ou physiques et d'établir des relations avec d'autres ressources. Il s'agit d'un ensemble de métadonnées destinés à faciliter la découverte de ressources électroniques. Il comprend officiellement 15 éléments de description formels (titre, créateur, éditeur), intellectuels (sujet, description, langue, …) et d'autres relatifs à la propriété intellectuelle. Le Dublin Core fait l'objet de la norme internationale ISO 15836, disponible en anglais et en français depuis 2003. Il est employé par l'Organisation mondiale de la santé, ainsi que d'autres organisations intergouvernementales. Les avantages du Dublin-Core sont la simplicité, l'interopérabilité, l'évolutivité, et la flexibilité [HUN98]. Néanmoins, la simplicité n'est pas adaptée à la richesse sémantique et fonctionnelle supportée par les schémas de métadonnées complexes tels que MPEG 7 [LIB04]. Le Dublin-Core ne fournit pas toutes les informations des métadonnées nécessaires à l'adaptation de contenu.

MPEG-7 [MAR02, DAY02, BEKk00] aussi connu sous le nom de « Multimédia Content Description Interface » permet de décrire le contenu d'un fichier multimédia avec un certain niveau d'interprétation des informations de ce fichier. MPEG-7 n'est donc pas dédié à une architecture, à un média particulier, mais permet de standardiser un nouveau moyen de recherche multimédia et ce pour un très grand nombre d'applications.

L'utilisation des outils de description MPEG-7, permet de créer différents types de descriptions pour un contenu multimédia. Ces descriptions contiennent des informations relatives à [MAR02] :

- La création du contenu et les processus de production (comme le réalisateur, le titre, les acteurs, et l'emplacement) ;
- L'utilisation du contenu (comme les horaires de diffusion et les droits d'auteur) ;
- Le stockage et la représentation du contenu (tels que le format de stockage et le format d'encodage)
- L'espace du contenu, la structure temporelle ou spatio-temporelle (par exemple, les coupures de scènes, la segmentation en régions et le suivi de mouvement)
- Les caractéristiques de bas niveau dans le contenu (par exemple, les couleurs, les textures, les timbres sonores, et les descriptions de la mélodie)
- L'information sémantique de la réalité captée par le contenu (par exemple, les objets, les événements et les interactions entre les objets).
- Comment les objets sont liés et réunis dans les collections
- Le parcours efficace (par exemple sous forme de résumés, des variations, et de transcodage de l'information)
- L'interaction des utilisateurs avec le contenu (tels que les préférences des utilisateurs, l'historique d'utilisation, etc.).

MPEG-7 est une norme de description dont le but est de faciliter l'indexation et la recherche de documents multimédia. Le format MPEG-7 comprend trois éléments principaux :

- Un ensemble de descripteurs des contenus multimédia
- Un langage de description des contenus multimédia : DDL *(Description Definition Language)*. DDL est un dérivé du format de balisage XML Schema.
- Des éléments, appelés Description Schemes (DS), définissant la sémantique et les relations entre descripteurs et DS

Au delà de ces descripteurs simples, on peut trouver des éléments plus élaborés comme des résumés des médias (sous diverses formes), des approches de personnalisation, etc. Cette norme ne peut pas être utilisée pour décrire ou spécifier des adaptateurs sur les médias mais elle est surtout destinée plus à la recherche et l'indexation des données.

XML est utilisé dans la plupart des standards pour décrire les contenus selon différents niveaux de granularité en fonction des applications visées. Par exemple, XML permet d'annoter les contenus audiovisuels à l'aide de descripteurs de différents niveaux structurels ou sémantiques. Un flux multimédia est décrit par trois fichiers *(DTD, XML, XSLT)*.

- Les éléments sources peuvent être organisés selon des structures et un vocabulaire « métier ». La plupart des grands domaines d'activité ont fait l'objet d'un travail de définition de leur vocabulaire sous forme de DTD *(Document Type Definition)* ou de *schema* XML ;
- La définition du flux : XML est également utilisé pour définir des structures, que ce soit pour les flux statiques ou dynamiques comme le langage d'intégration de média SMIL *(Synchronized Multimedia Integration Language)* ;
- La spécification des adaptations : Dès lors que l'on est amené à décrire l'information avec plusieurs documents XML, le langage XSLT est l'outil nécessaire pour spécifier et analyser les documents XML. En particulier, un schéma de production largement répandu consiste à définir et structurer les contenus selon un schéma « métier » et à les transformer vers un ou plusieurs langages de présentation cible *(XHTML, XSL-FO, SMIL, etc.)* à l'aide de feuilles de style écrites en XSLT.

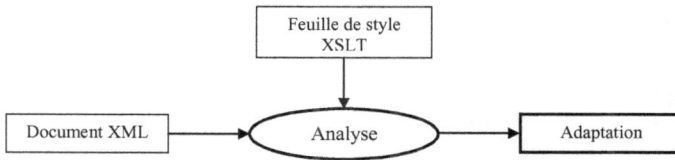

Figure 5.1. Description des données multimédia Avec XML

Dans notre travail et pour la description des données multimédia nous allons utiliser un fichier XML pour contenir les informations nécessaire à l'adaptation des données multimédia. Un flux de données est composé de médias et de liens entre médias. Un média peut être une image, un texte, un son ou une vidéo. Chaque média a un format et chaque format a plusieurs propriétés (cf. figure 5.2).

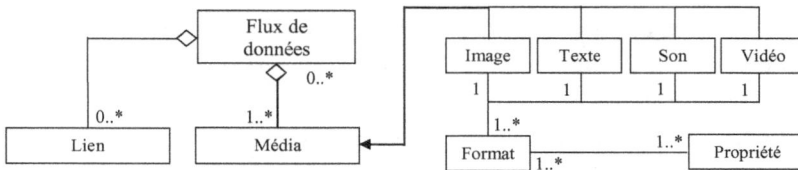

Figure 5.2. Description hiérarchique des flux multimédia

Pour décrire les flux multimédia échangés entre les composants des applications multimédia, nous avons défini un ensemble d'informations que nous considérons nécessaires pour notre travail d'adaptation. Le tableau 5.1 résume l'ensemble de ces informations:

	Information sur le flux
1	Note générale sur les particularités de média
2	Note sur la destination
3	Note sur la provenance
4	Note sur les actions de préservation
5	Type de Média
6	Format de Média
7	Caractéristiques de média

TABLE 5.1. DESCRIPTION DES FLUX MULTIMEDIA

La deuxième et la troisième information permettent de vérifier l'interopérabilité de destination et de source de données pour pouvoir adapter le flux en cas d'hétérogénéité. Alors que la quatrième permet de bien choisir le service d'adaptation en cas de préservation contre quelque type de modification. Les autres informations permettent de connaitre la compatibilité de flux avec le composant source.

```
<Flux d'information>
<Destination Nom=''></Destination>
<Provenance Nom=''></Provenance>
<Préservation Nom='' Action=''></Préservation>
        <Média Name='', Type= '', Format>
                <Propriété Nom='' Valeur=''> </Propriété>
        ......................................................
                <Propriété Nom='' Valeur=''> </Propriété>
        </Média>
        .........................................
        <Lien Name='', Type='', média1='', média2=''>
        </Lien>
</Flux d'information>
```

Figure 5.3.   Descripteur de flux Multimédia

Le descripteur de flux ne contient pas les descripteurs de ses sous-éléments (Image, Son, Texte, Vidéo) mais il y fait référence, ce qui nous aide à factoriser l'utilisation de ces sous-descripteurs et permettre leur réutilisation.

La figure 5.4 montre une modélisation graphique d'un descripteur d'image, qui décrit une image par un ensemble de formats et de propriétés.

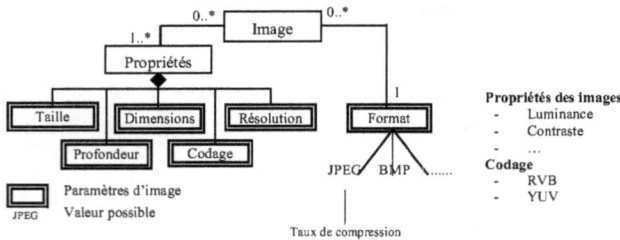

Figure 5.4.   Description hiérarchique d'une image

La diversité des médias, leurs caractéristiques ainsi que leurs diverses utilisations est représentée par le descripteur de média qui contient des informations relatives à chaque type de média, telles que les formats disponibles, les caractéristique de chaque format et leurs spécifications, ce descripteur est écrit en XML. Un exemple de descripteur d'image est le suivant:

164

```
<Image>
        <Format Nom='Jpeg'>
                <Caractéristique Nom='Compression', Méthode = '', Taux=''> Spécification
</Caractéristique>
        ..................................................................
                <Caractéristique Nom=''> Spécification < /Caractéristique>
        </Format>
        <Format Nom='PNG'>
                <Caractéristique Nom='Compression', Méthode = '', Taux=''> Spécification
</Caractéristique>
        ..................................................................
                <Caractéristique Nom=''> Spécification < /Caractéristique>
        </Format>
.......................................................................................
......................
        <Propriété Nom='Résolution'> Nombre de pixels sur une unité de surface <
/Propriété>
        <Propriété Nom=' Transparence'> Spécification < /Propriété>
        <Propriété Nom='Contraste'> Ecart de luminance entre deux parties d'une image
</Propriété>
        <Propriété Nom='Saturation'> Quantité de gris contenu dans une teinte < /Propriété>
        <Propriété Nom='Codage'> Type de codage RVB < /Propriété>
        <Propriété Nom='Taille'> Nombre de pixels < /Propriété>
        <Propriété Nom='Poids'> Quantité d'informations codées < /Propriété>
        <Propriété Nom='Couleur'> Palette de couleurs < /Propriété>
        <Propriété Nom='Profondeur'> Nombre de valeurs possibles de la gamme<
/Propriété>
</Image>
<Texte> ... </Texte>
<Audio> ... </Audio>
<Vidéo> ... </Vidéo>
```

Figure 5.5.   Descripteur de média

La description des données multimédia permet d'avoir une idée claire sur les adaptations possibles et aide le système à la recherche des services d'adaptation adaptés aux besoins des composants hétérogènes. Cette hétérogénéité est détectée par une analyse des deux fichiers. Le premier est un fichier qui décrit les caractéristiques statiques des composants (on parle ici de manifestes, voir section 3.2.2). Le deuxième est un fichier qui décrit les caractéristique dynamiques des composants et de l'environnement d'exécution y compris des utilisateurs et qui sera l'objet de la section suivante.

3.1.2. Description du contexte

Dans les environnements hétérogènes, tels que les systèmes pervasifs, la sensibilité au contexte est un concept clé pour répondre aux différents besoins des composants. Pour satisfaire cette fonctionnalité, les informations de contexte doivent être collectées et présentées à l'application au moment de l'adaptation. Par conséquent, un format de représentation commun pour les informations de contexte est nécessaire.

La sensibilité au contexte est une caractéristique des systèmes qui changent leur comportement selon le contexte d'utilisation. Le terme « sensible au contexte » est fréquemment associé à un processus d'adaptation du comportement d'un système ou des données qu'il fournit, conformément à l'état de l'environnement physique, logique et aux besoins des utilisateurs. Généralement, les systèmes sensibles au contexte exploitent ces informations dans un objectif d'adaptation de l'application et d'amélioration de l'utilisation et des performances [BAL07].

Le descripteur de contexte est représenté par un profil qui contient les capacités du terminal, les préférences utilisateur, ses caractéristiques physiques, et le contexte de la communication multimédia. Les recherches dans le domaine de la sensibilité au contexte ont proposé plusieurs langages de description du contexte. À titre d'exemple, APPAT repose sur CC/PP pour décrire le contexte, tandis M21 est basé sur les formats de MPEG-21 relatifs à la description de contexte.

D'après [BAL07, KIR05] les informations décrivant le contexte sont utilisées généralement pour :

- Adapter le comportement, les interfaces et les données d'un système (adapter une image à la taille de l'écran) ;
- Construire le contenu pour qu'il soit le plus approprié (un système de guide touristique) ;
- Annoter des documents à l'aide d'informations contextuelles ;
- Proposer et exécuter des services spécialisés en fonction du contexte.

En raison de cette diversité d'usages de l'information contextuelle, différents notions de contexte ont été proposées, des contextes qui décrivent l'utilisateur (par exemple : sa langue préférée), le matériel (résolution d'affichage, contenus supportés, etc.), le réseau (bande passante disponible…), etc. Un certain nombre d'outils de description ont été développés pour représenter les métadonnées de contexte ; parmi lesquels figurent CC/PP [W3C 04], MPEG-21, CSCP [SVE 04], etc. Si CC/PP est décomposable, uniforme et extensible, il manque cependant de fonctionnalités de structuration. Sa hiérarchie stricte en deux niveaux n'est pas appropriée à la capture de structures de profils complexes. Les outils MPEG-

21/DIA garantissent une adaptation efficace du contenu multimédia mais leur restriction aux contenus MPEG-21 limite leur application. CSCP fournit une structure multi-niveaux qui permet une représentation de tous les types d'information contextuelle. CSCP est basé sur RDF et hérite ainsi des propriétés de substitution et d'extensibilité. Les noms d'attributs sont interprétés en fonction du contexte et selon leur position dans la structure de profil.

Les travaux abordant la notion de contexte partagent, selon Rey [REY06], trois principes :

- Il n'y a pas de contexte sans contexte. Autrement dit, la notion de contexte se définit en fonction d'une finalité ;
- La capture du contexte n'est pas une fin en soi, mais les données capturées doivent servir à un objectif (tels que l'adaptation, l'annotation, le partage);
- Le contexte est un espace d'informations infini et évolutif. Par conséquent, il n'existe pas a priori de « contexte absolu », mais un espace qui se construit au cours du temps.

Ainsi une notion de contexte doit être générique et extensible afin de répondre aux spécificités du domaine qui va exploiter ces informations contextuelles. CC/PP est la première recommandation qui est fondée sur RDF qui est l'une des spécifications clés du Web Sémantique. L'utilisation de RDF pour CC/PP présente de nombreux avantages : vocabulaires extensibles, vocabulaires décentralisés, intégration simplifiée des informations à partir de différentes sources.

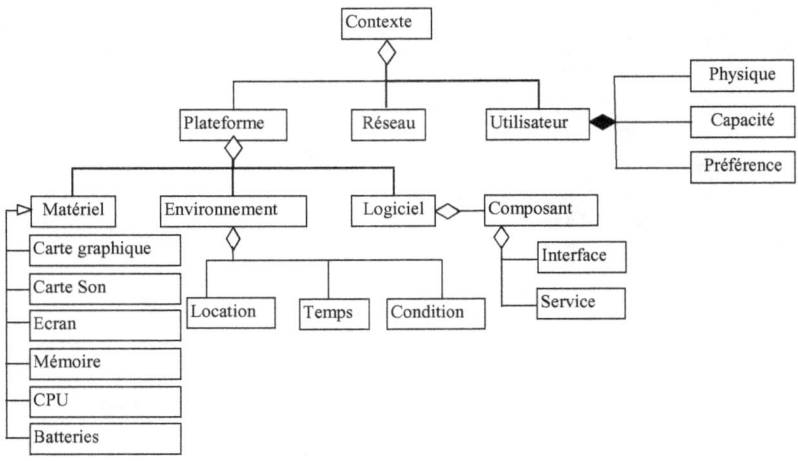

Figure 5.6. modèle de description d'un contexte

167

Le diagramme de classes de la figure 5.6 décrit les classes constituant le contexte ainsi que leurs relations. Un contexte est composé d'un profil utilisateur, réseau et plateforme. La plateforme est composée du profil matériel, logiciel et environnement. Le profil matériel décrit les caractéristiques physiques d'un outil de restauration ou d'acquisition des données multimédia.

Nous proposons d'utiliser des représentations XML pour stocker et échanger les valeurs des paramètres contextuels. Nous définissons cinq facettes (ou axes) pour modéliser le contexte (contexte d'utilisation (besoin), utilisateur, terminal, réseau et environnement). L'ensemble des paramètres constituant chaque facette est défini par le concepteur de l'application en respectant la grammaire du standard CC/PP. Le concepteur doit définir la structure de chaque paramètre (ensembles, valeurs atomiques, etc.).

```
[User_Profile]
|
+--ccpp:component-->[Terminal]
|                        |
|                    +--rdf:type----> [Plateforme_Materiel]
|                    +--display_Width--> "........."
|                        +--display_Height--> "........."
|                        +--display_color--> "0/1"
|                        +--capacity memory--> "........."
|                        +--CPU speed--> "........MH"
|                        +--Connexion_supported--> [Types]
|                            |
|                        +--rdf:Wap----->"0/1"
|                        +--rdf:GPS----->"0/1"
|                            +--Media_Accepted--> [Types]
|                                |
|                            +--Audio----->"0/1"
|                            +--Vidéo----->"0/1"
|                            +--Text----->"0/1"
|                            +--Image----->"0/1"
|
+--ccpp:component-->[Logiciel_Used]
+--ccpp:component-->[Environment]
+--ccpp:component-->[Physical_Used]
|                        |
|                    +--rdf: handicap_dumb----> "1/0"
|                    +--rdf: handicap_blind----> "1/0"
|                    +--rdf: handicap_silent----> "1/0"
|                    +--rdf: .....................................
+--ccpp:component-->[Need_Media]
                         |
                     +--rdf: use----> "Treat / View/ Analyze"
                     +--rdf: quality----> "High / average/ bad"
```

Figure 5.7.   Description du contexte avec CC/PP

Pour décrire le contexte de nos applications, nous avons utilisé CC/PP étendu afin de pouvoir prendre on considération les caractéristiques physiques de l'utilisateur et les objectifs de transfert des flux multimédia (voir figure 5.7).

La définition des handicaps physiques de l'utilisateur permet de prendre en considération ses besoins, lors de la spécification de l'adaptation. Ainsi, grâce à l'utilisation du concept de besoin de média, est prise en compte la gestion de la qualité des connecteurs fournis afin d'éviter la proposition de connecteurs d'adaptation qui rendraient les flux inutilisables.

Nombreuses sont les approches d'adaptation d'applications. Nous nous intéressons particulièrement dans notre travail aux propositions d'adaptation des flux (données multimédia) qui s'appliquent avant et pendant la mise en œuvre de l'application. Ces propositions se caractérisent par la génération et l'insertion automatique de connecteurs d'adaptation dans les architectures logicielles basées composants. Nous nous concentrons essentiellement sur le profil matériel (écran, mémoire, carte son, etc.) et les manifestes des composants logiciels.

3.2. Descripteurs des traitements

L'objectif ici est de proposer une description adéquate aux modules de traitement tels que les composants, les services, les services d'adaptation, etc.

3.2.1. Description des services d'adaptation

Il n'existe malheureusement pas aujourd'hui d'outil dédié à la description d'un service d'adaptation. Certains langages de description de services comme WSDL (Web Service Description Langage) peuvent être utilisés s'ils sont étendus. Un modèle de description de services tel que WSDL ne suffit pas pour automatiser la découverte, la sélection, la composition et l'invocation des services. En effet, si la syntaxe du service est importante pour son invocation et sa composition, une information sémantique sur l'objet et le fonctionnement du service (sémantique des paramètres d'entrée et de sortie, coût du service, pré-conditions d'exécution, post-conditions, temps d'exécution, qualité du service, etc.) est essentielle à son utilisation pratique. L'une de nos contributions est d'améliorer la description du service pour décrire plus spécifiquement une ressource d'adaptation et faciliter sa recherche.

Pour déterminer la structure hiérarchique des services d'adaptation, nous nous somme inspirés de la classification des techniques d'adaptation définie par Lei [LIE01]. Les

169

différents services d'adaptation sont représentés comme des classes hiérarchiquement organisées (figure 5.8). Cette hiérarchie de classes et des propriétés des services décrit l'ontologie des services d'adaptation multimédia.

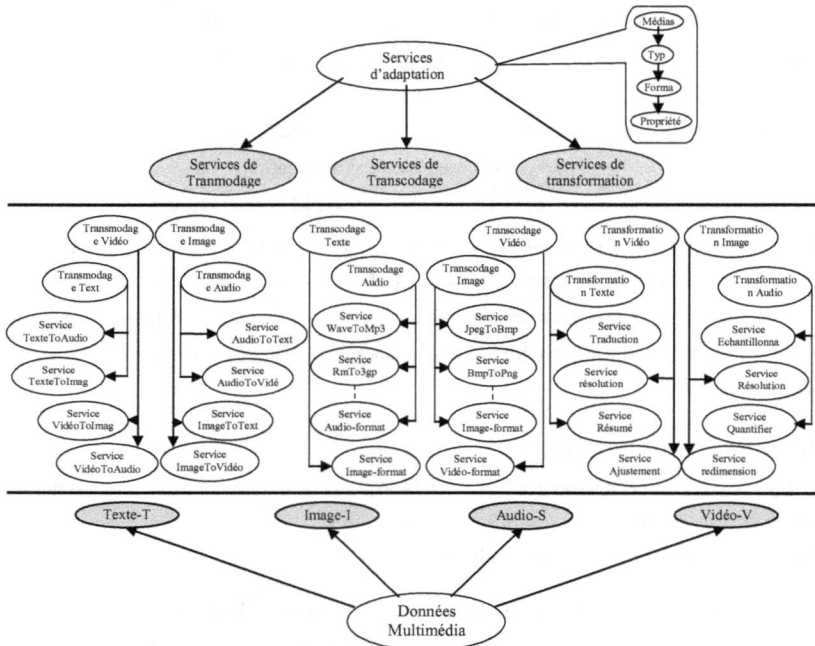

Figure 5.8.   Description hiérarchique de l'ensemble des services

La superclasse dans cette ontologie est la classe services d'adaptation multimédia. Cette classe regroupe, pour chaque type de donnée multimédia, différentes sous-classes de services d'adaptation. Ces services peuvent être des services d'adaptation : audio, texte, vidéo ou image. Une autre classification regroupe les services d'adaptation selon le type d'adaptation (transformation, transmodage ou transcodage).

Les descripteurs des services d'adaptation informent sur les entrées et les sorties des services ainsi que sur la spécification des adaptations qu'ils réalisent. Pour éviter le problème de redondance des services d'adaptation, nous avons utilisé le mécanisme de Wrapper (Enveloppeur), chaque type de média est représenté par un Wrapper qui englobe l'ensemble des services d'adaptation dédiés à ce type de média ainsi que les liens entre ces services. Ceci permet une gestion efficace des dépendances fonctionnelles entre les services d'adaptation. Le Wrapper est extensible grâce aux liens entre les services d'adaptation. Pour la description des Wrappers nous avons utilisé le langage XML.

```
<Adaptation_Multimedia>
        <Wrapper_Image>
            <Traitement Name="Transcodage">
                <service Name ="BMP2JPEG", Entré="JPEG", Sortie="BMP " >
                </Service>

            ............................................................................................................
            </Traitement name="Transcodage">
            <Traitement name="Transmodage">................................. </Traitement
name="Transmodage">
            <Traitement name="Traduction">...................... </Traitement name="Traduction">
            <Traitement name="Résumé">         ...................... </Traitement name="Résumer">
        </Wrapper_image>
        <Wrapper_vidéo> ..................... </Wrapper_vidéo>
        <Wrapper_Texte> ..................... </Wrapper_Texte>
        <Wrapper_Audio> .....................</Wrapper_Audio>
</Adaptation_Multimedia>
```

Le descripteur de Wrapper ne contient pas les descripteurs de services d'adaptation mais il y fait référence. Cela permet de faciliter la recherche des services à partir des spécifications

```
<Service name='...'>
        <Description> ... </Description>
        <Pré-condition Processeur='', Mémoire='', etc.> ... <Pré-condition>
        <Post-condition Ecran='', Résolution='', etc.>... <Post-condition>
        <Propriété Cout='...', Temps='...', QoS='...' > ... </ Propriété >
        <Input Type='...', Format='...' > </Input>
        <Output Type='...', Format='...' > </Output>
        <Paramètre Nom='...', Domaine='...' > Spécification </Paramètre>
        .........................................................................
        <Paramètre Nom='...', Domaine='...' > Spécification </Paramètre>
</Service>
```

Un service d'adaptation est représenté par un ensemble d'informations décrivant les prés-conditions nécessaires à son exécution et les post-conditions nécessaires à la communication de ses résultats. Il décrit aussi, les arguments que le service a besoin pour accomplir ses tâches ainsi que l'ensemble des paramètres permettant de manipuler la QdS et les propriétés du service permettant une comparaison avec des services de même type. Les informations sur les Entrées/Sorties du service représentent un critère de sélection du

171

service et permettent son assemblage avec d'autres services pour constituer des services composés.

Un exemple d'un descripteur de service qui assure le transcodage du BMP vers JPEG est la suivant :

```
<Service Name ="BMP2JPEG">
        <Description>  Cette fonction assure un passage du format BMP au
format JPEG  </Description>
        <Pré-condition> Capture <Pré-condition>
        <Post-condition> Ecran <Post-condition>
        <Propriété Temps='10', QoS='Bonne' > </ Propriété >
        <Input Type='Image', Format=' JPEG' > </Input>
        <Output Type='Image', Format=' BMP' > </Output>
        <Paramètre Name="taux compression"> pourcentage de compression
</Paramètre>
        <Paramètre Name="résolution"> permet de spécifier le nombre de point
par Pixel </Paramètre>
</Service>
```

La description des services d'adaptation permet de faciliter la recherche et la composition des services pour construire le connecteur d'adaptation adéquat et assurer la communication entre composants hétérogènes. La détection de l'hétérogénéité demande des informations sur les composants à assembler afin de pouvoir les analyser et de trouver le bon connecteur d'adaptation.

3.2.2. Description des Composants

Plusieurs langages de description de composants ont été proposés, certains sont destinés à des domaines d'application spécifiques, tels que COM, EJB, CCM et .NET tandis que d'autres se veulent plus universels comme Fractal et UML. Le problème de ces descripteurs est la dépendance aux langages de programmation et/ou aux plateformes d'exécution ainsi que leur spécialisation et leur rigidité qui rendent la compatibilité difficile. La plupart des langages proposés utilisent comme moyen de représentation le texte et/ou le graphique et/ou les arbres syntaxiques.

Une modélisation des composants a été proposée par [GRA04] dans laquelle des modèles en UML ont été élaborés pour décrire les différentes facettes des composants logiciels dans les deux middlewares EJB et CORBA, complétés par deux autres modèles pour décrire les patrons d'analyse. L'objectif et d'avoir un modèle UML permettant de modéliser une taxonomie de composants favorisant la conception et la réalisation d'un système de gestion de bibliothèques de composants hétérogènes. En particulier, ce travail aborde le sujet d'hétérogénéité dans les modèles de composants mais pas dans les interfaces.

[COU02] propose un modèle de composants simple et réaliste pour l'atelier de développement SmartTools. Il contient une description abstraite de composants avec les éléments d'interface et un modèle d'application auto-adaptable. Les éléments d'interface permettent de spécifier la façon dont un composant s'interface avec les autres. Ce modèle ne permet pas de détecter l'hétérogénéité comportementale des composants en matière de flux de données.

[HAI06] propose un modèle de composant basé sur le concept Vue/Point de vue. Ce modèle permet de construire un CLM (composant logiciel multi-vue) par assemblage d'un composant logiciel de base et des composants logiciels appelés de vue, la connexion est faite par un connecteur de visibilité. L'objectif est d'avoir des interfaces dont l'accessibilité et le comportement changent dynamiquement selon le point de vue de l'utilisateur courant. Cependant, ce travail est comparable à l'adaptation structurelle en SMIL qui fournit un ensemble limité de choix d'adaptation (instruction switch). On ne peut pas parler d'une adaptation au contexte, car on est limité par les modèles et les vues proposées. En résumé on peut dire que ce travail propose des post-adaptations basées sur les vues.

Dans le modèle Kmelia, un composant se caractérise par un nom (l'identificateur de composant), un état (variables et prédicat invariant sur celles-ci) et une interface pour les services et la description des services. L'interface spécifie les interactions entre les composants et l'environnement [AND06]. Une interface d'un composant Kmelia présente les services fournis et les services requis. Un service fourni offre une fonctionnalité, alors qu'un service requis est l'expression de la nécessité d'une fonctionnalité. Cette nécessité explique que le composant soit combiné avec d'autres composants (dans un assemblage). L'un d'entre eux fournit le service requis correspondant. Par conséquent, dans Kmelia, les services de composants interagissent par des communications synchrones correspondant aux échanges de messages ou aux appels / réponses de services via des canaux de communication. Parmi les travaux en relation on trouve [PAV05, PLA02, SUD05] qui proposent l'association de comportements dynamiques (ou protocoles) aux composants et aux services.

Ce qui nous intéresse ici est de permettre la caractérisation des composants du point de vue de l'adaptation au moment de l'assemblage ou de l'exécution. Nous en donnons donc une définition minimale basée essentiellement sur deux points clés. Le premier fait référence à l'utilisation d'une forme de typage adaptée à nos besoins en termes de définitions d'un modèle de composant permettant la détection des conflits et des points d'incompatibilité comportementale entre composants fonctionnellement compatibles. Le second relève de la description explicite des modifications souhaitées dans le cadre de l'adaptation (le schéma d'adaptation) afin de pouvoir rechercher, construire et intégrer le module d'adaptation dans un connecteur.

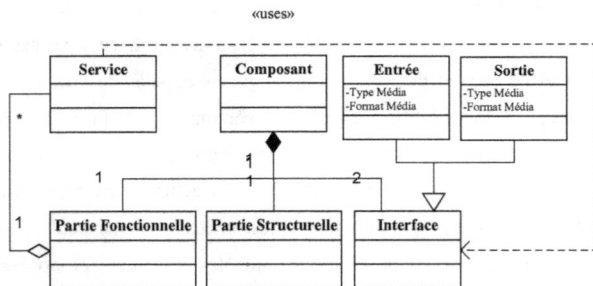

Figure 5.9.   Manifeste de composant en UML

Un manifeste permet de décrire les composants selon un modèle abstrait de ce qu'il offre. Il permet de séparer la description de la fonctionnalité abstraite offerte par un composant des détails concrets tels que «comment» et «où» cette fonctionnalité est offerte, et les données manipulées (type de données, format, contrainte temporelle – fortes/faibles -, etc.). Pour décrire les manifestes des composants, nous avons choisi l'utilisation des langages UML et XML, le premier utilise une représentation graphique qui est plus compréhensible par les utilisateurs et les concepteurs, le deuxième permet une spécification étendue du langage de description (DTD, XML Schema) et facilite le stockage et la restauration (document XML) tout en offrant des moyens génériques de manipulation (Xquery, XSLT).

Un composant est une unité de calcul ou de stockage à laquelle est associée une unité d'implantation. Le composant est un lieu de calcul et possède un état. Il peut être simple ou composé ; on parle, dans ce dernier cas, de composite. Sa taille peut aller d'une simple

174

fonction à une application complète. On définit deux parties dans un composant. Une première partie, dite extérieure, correspond à son interface. Elle comprend la description des interfaces fournies et requises par le composant. Elle définit les interactions du composant avec son environnement. La seconde partie correspond à son implantation et permet la description de sa structure et de sa partie fonctionnelle. Un composant fournit un ensemble de services qui sont constitués des actions élémentaires, il communique avec les autres composants à travers un connecteur. Ce connecteur peut jouer plusieurs rôles : celui d'un connecteur de communication ou celui d'un connecteur assurant les propriétés non fonctionnelles d'un composant. La spécification des services de composants permet leurs réutilisations dans des adaptations.

```
<? xml version="1.0" ?>
< Composant >
        <Partie fonctionnel>
                <Pré-Condition> ...</Pré-Condition>
                <Poste-Condition> ... </Poste-Condition>
                <Service Nom='...' >
                    <Spécification-Service> ...</Spécification-Service>
                    <Input-Service>
                                <Média Type='...', Format='...'></Média>
                        </Input-Service>
                    <Output-Service>        <Output-Service>
                    </Service>
        </Partie fonctionnel>
        <Partie Structurel>
                <Contraintes structurelles> ... </Contraintes structurelles>
                <Lien-Structurel ServiceSource='...', ServiceDestination='...'> </Lien-
Structurel>
        </Partie Structurel>
        <Partie Interface>
                <service-offerts> Signature</Service-offerts>
                <service-requis> Signature</Service-requis>
        <Partie Interface>
</Composant>
```

Figure 5.10.   Représentation du manifeste de composant en XML

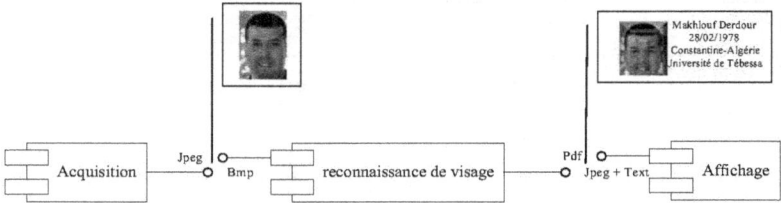

Figure 5.11.   Architecture d'une application de reconnaissance de visage

175

Un exemple d'un système de reconnaissance de visage est présenté dans la figure 5.11, ce système est constitué de trois composant : acquisition, reconnaissance et affichage de l'identité. La figure 5.12 montre les flux échangés et leurs types et formats.

Le fichier XML suivant décrit les manifestes des différents composants :

```
<? XML version="1.0" encoding="ISO-8859-1"?>
<Bibliothèque-Composant>
< Composant >
        <Service>
                < Spécification > Acquisition < /Spécification >
                <Input-Interface> NULL </Input-Interface>
                <Output-Interface> <média type = Image, Format = JPEG> </média>
        <Output-Interface>
        </Service>
</Composant>
< Composant >
        <Service>
                <Spécification> Reconnaissance de visage < /Spécification >
                <Input-Interface> <média type = Image, format = BMP> </média>
                </Input-Interface>
                <Output-Interface>
                        <média type = Image, Format = BMP> </média>
                        <média type = Texte, Format = TXT> </média>
                <Output-Interface>
        </Service>
</Composant>
```

Figure 5.12. Document de description des composants

Par l'exécution de la requête qui cherche les entrées/Sorties des composants de l'application, nous obtenons un tableau qui présente les échanges de données de chaque composant :

Service	Entrée		Sortie	
	Type	Format	Type	Format
Acquisition			Image	JPEG
Reconnaissance de visage	Image	BMP	Image Texte	BMP TXT
Affichage	Image	PDF		

TABLE 5.2. LES E/S DES COMPOSANTS

A partir de ce tableau, on peut facilement détecter les points d'hétérogénéité entre les composants. Ce qui permet de régler le problème au niveau de la configuration et de proposer des connecteurs capables d'assurer l'interopérabilité des composants hétérogènes.

Synthèse

Ce chapitre présente les mécanismes de représentation des métadonnées. Nous avons étudié différents mécanismes comme : Dublin, CC/PP, MPEG, etc. et différents langage de description de composants.

Plusieurs modèles de représentation multimédia existent, ils s'intéressent non seulement au contenu des médias, mais aussi à d'autres dimensions de la présentation: logique, spatiale, temporelle et navigationnelle. La spécification déclarative des données multimédia représente une avancée importante dans le domaine de la manipulation des données multimédia. Cette approche facilite le traitement et l'adaptation des données au contexte de l'environnement et au profil des composants. La majorité des langages de description de contenu pour les documents multimédia repose sur les principes de présentation étendue du langage XML. Notamment, on constate que la plupart des descripteurs de données ne fournissent pas toutes les informations nécessaires à l'adaptation de contenu, il en va de même pour les modèles de description de contexte. Pour la description de service d'adaptation tel que MPEG-7, on constate qu'ils ne permettent ni la sélection et la comparaison des services, ni la composition de services. Au niveau des manifestes des composants, un manque de description comportementale ne permet pas la détection des hétérogénéités entre composants.

Nous avons proposé dans ce chapitre :

1. Un descripteur pour les données multimédia tels que : image, texte, son, vidéo
2. Un descripteur pour le contexte incluant l'utilisateur et l'environnement.
3. Un descripteur des services d'adaptation, qui permet la sélection des services nécessaires à une adaptation.
4. Un descripteur (manifeste) des composants, qui prend en considération la dimension multimédia, et qui permet un meilleur assemblage et configuration des composants.

Dans le chapitre suivant, nous allons présenter des plateformes d'adaptation, permettant de sélectionner et d'exécuter des services d'adaptation, afin de satisfaire un besoin d'interopérabilité. Ces plateformes sont basées sur des architectures différentes à savoir : basée client, basées proxy, basées serveur, pair à pair, etc. et nous allons proposer une comparaison entre les différentes approches mettant en évidence leurs avantages et inconvénients.

CHAPITRE06 : *CSC une plateforme d'auto-adaptation des applications basées composants*

Introduction

Le développement d'un système d'adaptation sensible aux caractéristiques fonctionnelles et non fonctionnelles nécessite de répondre à deux questions : comment concevoir une plateforme garantissant une adaptation dynamique sensible au contexte ? Et comment concevoir des connecteurs d'adaptation, ensemble de services, pour assurer l'adaptation ? La conception et l'implémentation d'un tel système impliquent des efforts dans plusieurs domaines. Les aspects importants pour la conception d'une solution d'adaptation du contenu sont la diversité du contenu, la description de l'environnement, la gestion du contexte et l'adaptation. Quant à l'hétérogénéité des environnements, on la rencontre à plusieurs niveaux : ceux de l'utilisateur, du terminal et des composants de l'application.

Il existe deux grands axes pour l'adaptation des applications basées composants, celui de l'adaptation fonctionnelle comme MUSIC [ROM09] et MADcAR [GRO06] basée sur le réassemblage ou la reconfiguration et celui de l'adaptation non-fonctionnelle comme [LUC08] basée sur le comportement des composants. Dans notre approche nous avons travaillé sur la partie non-fonctionnelle pour l'adaptation des flux échangés entre les composants afin de traiter le problème d'hétérogénéité.

Dans ce chapitre nous décrirons notre plateforme d'adaptation qui est basée sur les concepts de composant, connecteur et service. Les services sont utilisés par les connecteurs pour assurer des tâches d'adaptation alors que les connecteurs sont utilisés pour assurer la communication et l'échange de données multimédia entre les composants. La partie suivante décrira la plateforme CSC et présentera ses principales couches. Ensuite, la partie 3 présente l'infrastructure de CSC avec les interactions et les communications entre les différentes couches. La partie 4 présente la notion de qualité de service qui permet la comparaison de services similaires. La partie 5 présente le processus d'adaptation dans

CSC qui permet le choix et la définition des adaptations nécessaires. Le chapitre s'achève par une synthèse.

Une Approche d'Adaptation pour l'Informatique Ubiquitaire : CSC (Component Service Connector)

Dans le cadre de l'informatique ubiquitaire, l'environnement d'exécution d'une application est constitué de machines hétérogènes en ressources matérielles (PC, PDA, Smartphone, etc.), appartenant à des utilisateurs avec des besoins différents et manipulant des médias de différents types (vidéo, son, image, texte). Ces caractéristiques imposent de structurer l'application en une organisation d'unités logicielles relativement indépendantes qui coopèrent et interagissent afin de faciliter son adaptation au contexte d'utilisation.

Malheureusement cette organisation structurelle et comportementale ne permet pas de résoudre tous les problèmes d'hétérogénéité. Le remplacement d'un composant par un autre réclame la satisfaction de plusieurs conditions et la vérification de plusieurs propriétés (homogénéité, cohérence, stabilité, traçabilité, etc.). Cela demande une réflexion sur la conception et notamment sur la configuration des applications. Cette réflexion consiste à séparer les aspects fonctionnels de ceux de l'adaptation et de prévoir des mécanismes dynamiques et reconfigurables durant tout le cycle de vie de l'application.

L'entité principale dans notre proposition est le connecteur, il est représenté par un composant de première classe, reconfigurable et capable d'adapter les flux de données multimédia selon la situation.

Pour assurer l'adaptation des interactions entre composants en matière de flux de données, nous avons proposé une plateforme avec une architecture à trois niveaux (voir figure 6.2). Chaque couche assure une tâche bien précise, à savoir :

1. **Couche de configuration** : elle assure la reconfiguration dynamique de l'application, la détection des problèmes d'hétérogénéités inter-composants et des changements de contexte ;

2. **Couche d'adaptation** : elle assure la planification, la négociation et le choix des services d'adaptation ;

3. **Couche application** : elle est chargée de l'exécution des applications, elle contient tous les éléments nécessaires à l'exécution des applications tels que les composants, les services ou les relations entre les services et les connecteurs. La découverte

dynamique de changement du contexte, la supervision de l'exécution de l'application et la détection de violation des contrats sont des tâches assurées par le gestionnaire de QdS.

Deux facteurs intéressants doivent être pris en compte lors de la mise en œuvre d'une telle plate-forme, la portée de l'adaptation et son lieu d'exécution. Nous avons vu dans la partie précédente que les adaptations peuvent être des changements d'interfaces, de services, ou de composants. Aux mécanismes de connecteurs d'adaptation et de paramètres de service proposés dans le MMSA, nous ajoutons la manipulation et le changement des paramètres de service qui permettent d'influer sur les données produites par les services d'adaptation. Pour l'exécution des adaptations, nous avons vu dans le chapitre 4 qu'il existe plusieurs approches (basée client, basée serveur, Proxy et hybride), notre choix s'est porté sur l'approche hybride qui donne plus de flexibilité d'exécution. C'est pourquoi nous avons choisi que l'exécution des connecteurs d'adaptation puisse avoir lieu au niveau client, serveur, ou intermédiaire, selon les capacités et le contexte de l'application.

2.1. Introduction à CSC

La gestion de la qualité de service représente une tâche importante dans la plate-forme CSC (Component-Service-Connector). Pour cela, deux gestionnaires de QdS ont été proposés. Le premier se situe au niveau de la plate-forme et assure la surveillance de la QdS au moment de l'exécution de l'application. Il apporte les modifications nécessaires à l'adaptation de l'application au nouveau contexte. Le second se situe au niveau de chaque connecteur d'adaptation, il gère la qualité des services d'adaptation à l'intérieur du connecteur par la modification des paramètres des services. Ce gestionnaire est en relation avec le gestionnaire de QdS de la plate-forme pour demander des changements de services d'adaptation en cas de nécessité.

La plateforme d'adaptation est chargée de la définition des architectures des applications basées composants et d'assurer leur adaptation au changement du contexte. Les applications intègrent différents types de média, qu'ils soient discrets (texte, images) ou continus (vidéo, audio). Les appareils mobiles manipulent ces différent types et formats de données avec des capacités diverses. Les utilisateurs se déplacent dans des environnements informatiques ubiquitaires, supplémentaires impliquant des difficultés liées à l'auto-adaptation. Pour cela, la plateforme CSC assure la cohérence des configurations pour les applications basées composants, pour ce faire elle propose un système d'adaptation orienté services afin d'augmenter la flexibilité en matière de recherche de services d'adaptation. L'exécution et le suivi des services d'adaptation sont assurés par les connecteurs d'adaptation.

2.2. Description de CSC

La plateforme CSC est divisée en trois couches : la couche de configuration, la couche d'adaptation et la couche application. Le gestionnaire de configuration au niveau de la couche de configuration est chargé du choix des configurations et des composants adéquats. Il est également chargé des opérations d'assemblage et de réassemblage des composants. Il utilise MMSA et les manifestes des composants pour décrire l'architecture d'une application ce qui lui permet de connaître les besoins en adaptation des composants d'une application et de construire les connecteurs d'adaptation. Ces besoins seront, par la suite, transmis au gestionnaire d'adaptation. Le gestionnaire de QdS, au niveau de la couche de configuration, assure la résolution des conflits entre les configurations possibles et l'installation des services d'adaptation ainsi que le suivi des applications et assure le bon déroulement de l'application en vérifiant les changements du contexte. Le gestionnaire de contexte gère les changements de profils.

L'exemple suivant permet de bien comprendre l'objectif de la plate-forme CSC :

Un utilisateur dispose d'un PC et une connexion sans fil (figure 6.1). Il veut suivre un match de football depuis un site internet qui diffuse le match en format .rm. Après 25 minutes de jeu, il a reçu un appel téléphonique pour rejoindre un ami à l'aéroport. Il est obligé de quitter la maison, mais veut quand même suivre le match. Pour cela il dispose d'un PDA avec une connexion sans fil. En restituant la connexion, l'application de diffusion détecte ses nouveaux paramètres, elle trouve que le PDA n'a pas de lecteur « real media » et ne peut pas recevoir une diffusion à la même résolution que sur le PC en raison des caractéristiques matérielles et de la qualité de la connexion. Pour maintenir la connexion, l'application a besoin d'adapter la vidéo du match afin de répondre au nouveau besoin. On doit donc chercher un service d'adaptation qui transcode le format de la vidéo de .rm en .MP4 et un autre service qui diminue sa résolution. Après la recherche, la sélection et l'intégration des services d'adaptation, l'utilisateur peut regarder le match pendant son voyage à l'aéroport.

A la fin de la première période, la batterie du PDA est très faible, il décide de suivre le match sur son téléphone portable qui ne peut recevoir que le son. Il s'agit là d'un scénario comparable dans lequel on cherche un service de transmodage de vidéo vers du son. Ainsi l'utilisateur aura pu suivre le match jusqu'à la fin.

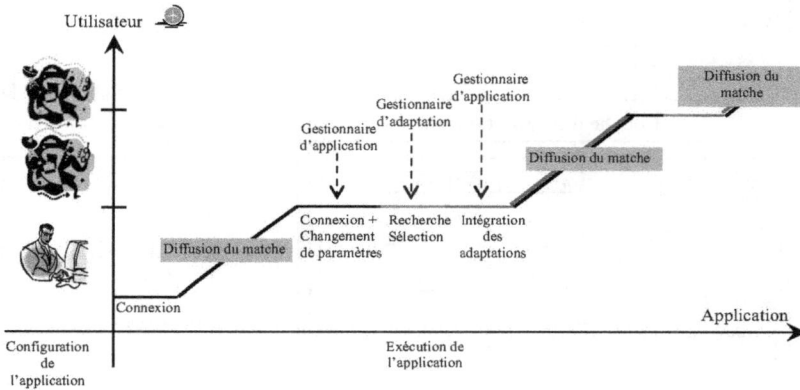

Figure 6.1.   Scénarios de connexion de l'utilisateur

Le gestionnaire d'adaptation au niveau de la couche d'adaptation assure le choix des services d'adaptation. Cette tâche est assurée par trois services : le planificateur d'adaptation, le sélectionneur et le négociateur. Le premier fournit le plan d'adaptation pour chaque adaptation demandée, le deuxième assure la sélection des services d'adaptation, tandis que le dernier assure la négociation et l'établissement des contrats avec les fournisseurs de services.

L'infrastructure de la plateforme CSC

L'idée de base de CSC est d'utiliser les services fournis par les composants disponibles dans la plateforme et les services disponibles pour résoudre le problème d'hétérogénéité entre les composants d'une application. Il s'agit ici de services d'adaptation des données multimédia afin d'assurer une bonne configuration de l'application et une meilleure interopérabilité des composants. Le mécanisme de connecteur que nous avons proposé dans le chapitre 2 permet de modifier les paramètres des services d'adaptation lors d'un changement de qualité ou de contexte.

183

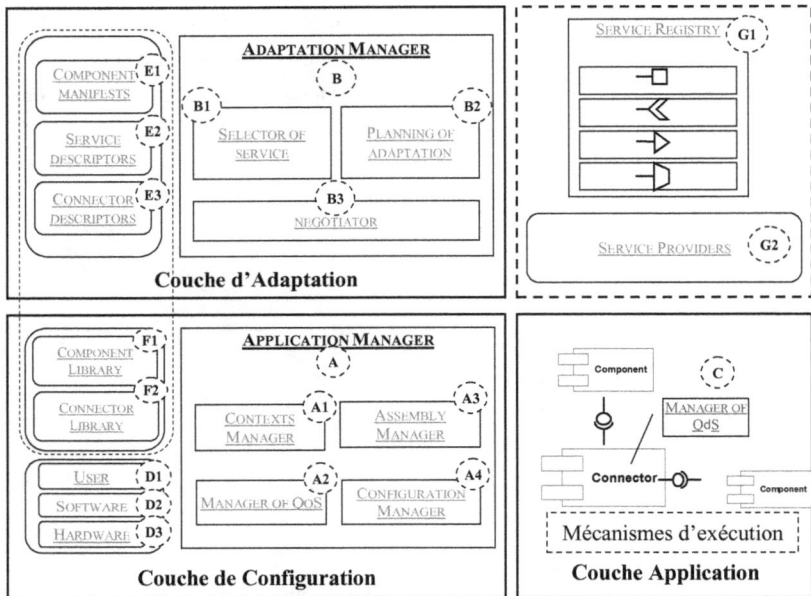

Figure 6.2. Plateforme d'adaptation

La couche de configuration encapsule une bibliothèque de composants (F1) et de connecteurs (F2) utilisés pour la configuration des applications, une base de données pour sauvegarder les informations de contexte : utilisateurs (D1), logiciels (D2) et matériels (D3) et un gestionnaire d'applications qui représente le moteur de « raisonnement » de cette couche. Le gestionnaire d'applications (A) est composé d'un gestionnaire de contexte (A1), d'un gestionnaire de QdS (A2), d'un gestionnaire d'assemblage (A3) et d'un gestionnaire de configuration(A4). Le gestionnaire d'application utilise le modèle MMSA pour décrire l'architecture d'une application ce qui lui permet de détecter les besoins en adaptation entre les composants d'une configuration. Les points d'hétérogénéité sont détectés à partir d'une analyse des manifestes des composants (E1) et des éléments du contexte. Le gestionnaire de contexte (A1) est responsable de la mise à jour du contexte après une détection de changement annoncée par le gestionnaire de QdS (A2). Ensuite, le besoin d'adaptation est transféré à la couche d'adaptation sous forme d'une spécification d'adaptation. Cette couche encapsule les descripteurs de composants (E1), de connecteurs (E3) et de services d'adaptation (E2) ainsi qu'un gestionnaire d'adaptation (B). Le gestionnaire d'adaptation

184

est composé d'un sélectionneur de service (B1), d'un planificateur d'adaptation (B2) et d'un négociateur de service (B3). Lorsqu'une demande d'adaptation arrive, le planificateur d'adaptation transforme la spécification d'adaptation en un graphe d'adaptation qui contient tous les chemins d'adaptation possibles suivant les services d'adaptation disponibles compte tenu des descriptions des connecteurs, des descripteurs des services et du registre de services (G1). Puis, le sélectionneur de services utilise le processus d'adaptation pour trouver le meilleur chemin d'adaptation en construisant un tableau des services d'adaptation afin de les classer par type et par qualité. Ce tableau servira par la suite pour changer les services d'adaptation en cas de nécessité. Puis, le sélectionneur de service demande au négociateur la négociation et l'établissement des contrats avec les fournisseurs de services (G2). Enfin le gestionnaire d'assemblages assure l'assemblage des composants et des connecteurs après intégration des services d'adaptation selon la configuration choisie.

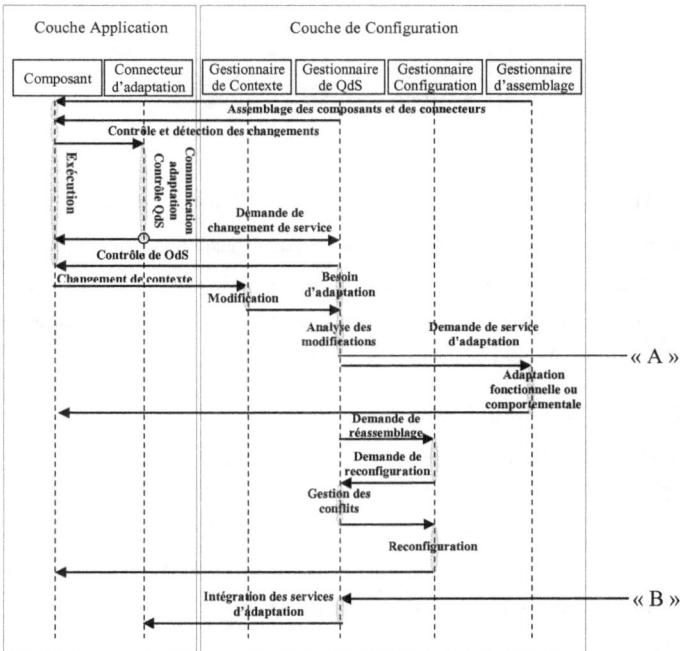

Couche Application		Couche de Configuration			
Composant	Connecteur d'adaptation	Gestionnaire de Contexte	Gestionnaire de QdS	Gestionnaire Configuration	Gestionnaire d'assemblage

Assemblage des composants et des connecteurs

Contrôle et détection des changements

Exécution — Communication adaptation Contrôle QdS

Demande de changement de service

Contrôle de OdS

Changement de contexte — Modification

Besoin d'adaptation

Analyse des modifications — Demande de service d'adaptation — « A »

Adaptation fonctionnelle ou comportementale

Demande de réassemblage

Demande de reconfiguration

Gestion des conflits

Reconfiguration

Intégration des services d'adaptation — « B »

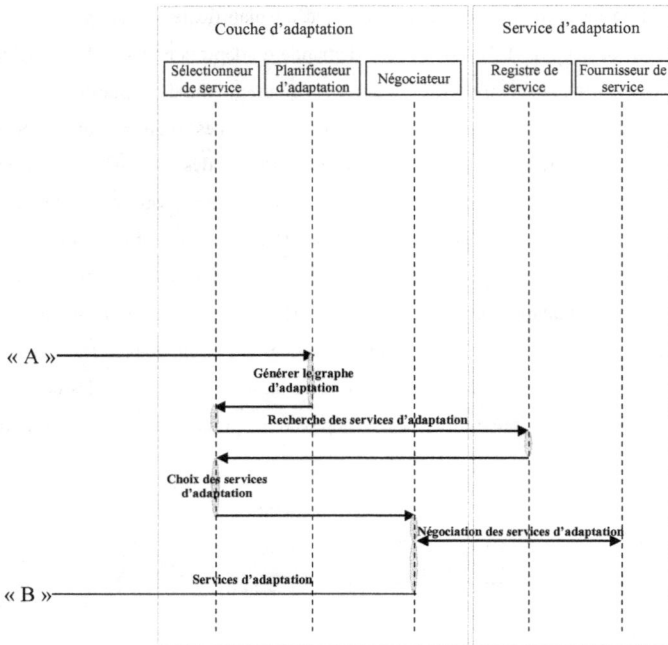

Figure 6.3.   Scénarios d'exécution et d'adaptation d'une application

La figure 6.3 montre les différentes étapes d'une application qui subit une modification lors de son exécution allant d'une adaptation à une reconfiguration. Cette figure montre les coopérations entre les différentes couches de la plate-forme, les communications entre les gestionnaires et les échanges de données et de services.

3.1. Couche Application

Le terme service est peut-être l'un des termes les plus utilisées et les plus ambigus dans l'industrie du logiciel [BAI04]. Habituellement, les services sont définis comme des fonctionnalités fournies par un système logiciel pour d'autres systèmes ou pour un utilisateur humain [SAS05]. Dans le contexte des SOA, les services sont fournis par des prestataires de service indépendants qui instancient un logiciel sur leurs ordinateurs et publient les services qu'il fournit en utilisant des mécanismes normalisés afin qu'ils puissent être découverts et liés dynamiquement aux composants qui en ont besoin. Un service est un

186

comportement défini par contrat qui peut être réalisé et fourni par tout composant pour être utilisé par tout autre sur la base unique du contrat [ZOH05].

L'adaptation nécessite la détection des changements de contexte, mais aussi le choix d'une configuration de l'application qui maintienne une qualité satisfaisante dans le nouveau contexte. Il est donc nécessaire de découvrir dynamiquement les services d'adaptation dès qu'ils sont utiles ainsi que leurs disparition afin d'assurer leur remplacement. Ce travail est assuré par la couche de configuration.

Le gestionnaire de QdS de chaque connecteur d'adaptation informe le gestionnaire de QdS de la couche de configuration de toute nécessité de changement de service d'adaptation en raison d'une indisponibilité ou d'une insuffisance.

3.2. Couche Configuration

Cette couche est composée d'un gestionnaire d'applications, de données qui décrivent le contexte (utilisateurs, logiciels, matériels) et d'une bibliothèque (composants et connecteurs).

Le gestionnaire d'applications est composé de quatre gestionnaires :

- Le gestionnaire de configurations fournit toutes les configurations possibles pour une application. Ainsi, il est capable de détecter les incompatibilités entre les composants d'une configuration (hétérogénéité au niveau des flux de données) en analysant les manifestes des composants qui contiennent des détails sur les Entrées/Sorties des composants.

  Un manifeste permet de décrire les composants selon un modèle abstrait (sans détail d'implémentation). Il permet de séparer la description abstraite de la fonctionnalité offerte par un composant ainsi que des détails concrets du composant tels que «comment» et «où» cette fonctionnalité est offerte et de décrire les données manipulées par les composants (type de données, format, contraintes temporelles – forte/faible -, etc.).

- Le gestionnaire de contextes assure la mise à jour du contexte lors de changements supervisés par le gestionnaire de QdS. Il fournit au gestionnaire de configurations les informations nécessaires sur l'environnement (utilisateur, logiciels, matériels). Par exemple pour une application Web : le type et la version du navigateur, le terminal de navigation, les préférences et caractéristiques physiques de l'utilisateur, etc. afin de mieux choisir la configuration et les composants.

- Le gestionnaire de QdS assure le contrôle et le suivi des applications en vérifiant les éventuels changements de contexte qui influencent le bon déroulement de l'application. Il coopère avec les gestionnaires de QdS au niveau de chaque connecteur d'adaptation.
- Le gestionnaire d'assemblages assure l'assemblage/réassemblage des composants et des connecteurs.

La figure 6.4 montre les phases de reconfiguration ou de changement de service d'adaptation dans le cas d'un changement de contexte. Après la détection d'un changement de contexte, la plateforme démarre l'activité de reconfiguration ou de changement de service d'adaptation selon la nécessité. Dans le cas d'une reconfiguration, il faut choisir les composants de la nouvelle configuration puis vérifier la cohérence de la configuration en utilisant l'approche MMSA [DER10]. Ensuite elle fait appel à la couche d'adaptation pour disposer des services nécessaires et les intégrer dans les connecteurs.

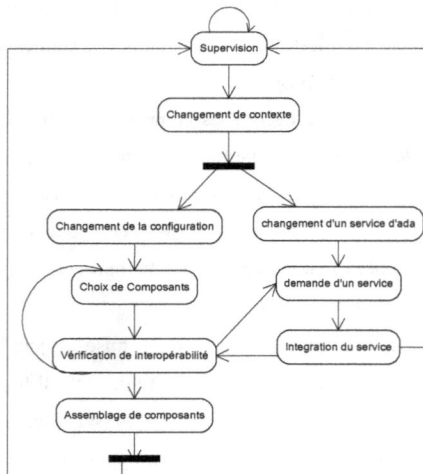

Figure 6.4.   Diagramme d'activité de la plateforme de configuration

188

3.3. Couche d'Adaptation

Cette couche est composée d'un gestionnaire d'adaptation et d'un ensemble de descripteurs de services, composants et connecteurs.

Le gestionnaire d'adaptations comporte trois composants :

- Le planificateur d'adaptation spécifie les adaptations demandées en matière de services d'adaptation. Ensuite, il consulte le registre de services à la recherche des services d'adaptation disponibles. Enfin, il construit un graphe d'adaptation dont les sommets représentent les services d'adaptation et les arcs les liens entre ces services.

Exemple : adaptation d'une vidéo d'une présentation orale dans une conférence en un fichier PDF.

Cette adaptation passe par plusieurs étapes : extraction du son, transmodage du son vers du texte, et transmodage du texte vers une image au format PDF. Ce qui fait en tout, trois services d'adaptation. En consultant le registre de service, nous pouvons trouver le graphe suivant :

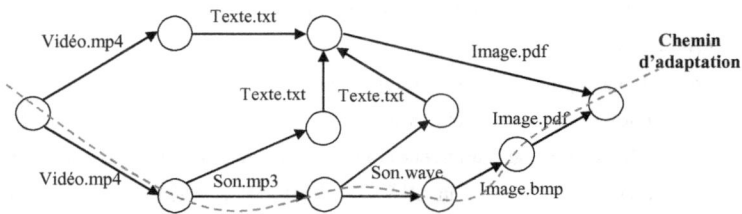

Figure 6.5. Graphe d'adaptation du Vidéo.mp4 vers Image.pdf

- Le sélectionneur de services assure la sélection du meilleur chemin d'adaptation à partir du graphe dans le cas où on trouve plusieurs services qui font la même chose. Pour cela, il affecte des valeurs de QdS statiques et calcul la qualité de chaque chemin d'adaptation.

Il existe deux types de qualité de service : statique et dynamique. La gestion de la QdS statique est assurée par un processus de choix entre plusieurs services fournissant différentes qualités, tandis que la gestion de la QdS dynamique est assurée par le connecteur d'adaptation qui manipule les paramètres du service d'adaptation afin de satisfaire au contexte d'exécution.

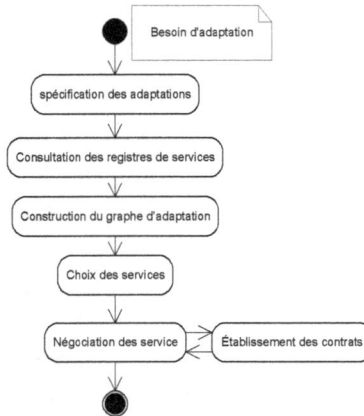

Figure 6.6.   Diagramme d'activité de la plateforme d'adaptation

- Le négociateur de services négocie avec les fournisseurs des services choisis et établit les contrats de services en utilisant le protocole SLA (Service Level Agreement).

Un concept de base pour les architectures orientées service est le contrat de service standardisé [ERL06] qui est utilisé pour exprimer les services. Les propriétés de QdS sont généralement négociées entre le fournisseur et le consommateur de service et sont décrites dans le cadre d'un contrat comme un SLA (Service Level Agreement). Un niveau de service est utilisé pour décrire la performance attendue (par exemple le temps de réponse et la disponibilité) et des propriétés telles que la facturation, les conditions de résiliation et les pénalités en cas de violation du SLA [DAN03]. Dans notre système on ne s'intéresse qu'aux performances attendues.

Exemple :

Les contrats de niveau de service peuvent contenir de multiples mesures de performances (du service) correspondant aux objectifs du niveau de service. Prenons, par exemple, l'adaptation des images, les paramètres que l'on mesure dans ce cas sont généralement :

- TA : (Temps d'Adaptation) : temps moyen d'exécution du service d'adaptation.

190

- TT : (Temps de Transfert) : temps moyen de transfert d'une image adaptée.
- QA : (Qualité d'adaptation) : pourcentage de qualité de la sortie par rapport à l'entrée.

Un SLA peut être créé après avoir sélectionné un niveau de service fixé parmi plusieurs offres prédéfinies ou, dans des cas plus complexes, après une personnalisation via un processus de négociation. Un SLA peut être valable pour une période limitée (adaptation d'un ensemble d'images par exemple) ou être résilié de manière explicite (fin d'une diffusion en direct par exemple). Au cours du SLA, le fournisseur surveille le service et adapte ses ressources pour éviter des violations de SLA. Le consommateur peut également effectuer la surveillance pour éviter de faire aveuglément confiance au fournisseur, ce qui est le cas dans notre plate-forme, grâce au gestionnaire de QdS au niveau de chaque connecteur.

Le Gestionnaire de négociation est responsable de la négociation et de la réalisation des contrats SLA avec les fournisseurs choisis par le Gestionnaire d'adaptation. Après établissement des contrats de services, le gestionnaire de QdS du connecteur d'adaptation prend le contrôle et la surveillance des services d'adaptation. Si le service d'adaptation n'arrive pas à satisfaire les besoins des composants liés par ce connecteur d'adaptation, ce dernier demande le changement de ce service auprès du gestionnaire de QdS de la couche de configuration.

Qualité de service dans CSC

L'introduction de données multimédia dans les systèmes ubiquitaires/pervasifs conduit à manipuler différents types de médias. Les services d'adaptation sont une solution pour résoudre le problème d'hétérogénéité qui représente l'un des défis majeurs de ces applications.

Selon le type de service envisagé, la qualité pourra résider dans le débit (téléchargement ou diffusion vidéo), le délai (pour les applications interactives ou la téléphonie), la disponibilité (accès à un service partagé), l'interopérabilité (compatibilité sémantique et technique des composants) ou encore le taux de perte de paquets (pertes sans influence pour de la voix ou de la vidéo, mais critiques pour le téléchargement). L'objectif est de créer les flexibilités nécessaires à l'organisation.

La QdS est la capacité d'un service à répondre aux exigences d'un composant. La difficulté est de mesurer précisément cette qualité de service. Il faut donc distinguer entre le service attendu (les besoins des composants), le service rendu et le service perçu. L'objectif de la qualité de service est de fournir des garanties sur la capacité d'un service à fournir des résultats prévisibles.

4.1. Métamodèle pour la qualité des adaptations

L'expression «adaptation de données» est composée des deux termes significatifs: «Adaptation» et «données». L'adaptation représente le service appliqué sur les données, leur qualité introduit un concept d'appréciation des objets désignés par le second terme. Le terme « données » représente la sortie d'un service d'adaptation c'est à dire les objets qui vont être appréciés.

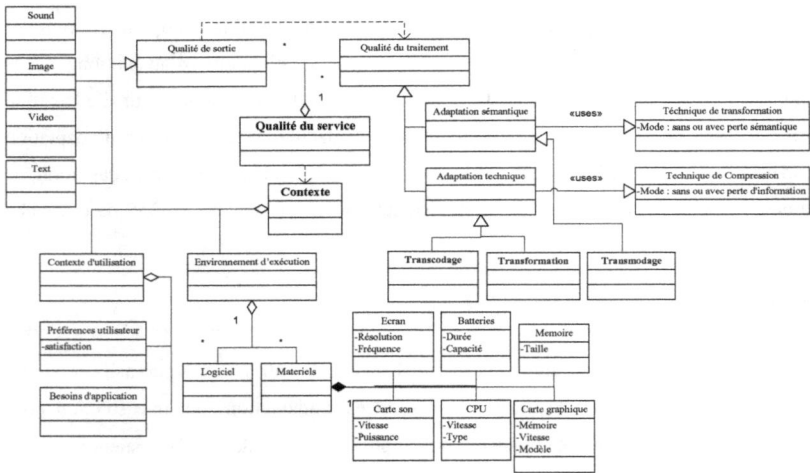

Figure 6.7.   Méta modèle pour la QdS des adaptations multimédia

La figure 6.7 présente le métamodèle de QdS pour l'adaptation des données multimédia dans des environnements pervasifs. L'évaluation de la QdS passe par une évaluation du service d'adaptation fournie par un composant et celle de la sortie de ce service. La

192

première dépend des caractéristique des services, tels que la flexibilité, le paramétrage, le temps d'exécution, les ressources, la portabilité, etc. La seconde est exprimée par un ensemble de caractéristiques telles que la résolution et la taille pour l'image, la vitesse et l'échantillonnage pour la vidéo, etc. La qualité de la donnée dépend donc de la qualité du service d'adaptation. La QdS dépend de l'environnement d'exécution qu'il soit matériel comme la mémoire, le CPU, l'écran, etc. ou logiciel comme le SE, la plateforme, l'application, etc. La QdS dépend aussi du contexte d'utilisation exprimé par les préférences des utilisateurs et les besoins des applications (calcul, affichage, détection, etc.). Les propriétés de qualité de la donnée sont relatives au type de média (texte, image, son, vidéo) et au format (jpeg, bmp, wave, etc.).

4.2. Données multimédia et modèles de qualité

La diversité des medias et de leurs caractéristiques, ainsi que leurs diverses utilisations laissent à penser que l'on a besoin de définir un modèle abstrait de qualité des données ainsi que des traitements liés à chaque type de média.

La qualité du traitement représente les caractéristiques du service d'adaptation. Une adaptation peut être assurée par divers services (voir figure 1.8), ces services fournissent la même donnée (même type et même format) avec des qualités différentes. Un service peut être composé de plusieurs services d'adaptation. Le choix du service d'adaptation dépend des autres facteurs (environnement d'exécution et contexte d'utilisation).

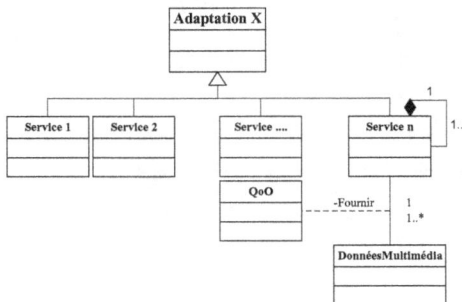

Figure 6.8.   Relation Service-Donnée-QdS

Par exemple le passage d'un format .bmp au format .jpeg est un traitement de compression avec perte qui emploie plusieurs techniques fournissant différentes qualités, selon les paramètres choisis (taux de compression, block de matrice, couleur, etc).

193

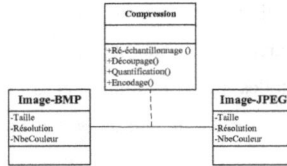

Figure 6.9. Transcodage « BMP » To « JPEG »

Pour bien choisir un service d'adaptation parmi ceux qui existent, il faut prendre en considération la qualité des traitements (vitesse, mémoire, CPU, etc.) et la qualité des sorties (résolution, taille, etc.).

4.3. Calcul et évaluation des QdS

Les données d'une application ont des relations entre elles et répondent à des règles de gestion implémentées dans les processus de traitement. De ce point de vue la qualité des données est semblable à la qualité d'une voiture (qualité du service de transport et confort de voyage) : elle ne dépend pas exclusivement de la qualité de chacun des composants mais doit prendre en compte, notamment, la qualité des assemblages (données, traitements et assemblages de services d'adaptation dans le cas d'une adaptation composée).

De manière générale, pour effectuer une mesure, il faut disposer de trois éléments :

- – Une définition précise, et complète, de l'objet à mesurer;
- – Une définition des critères qui servent à la mesure;
- – Un système de référence permettant, pour chacun des critères retenus, d'apprécier l'écart entre l'objet mesuré et la référence.
- • Pour calculer la qualité d'un service nous avons besoin de deux facteurs (α et β) qui sont fournis par le décideur (généralement c'est le concepteur). Ces deux facteurs correspondent au contexte (environnement, système, activité, etc.) en donnant la préférence aux traitements ou aux données. Par exemple pour une application de statistiques qui calcul le pourcentage de la zone verte dans une surface donnée, la préférence sera attribuée à la qualité des données, puisqu'on a besoin d'images de qualité. Un autre exemple est celle de la diffusion vidéo d'un match de football, dans ce cas on s'intéresse beaucoup aux traitements, puisqu'on cherche à augmenter la vitesse et minimiser l'occupation de la bande passante.

Soient QoS (Quality of Service), QoO (Quality of Output) et QoT (Quality of Treatment). Soient α et β deux coefficients attribués selon le contexte d'utilisation et l'environnement d'exécution respectivement à chaque service d'adaptation. La qualité de service est définie comme suit:

$0 < \alpha, \beta < 1$ $\alpha + \beta = 1$	$QoS = \alpha * QoO + \beta * QoT \,/\, \alpha + \beta$

Nous proposons que les deux facteurs soient inférieur à 1, afin d'avoir une qualité entre 0 et 1.

- Selon le descripteur de données (voir chapitre 5), une donnée peut avoir plusieurs mesures, pour une image par exemple : la taille, la résolution, les couleurs, la compression, etc. A chaque mesure est associé un facteur qui dépend de son importance par rapport à l'application. Par exemple pour une application d'extraction de connaissances ou de statistiques à partir d'une image, le facteur le plus important est la résolution (pour la donnée) et la compression sans perte (pour le traitement).

- Les paramètres d'un service permettent une manipulation adéquate des résultats de l'exécution de ce service. Un service est bon lorsqu'il offre plus de flexibilité à l'utilisateur pour la définition des valeurs de paramètres de calcul. Par exemple : un service qui fait de la compression de données peut avoir comme paramètre le taux de compression. D'autres mesures peuvent exister telles que le temps d'exécution, l'occupation mémoire, etc. La nécessité de chaque mesure détermine son coefficient qui dépend aussi du contexte.

La QoS calculée à partir de QoO et de QoT permet la comparaison entre des services de même type, ce qui offre un moyen de classer les services dans un tableau par QoS et par type. Ce tableau sera utilisé par la suite afin de choisir le meilleur service pour chaque type ou de choisir le service de remplacement pour d'éventuels changements.

Processus d'adaptation dans la plateforme CSC

Pour assurer l'auto-adaptation au niveau des applications, nous avons besoin de trois éléments complémentaires : la description, la supervision et l'adaptation.

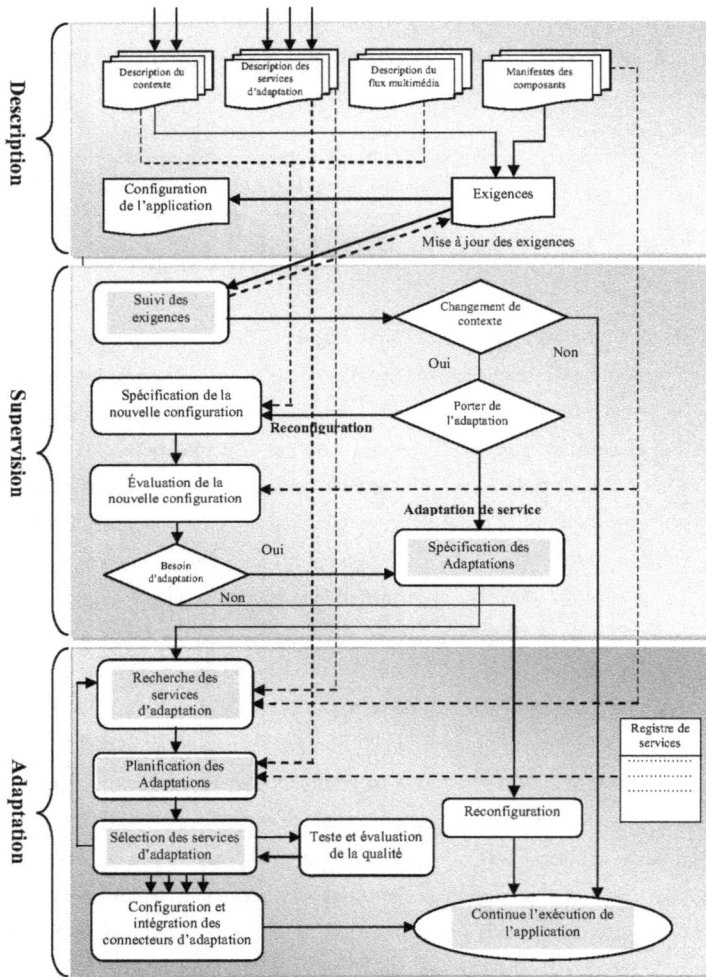

Figure 6.10.   Processus de configuration/reconfiguration

La figure 6.11 présente une vue fonctionnelle de la plateforme de configuration et d'adaptation. Cette vue est composée d'un ensemble de descripteurs et de fonctions. Les fonctions sont distribuées sur trois niveaux : Description, Supervision et Adaptation. Les descripteurs de contexte et les manifestes des composants fournissent les exigences de l'application en matière de composants et d'adaptateurs afin de trouver la bonne configuration de l'application. La supervision permet de suivre les changements du contexte et de mettre à jour les exigences de l'application. Ces changements peuvent influer sur la configuration. L'adaptation assure une reconfiguration de l'application prenant en considération le problème d'hétérogénéité des composants.

Le processus d'adaptation est une séquence d'étapes à suivre pour constituer les connecteurs d'adaptation qui seront utilisés pour assurer la communication entre les composants.

L'adaptation dynamique est le processus par lequel une application logicielle est modifiée afin de prendre en compte un changement [NBY02] que ce soit au niveau de l'environnement ou de l'application elle-même. Il s'agit d'un processus en six étapes. Il faut tout d'abord (1) observer l'environnement d'exécution, (2) décider de l'opportunité de l'adaptation et de la stratégie appropriée à la situation détectée puis (4) rechercher les services d'adaptation nécessaires et (3) planifier les actions à réaliser pour adopter la stratégie décidée, puis (5) sélectionner les services d'adaptation capables d'assurer l'adaptation demandée et enfin (6) réaliser les traitements décidés. La figure 6.12 présente un schéma explicatif de ce processus.

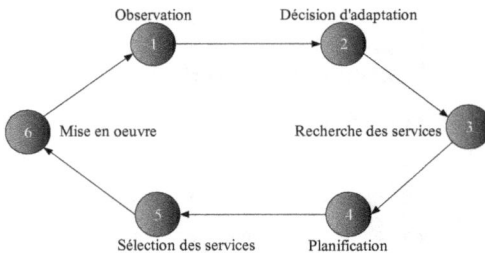

Figure 6.11.   Processus d'adaptation dynamique

Pour chaque phase d'adaptation, plusieurs techniques sont utilisées. Un résumé de ces techniques est présenté dans le tableau suivant :

Phases d'adaptations	Techniques utilisées
Observation	- Capteur (détecteurs) - Manuelle (observation) - Monitoring

Décision	- Systèmes de règles - Diagnostic basé sur un modèle - Optimisation sous contraintes - Modèles probabilistes - Apprentissage automatique
Recherche de services	- Notion de découverte de service, UDDI (Universal Description Discovery and Integration)
Planification	- Théorie des graphes - Réseau Pert - Diagramme de Gantt - Planification IA (Artificial Intelligence Planning)
Sélection des services	- Système de règles ; - Programmation logique ; - Recherche d'un chemin dans le graphe des adaptations.
Mise en œuvre	- Invocation du service SOAP (Simple Object Access Protocol) ; - Programmation par aspect ; - Programmation alternative. - Programmation par composant

TABLE 6.1. TECHNIQUES D'ADAPTATION

La phase de planification fournit un graphe d'adaptation constitué des services d'adaptation et des liaisons entre ces services et la phase de sélection fournit le chemin d'adaptation le plus adéquat. Dans ce qui suit nous essayons de détailler le rôle de ces deux phases.

5.1. Définition du graphe d'adaptation

Après spécification de l'adaptation demandée en utilisant MMSA, la plate forme d'adaptation consulte les services d'adaptation disponibles auprès du registre de service. Ensuite, elle construit un graphe contenant tous les services d'adaptation adéquats disponibles. Chaque service est représenté par l'ensemble de ses caractéristiques fonctionnelles et de ses E/S (type et format de donnée).

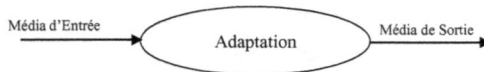

Un service d'adaptation accepte un seul média en entrée et fournit un seul média en sortie. L'assemblage des services d'adaptation produit un graphe d'adaptation, les services en constituent les nœuds et les E/S les arcs. Un service S1 ne peut être relié à S2 que si S1 fournit une donnée requise par S2 (même type et même format).

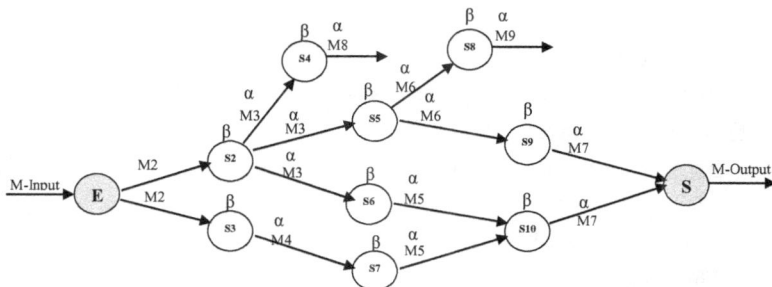

Figure 6.12.   Graphe de services d'adaptation

Chaque nœud du graphe représente un service « S » d'adaptation tandis que les arcs expriment les données « M_i » fournies/requises par les services. Les nœuds et les arcs sont étiquetés par les valeurs (α et β) fournies par le décideur via le gestionnaire de qualité de service selon le contexte d'utilisation et l'environnement d'exécution. Les entrées et les sorties représentent les flux multimédia échangés. Dans cet exemple, il existe trois chemins possibles : **ES2S5S9S**, **ES2S6S10S** et **ES3S7S10S** chaque chemin représente une possibilité d'adaptation.

Après la construction du graphe d'adaptation, nous avons besoin d'une optimisation du graphe en supprimant les chemins inutiles et les services dont on n'a pas besoin.

5.2. Optimisation du graphe d'adaptation

À partir de la construction de ce graphe d'adaptation, la génération du connecteur d'adaptation passe par plusieurs étapes :

- **Optimisation du graphe** : une adaptation peut correspondre à plusieurs chemins fournissant l'adaptation souhaitée. Cette phase permet de supprimer les chemins inutiles qui ne relient pas M-input à M-Output (ex: S4, S8), la suppression des cycles qui peuvent exister dans le graphe ainsi que la suppression des nœuds isolés (nœud qui n'est pas relié par son entrée ou sa sortie par un autre nœud).

Soit G l'ensemble des sommets du graphe, E et S représente respectivement les sommets d'entrée et de sortie.

199

```
Fonction Suppression_nœud_isolé
    Tantque il existe A ∈ {G-S} & A est isolé faire
    Supprimer A ;
    Fin Tantque
On appelle DS le premier sommet qui produit un cycle à partir du sommet E.
Fonction Suppression_cycle
    Tantque il existe un cycle dans G faire
    Supprimer DS ;
    Suppression_nœud_isolé ( ) ;
    Fin Tantque
```

Exemple :

Soit le graphe suivant : il existe un cycle en partant de E qui est E2541, et un nœud isolé qui est le 9. Ce graphe contient aussi 3 chemin d'adaptation qui sont : Chemin 1=E257S, Chemin 2 = E367S, Chemin 3 = E368S.

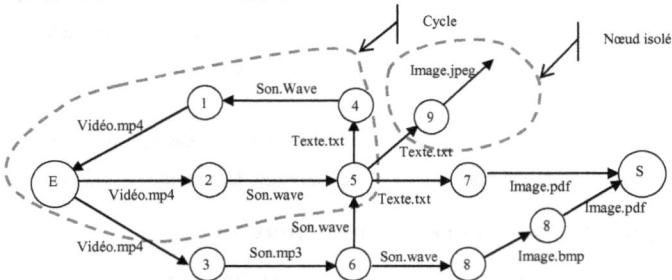

Après suppression des nœuds isolés et des cycles le graphe devient :

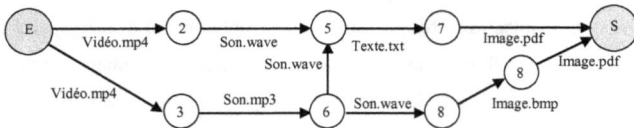

- **Calcul des poids des arcs et des nœuds du graphe** : Cette phase est assurée par le Gestionnaire de QdS qui calcul les poids des services « QoT » et les poids des données « QoO » à partir d'un ensemble de critères qui dépendent des traitements (taux de compression, temps d'exécution, fiabilité, flexibilité, etc.) et des données (taille, résolution, etc.).

200

5.3. Choix du chemin d'adaptation

Afin de choisir le chemin d'adaptation qui est constitué d'un ensemble de services, la qualité de service doit être calculée pour chacun des services au niveau de chaque nœud afin de choisir le meilleur service pour chaque nœud. Ensuite, chaque chemin d'adaptation sera évalué en fonction de la QdS des services d'adaptation.

5.3.1. Calcul de QdS et choix de services d'adaptation

Pour bien comprendre nous allons travailler sur l'exemple suivant :

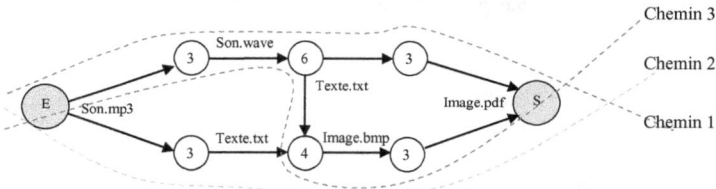

Chaque nœud du graphe représente un service d'adaptation, la valeur au niveau de chaque nœud représente le nombre de services existant pour l'adaptation assuré par ce nœud.

La première étape consiste à calculer la qualité de service pour chaque service au niveau de chaque nœud afin de choisir le meilleur service représentant le nœud, et ensuite, les classer dans un tableau comme suit :

Service d'adaptation	Mp3 vers Wave		Mp3 vers Text		Wave vers Text		Text vers Pdf		Text vers Bmp		Bmp vers Pdf	
	Num	QdS	Num	QdS	Num	QdS	Num	QdS	Num	QdS	Num	QdS
Les services qui existent	S1	...	S1	...	S1	...	S1	...	S1	...	S1	...
	S2		S2		S2	...	S2	...	S2		S2	...
	S3	...	S3	...	S3	...	S3	...	S3		S3	...
					S4	...			S4	...		
					S5	...						
					S6	...						

Afin de faire le choix d'un service au niveau de chaque nœud, nous avons besoin d'une méthode de calcul multicritère, pour calculer la QoO et la QoT et enfin la QoS.

Pour calculer la QdS au niveau de chaque nœud (service + donnée), nous faisons la moyenne pondérée de QoO et de QoT dans laquelle α et β correspondent à leurs poids respectifs. Pour la QoO et la QoT nous avons utilisé l'intégrale du Choquet. Le Gestionnaire de QoS défini les critères pour chaque service, chaque donnée et les

201

coefficients selon le contexte. Il applique ensuite l'intégrale de Choquet sur ces coefficients et les valeurs de ces critères.

La moyenne pondérée est la <u>moyenne</u> d'un certain nombre de valeurs affectées de coefficients.

- En <u>statistiques</u>, considérant un ensemble de données,
$$X = \{x_1, x_2, \ldots, x_n\},$$
- et les <u>poids</u> non-négatifs correspondants,
$$W = \{w_1, w_2, \ldots, w_n\},$$
- la moyenne pondérée $\bar{x}$ est calculée suivant la formule :

$$\bar{x} = \frac{\sum_{i=1}^{n} w_i x_i}{\sum_{i=1}^{n} w_i} \text{ , \underline{\textbf{quotient de la somme pondérée des xi par la somme des poids;}}}$$

L'intégrale du Choquet peut être utilisée pour la construction d'un modèle de préférence agrégé d'un service d'adaptation.

$$\prod_{ai}^{p} = \begin{pmatrix} y_{i1}^1, & y_{i2}^1, \ldots, y_{ii}^1, \ldots, y_{in}^1 \\ y_{i1}^2, & y_{i2}^2, \ldots, y_{ii}^2, \ldots, y_{in}^2 \\ \ldots\ldots\ldots\ldots\ldots\ldots\ldots\ldots\ldots\ldots \\ y_{i1}^p, & y_{i2}^p, \ldots, y_{ii}^p, \ldots, y_{in}^p \end{pmatrix}$$

En utilisant l'intégrale de Choquet comme opérateur d'agrégation de préférences, chaque service construit son vecteur de préférences agrégé

$$\prod_{ai} = (Xij) \text{ comme suit : } X_{ij} = \sum_{1 \le k \le p} (y_{ij}^k - y_{ij}^{k+1}) \mu(E_k) = C_\mu(y_{ij}^1, \ldots, y_{ij}^p)$$

- $\forall a_i, a_j \in A, \forall y_{ij}^k$ est un élément de $\prod_{ai}^{p}$ (i,j=1,......n)(k=1,......p) avec $y_{ij}^{p+1} = 0$

- $E_k \subseteq D$, tel que : $|E_1|=1,\ldots,|E_p|=p.$

- $\mu(E_k)$ est la mesure de pouvoir ou le poids défini par le concepteur pour un sous ensemble de critère .

Pour appliquer l'intégral de Choquet, chaque service Si effectue un classement de ses valeurs de préférences par rapport à chacun des critères. Il construit ainsi une suite décroissante de ses préférences pour chacun des services.

La qualité de service est calculée selon la formule suivante :

$$QoS = (\alpha * QoO + \beta * QoT) / \alpha + \beta$$

La QoO et la QoT sont calculées à partir du tableau des capacités et des poids par application de l'intégrale de Choquet : $QoO / QoT = \sum_{1 \leq k \leq p}(C_{ij}^{k} - C_{ij}^{k+1})\mu(E_k)$

	Taux de compression	Temps d'exécution	flexibilité	énergie	charge	...
Service (Traitement)	C1	C2	C3	...	...	...
Coefficients	P1	P2	P3	...	...	...
	Taille	Résolution	Nbr-Couleur	T-compression		...
Donnée (Sortie)	C1	C2	C3	...	...	...
Coefficients	P1	P2	P3	...	...	...

Après le calcul de la qualité de chaque service, nous choisissons un service pour chaque nœud dans le graph, et nous passons au calcul des chemins d'adaptation afin de pouvoir comparer et choisir le meilleur chemin d'adaptation.

Exemple

Dans cet exemple nous allons travailler sur le service (BmpToPdf) qui permet le transcodage d'une image Bmp vers une image en format Pdf. Le graphe précédant montre bien qu'il existe 3 services d'adaptation qui font ce travail ce qui nous oblige à en choisir un parmi les trois afin de pouvoir passer à la deuxième étape.

Puisqu'il existe plusieurs critères d'évaluation et de comparaison entre les services d'adaptation, nous avons besoin d'une méthode de calcul multicritères, notre choix s'est porté sur l'intégrale du Choquet qui donne des résultats plus efficaces que la moyenne pondérée.

Pour l'évaluation des traitements nous avons choisi les critères suivants : T1=temps, T2=énergie, T3=charge.

Pour l'évaluation des sorties nous avons choisi les critères suivants : O1=taille, O2=résolution, O3=taux-compression.

1. **QoT :**

On suppose que les poids des trois critères Ti (temps, énergie et charge) considérés individuellement et collectivement (prenant en compte les relations de dépendance entre ces critères) sont les suivants:

{}	0.00	{1,2}	0 .5
{1}	0.45	{1,3}	0.9
{2}	0.45	{2,3}	0.9
{3}	0.30	{1, 2, 3}	1.00

$\mu(temps) = 0.45$, $\mu(énergie) = 0.45$, $\mu(ch\arg e) = 0.3$, $\mu(temps, énergie) = 0.5$,

$\mu(temps, ch\arg e) = 0.9$, $\mu(ch\arg e, énergie) = 0.9$, $\mu(temps, ch\arg e, énergie) = 1$

Pour calculer le modèle de préférences agrégé à partir de son modèle multidimensionnel, l'intégrale de Choquet trie les préférences et construit, pour chaque service, une suite décroissante de ses préférences par rapport à chacun des critères T1, T2, T3. Il obtient ainsi trois suites de valeurs :

Pour S1 (0.18, 0.16, 0.10)

Pour S2 (0.18, 0.12, 0.10)

Pour S3 (0.15, 0.15, 0.14)

Par application de l'intégrale de Choquet, le calcul du modèle de préférence agrégé pour le service S2 se fait comme suit : X_{42} = (

$y_{42}^1 - y_{42}^2)\mu(E_1) + (y_{42}^2 - y_{42}^3)\mu(E_2) + (y_{42}^3 - y_{42}^4)\mu(E_3)$.

X_{41} = (0.18-0.16)*0.45+ (0.16-0.10)*0.5+ (0.10-0)*1=0.139

X_{42} = (0.18-0.12)*0.3+ (0.12-0.10)*0.9+ (0.10-0)*1=0.136

X_{43} = (0.15-0.15)*0.45+ (0.15-0.14)*0.9+ (0.14-0)*1=0.149

Service (i)	S_1	S_2	S_3
Préférence (T_1)	0.18	0.10	0.15
Préférence (T_2)	0.16	0.12	0.15
Préférence (T_3)	0.10	0.18	0.14
Intégral de Choquet	0.139	0.136	0.149
Moyenne pondérée	0.153	0.128	0.146

TABLE 6.2. EVALUATION DES PREFERENCES DE SERVICE (TRAITEMENT) EN UTILISANT L'INTEGRALE DE CHOQUET COMME OPERATEUR D'AGREGATION DES PREFERENCES.

L'opérateur de moyenne pondérée a fait apparaître, sur cet exemple, le service S1 comme étant le meilleur alors qu'il est mauvais par rapport à la $3^{\text{éme}}$ dimension. Tandis que l'application de l'intégrale de Choquet sur l'exemple nous donne le service S3 comme le meilleur choix pour l'adaptation demandée.

2. QoO

On suppose que les poids des trois critères Oi (taille, résolution, taux-compression) considérés individuellement et collectivement (prenant en compte les relations de dépendance entre ces critères) sont les suivants:

{}	0.00	{1,2}	0 .67
{1}	0.50	{1,3}	0.84
{2}	0.50	{2,3}	0.50
{3}	0.34	{1, 2, 3}	1.00

S1 <- c (0.19, 0.18, 0.15)

S2 <- c (0.15, 0.18, 0.19)

S3 <- c (0.15, 0.18, 0.11)

Par l'application de l'intégrale de Choquet, le calcul du modèle de préférence agrégé pour les trois services se fait comme suit :

(0.19-0.18) 0.34 + (0.18-0.15) 0.84 + (0.15) 1 = 0.179
(0.19-0.18) 0.34 + (0.18-0.15) 0.50 + (0.15) 1 = 0.168
(0.18-0.15) 0.50 + (0.15-0.11) 0.67 + (0.11) 1 = 0.152

Service (i)	S_1	S_2	S_3
Préférence (O_1)	0.18	0.15	0.15
Préférence (O_2)	0.15	0.18	0.18
Préférence (O_3)	0.19	0.19	0.11
Intégral de Choquet	0.179	0.168	0.152
Moyenne pondérée	0.171	0.171	0.151

TABLE 6.3. EVALUATION DES PREFERENCES DE SERVICE (SORTIE) EN UTILISANT L'INTEGRALE DE CHOQUET COMME OPERATEUR D'AGREGATION DES PREFERENCES.

Dans le tableau on voit que l'utilisation de l'intégrale de Choquet permet de ne sélectionner qu'un seul service. Alors que la moyenne pondérée en a désigné deux.

3. QoS

Après le calcul de la QoT et la QoO de chaque service, nous pouvons maintenant calculer la QoS qui représente la moyenne pondérée des deux qualités.

$$QoS = (\alpha * QoO + \beta * QoT) / \alpha + \beta$$

On suppose que les poids des coefficients α et β sont respectivement 0.40 et 0.70, la QoS de chaque service est calculée dans le tableau suivant :

Service (i)	S_1	S_2	S_3
QoT	0.139	0.136	0.149
QoO	0.179	0.168	0.152
QoS	0.164	0.156	0.151

Après avoir calculé la QoS de chaque service nous pouvons classer les services d'adaptation selon la meilleure qualité. En cas d'égalité entre services d'adaptation nous choisissons celui qu'il a la plus grande qualité pour le plus grand coefficient (entre α et β). Enfin, chaque nœud dans le graphe sera représenté par un seul service et il ne reste qu'à choisir le chemin le plus approprié.

5.3.2. QdS des chemins d'adaptation

Pour calculer le chemin d'adaptation le plus approprié parmi ceux qui existent, on applique une agrégation multicritères selon la moyenne pondérée. Son application permet d'avoir le meilleur chemin entre ceux qui existent, en termes de qualité, par rapport à tous les services pouvant constituer le connecteur d'adaptation. Le tableau suivant montre comment choisir un chemin d'adaptation :

Service\ Chemin (i)	S-choix1	S-choix2	S-choix 3	S-choix 4	Agrégation moyenne pondérée
Chemin 1	0,18	0,16	0,11	-	0,150
Chemin 2	0,14	0,15	0.164	-	0,153
Chemin 3	0,14	0,15	0,15	0.164	0,151

Ce qui donne le chemin 2 comme étant le meilleur chemin d'adaptation par apport aux autres chemins. A la fin de cet exemple, l'intégrale de Choquet peut être vue comme le moyen le plus simple pour étendre à des alternatives quelconques le raisonnement d'un décideur sur des alternatives binaires.

Synthèse

La plate-forme CSC est une plate-forme d'exécution et d'adaptation des applications multimédia basées composants, elle assure l'adaptation des applications au contexte en proposant en premier lieu des connecteurs d'adaptation pour gérer les changements provoqués par un changement du contexte et, en second lieu, une reconfiguration de l'application qui tient compte du nouveau contexte et qui utilise l'approche MMSA pour valider la nouvelle configuration.

La solution proposée est une plate-forme d'adaptation collaborative et distribuée qui, à partir d'une abstraction des composants appelée manifeste, arrive à détecter les points d'incompatibilité entre deux composants voisins selon l'approche MMSA. Ensuite, elle construit des variantes de connecteurs à partir des services d'adaptation fournis par l'environnement collaboratif. Ensuite, elle permet de choisir et d'intégrer ces variantes dans des connecteurs dits d'adaptation. Enfin, assurer l'assemblage/réassemblage de composants et de connecteurs d'adaptation qui peuvent dynamiquement sélectionner et exécuter la bonne variante (gestion de QdS). En utilisant ce processus de conception et d'adaptation, notre système reste cohérent.

Généralement la méthode utilisée pour choisir le chemin d'adaptation approprié est la somme pondérée mais, dans notre cas, les critères n'ont pas la même importance et leur combinaison revêt également un degré d'importance. Grabisch [MAR00, GRA06] a prouvé l'insuffisance de la somme pondérée dans l'aide à la décision multicritère et a prouvé que l'intégrale de Choquet est plus efficace. C'est pourquoi nous avons opté pour cette méthode afin de choisir le meilleur chemin d'adaptation.

Pour calculer le chemin d'adaptation le plus approprié parmi ceux qui existent, nous avons appliqué une agrégation multicritères selon l'intégrale de Choquet. Son application permet d'obtenir un service d'adaptation équilibré, en termes de qualité, par rapport à tous les critères constituant ce service d'adaptation. Un deuxième avantage de l'intégrale de Choquet par rapport à la moyenne pondérée est la résolution des conflits en cas d'égalité des valeurs. En effet, elle permet de résoudre ce problème avec l'utilisation d'une information préférentielle qui permet la mise en place d'une priorité entre les services d'adaptation.

Conclusions & Perspectives

Les systèmes d'information d'aujourd'hui sont de plus en plus pervasifs, ils intègrent des appareils hétérogènes en fonction des caractéristiques matérielles (écran, mémoire, processeur, etc.) et des caractéristiques logicielles (système d'exploitation, protocole de communication, besoins des usagers, etc.). Avec la tendance vers le tout multimédia, un autre problème d'hétérogénéité apparaît, celui dû à la diversité des médias (image, texte, son, vidéo) et de leur caractéristiques. Ainsi les limitations des appareils dans les environnements pervasifs a soulevé un problème de non interopérabilité entre les composants dans ces environnements ce qui nécessite des adaptations. Ces adaptations sont complexes à anticiper puisque, par nature, elles dépendent de l'assemblage en cours de déploiement mais également des hôtes sur lesquels les données sont exploitées.

La réflexion sur le problème d'hétérogénéité doit être faite à tous les niveaux de la conception des systèmes pervasifs. Dans ce livre nous avons mis l'accent sur deux aspects. Le premier concerne l'architecture de ces systèmes et vise à trouver les meilleures configurations possibles pour résoudre le problème d'hétérogénéité entre les composants multimédia des applications. Le deuxième est fonctionnel, il assure l'adaptation dynamique des composants utilisés en fonction des terminaux, tels que les ordinateurs portables, assistants personnels, téléviseurs, téléphones cellulaires, PDA, capteurs, etc., ainsi que le suivi de la QdS d'adaptation et le suivi des changements du contexte.

1. Rappel des principaux manques constatés dans l'état de l'art

L'état de l'art a été divisé en deux parties. La première partie parle de l'hétérogénéité dans les architectures basées composants, plus précisément au niveau de l'échange de données entre composants. La deuxième partie porte sur les architectures d'adaptation des données multimédia dans des environnements sensibles au contexte et les architectures qui permettent aux applications de s'auto-adapter par rapport aux changements du contexte.

Les systèmes informatiques sont souvent composés de composants hétérogènes fournissant des fonctionnalités aux interactions complexes. Les architectures logicielles à base de composants présentent l'intérêt de permettre le raisonnement sur des systèmes logiciels complexes à un niveau abstrait, c'est-à-dire en faisant abstraction des détails de conception et d'implantation. Les propriétés fonctionnelles et/ou non fonctionnelles peuvent concerner des composants assemblés dans les architectures ou bien les assemblages eux-mêmes. Elles couvrent aussi bien les aspects dynamiques que structurels des applications. Nous nous plaçons à un niveau plus haut, dans lequel l'architecture est une description abstraite et modulaire du système. A ce niveau, l'architecture est perçue comme une collection de composants (au sens d'entités logicielles), une collection de connecteurs (pour décrire les interactions entre composants) et de configurations, c'est-à-dire des assemblages de composants et de connecteurs. L'accent est mis sur la modularité, qui est un critère important pour la réutilisabilité, la fiabilité, l'adaptabilité et l'évolutivité du logiciel.

Des ADL (Architecture Description Language) sont utilisés pour spécifier ces architectures. Medvidovic [MED00] a essayé de présenter la différence entre un ADL et une spécification formelle. [CLE96, BAR05] ont présenté un aperçu sur les ADL. De même, les types de connecteurs ont été étudiés par Mehtan [MEH00] qui a présenté une taxonomie permettant la prise en charge des propriétés non-fonctionnelles par des connecteurs de plusieurs catégories (communication, sécurité, conversion, facilitation, coordination, interaction). Les modèles couvrent tout ou partie des besoins en termes de langage, de sémantique et d'outils. Dans [MEH00] les auteurs relèvent des insuffisances pour la spécification des propriétés non-fonctionnelles des systèmes, un manque de fondement sémantique pour l'expression des contraintes et du raffinement (composant, connecteur et configuration), un manque d'outils pour la reconfiguration et l'évolution et un manque dans les spécifications (manifestes) des éléments de l'architecture afin de détecter la non interopérabilité comportementale (sémantique) entre ces éléments. Cette non interopérabilité est la conséquence de l'utilisation des données multimédia de plusieurs type (image, son, vidéo, texte) et de plusieurs format (exemple pour l'image : BMP, JPEG, PNG, etc.).

Les recherches existantes sur le développement à base de composants ont surtout porté sur la structure des composants, les interfaces et les fonctionnalités de ces derniers. Le domaine de l'architecture logicielle traite, entre autre, de l'importance significative des interactions des composants, y compris la notion de connecteurs logiciels. Si les travaux sur l'assemblage des composants ne manquent pas, peu d'approches considèrent l'hétérogénéité des interactions en matière de types et de formats des données manipulées permettant d'assurer la compatibilité technique et sémantique des échanges. Si beaucoup de problèmes d'hétérogénéité ont été réglés avec les architectures basées composants, comme l'hétérogénéité des canevas, l'hétérogénéité des ADL, l'hétérogénéité des protocoles de communication, etc. peu de travaux ont parlé de l'hétérogénéité des flux de données échangés entre les composants d'une application.

Dans le contexte d'adaptation de contenus, plusieurs projets de recherche récents proposent des architectures d'adaptation multimédia telles que l'architecture basée Wrapper proposé par Metso [MET01], MAPS [LIE03], DCAF [HAG06], M21 [VET04], APPAT [LAP05], NAC [LAM04, LAY05] et PAAM [ZAK08], s'inspirant d'un modèle P2P amélioré, étant en cela comparable à l'approche que nous proposons. La plupart de ces architectures ne gèrent pas dynamiquement les adaptateurs, notamment leurs éventuelles disparitions. Le passage à l'échelle, l'évolutivité, la versatilité et la robustesse représentent les limitions de ces architectures.

Dans le contexte d'auto-adaptation, beaucoup de plateformes ont été réalisées comme : ASG [KUR08], VieDAME [MOS08], CARISMA [CAP03], MUSIC [ROM09] et SAFRAN [DAV05]. Ces projets tentent à rendre les applications plus autonomes afin de s'adapter automatiquement au changement du contexte. Les adaptations proposées dans ces projets portent surtout sur les reconfigurations ou les réassemblages qui tendent à trouver des solutions pour remplacer des composants ou des services ou pour modifier leurs attachements ou interfaces. Parmi les désavantages de ces projets, on peut citer l'insuffisance des paramètres de choix au niveau du processus d'adaptation et la dépendance des applications aux intermédiaires en termes de contrôle de QdS et d'adaptation, ce qui rend la décentralisation impossible.

2. Bilan

Nos travaux de recherche s'intéressent à la proposition de mécanismes d'adaptation à un niveau abstrait, ce qui permet de régler le problème d'hétérogénéité au niveau des configurations et des assemblages de composants. Ceci afin de permettre la vérification de l'une des propriétés non fonctionnelles des composants, celle de l'interopérabilité, en se basant sur les adaptations de données échangées et la fourniture d'adaptateurs pour les composants hétérogènes.

Dans la première partie de ce livre, nous avons travaillé sur la problématique de l'hétérogénéité des données multimédia. Cette hétérogénéité qui touche l'interopérabilité des composants au moment de l'exécution de l'application doit être prise en compte à un niveau architectural afin d'anticiper la proposition des solutions d'adaptation et de permettre la résolution du problème. Pour cela nous avons proposé :

1. MMSA *(Meta-model for MultiMedia Software Architecture)* pour décrire l'architecture logicielle basée composants multimédia. MMSA est fondé sur la définition de quatre types d'interfaces selon le type de flux de données (son, vidéo, texte, image) et d'une stratégie d'adaptation des flux multimédia à trois niveaux (type, format, propriété). Le méta-modèle qui a été proposé permet d'atteindre les objectifs suivants :

   - Assurer un niveau d'abstraction élevé pour les connecteurs afin de les rendre plus génériques, plus réutilisables et reconfigurables ;
   - Prendre en compte la sémantique des liens de communication entre composants afin de détecter les points d'hétérogénéité et d'insérer des connecteurs d'adaptation en ces points ;
   - Favoriser la gestion et le maintien de la qualité de service en donnant la possibilité d'ajouter, de supprimer et de substituer des services d'adaptation selon les besoins.

MMSA est un méta-modèle générique qui permet la description des architectures logicielles tout en intégrant les concepts de multimédia. Ceci nous a permis de présenter de façon séparée les paramètres des flux multimédia en raison du fait qu'ils revêtent un aspect très important des configurations et des assemblages de composants.

La contribution de MMSA se situe dans un contexte de description par niveau d'abstraction intégrant de façon séparée les préoccupations fonctionnelles et non fonctionnelles des composants. Ceci permet d'assurer une qualité d'assemblage des composants à partir des adaptations assurées par des connecteurs ainsi qu'une qualité de service d'adaptation. Les points forts de MMSA sont la prise en compte de l'aspect multimédia et la séparation entre l'aspect fonctionnel et non fonctionnel des composants.

2. Pour mettre à la disposition des utilisateurs d'UML les concepts et les mécanismes sous-jacents issus des ADL, nous avons proposé un profil spécifique aux applications multimédia. Ainsi nous avons proposé des règles permettant de traduire une

architecture MMSA en une architecture UML2.0. Ceci ouvre des perspectives liées à la vérification formelle des architectures MMSA.

Nous avons défini un profil UML 2.0 pour le méta modèle MMSA. La transition vers un profil UML a été assurée par les mécanismes d'extension fournis par UML 2.0 afin d'améliorer la vérification de la cohérence des configurations engendrées par MMSA. Le profil UML contient un ensemble de stéréotypes dont toutes les valeurs sont marquées et les contraintes OCL sont exprimées.

3. Dans l'objectif d'appliquer efficacement notre approche, nous avons développé un outil support à MMSA. Le profil UML 2.0 pour MMSA a été implémenté dans IBM Rational Software Modeler pour Eclipse 3.1. Cet outil de modélisation visuel soutient la création et la gestion des modèles UML 2.0 pour les applications logicielles, indépendamment de leur langage de programmation et fournit un langage commun pour décrire la sémantique formelle du langage OCL.

Dans la deuxième partie de ce livre nous avons travaillé sur les stratégies et les processus d'adaptation au cours de l'exécution des applications. Comme nous l'avons vu dans le chapitre 4 les approches d'adaptation peuvent être classées selon le lieu de l'adaptation. Ainsi les adaptations peuvent être qualifiées comme des réassemblages ou des reconfigurations basées sur le remplacement ou la suppression de composants ou comme des traitements qui touchent les paramètres des services ou les interfaces des composants.

1. Nous avons proposé des descripteurs de traitements et de données qui sont : un descripteur pour les données multimédia (image, texte, son, vidéo), un descripteur pour le contexte incluant l'utilisateur et l'environnement, un descripteur des services d'adaptation qui permet la sélection des services nécessaires à une adaptation et un descripteur (manifeste) des composants qui prend en considération la dimension multimédia et qui permet un meilleur assemblage et une meilleure configuration des composants ;

2. Nous avons proposé une plate-forme d'adaptation des applications multimédia. Cette plate-forme permet d'assurer la reconfiguration dynamique de l'application, la détection de l'hétérogénéité inter-composant, la négociation et la gestion de QdS, le choix des services d'adaptation, la découverte dynamique de changements de contexte, la

213

supervision de l'exécution de l'application ainsi que la détection des violations de services.

3. Perspectives

Notre travail ouvre des perspectives scientifiques à court et à long terme. Nous soulignons à présent les perspectives qui nous semblent pertinentes pour l'évolution des propositions réalisées.

Notre proposition peut servir de support au développement des applications de gestion des ressources numériques (DAM : Digital Asset Management). Ce type d'application manipule une grande variété de médias et communique avec les utilisateurs à travers diverses plateformes (téléphones portables, PDA, ordinateurs de bureau ou portables, etc.). MMSA peut apporter une solution efficace au développement des DAM dans les parties : acquisition, traitement, distribution et utilisation du contenu. Il permet de résoudre les problèmes d'incompatibilité au niveau de l'architecture par l'injection de connecteurs d'adaptation et au niveau de l'exécution par la gestion de la QdS et la reconfiguration de ces connecteurs.

Une autre perspective est l'extension du métamodèle pour la prise en compte d'autres préoccupations non-fonctionnelles liées à la communication entre composants et à la sécurité des échanges de données multimédia. Cette extension a besoin de définir d'autre concepts et relations pour permettre la détection du besoin de sécurité au niveau conceptuel afin de proposer les mécanismes et les services nécessaires pour assurer ce nouveau besoin.

Un autre point est la proposition et l'intégration des mécanismes permettant la manipulation et l'adaptation des documents multimédia composés qui nécessitent un effort supplémentaire d'analyse des descriptions du document composé et sa reconstruction en tenant compte de la synchronisation temporelle et/ou de l'organisation spatiale des médias élémentaires composant ce document.

D'autres travaux futurs concernent le déploiement de CSC à très large échelle et la réalisation de tests visant à vérifier la satisfaction des besoins en termes d'adaptation et d'interopérabilité.

Pour conclure, nous envisageons, à plus long terme, d'étendre MMSA pour qu'il soit générique et pour qu'il intègre la majorité des préoccupations non-fonctionnelles.

Liste des publications

Publications dans des revues internationales avec comité de lecture

- **Makhlouf Derdour**, Philippe Roose, Marc Dalmau, Nacira Ghoualmi Zine - *An adaptation platform for multimedia applications - CSC (Component, Service, Connector)* - Journal of Systems and Information Technology - Vol. 14, Issue 1 - (Mars 2012) - ISSN: 1328-7265 - (Rate 15%)
- **Makhlouf Derdour, Marc Dalmau, Philippe Roose, Nacéra Ghoualmi Zine - *Typing of Adaptation Connectors in MMSA Approach Case Study: Sending MMS* - International Journal of Research and Reviews in Computer Science (IJRRCS), ISSN: 2079-2557 - 12/2010.**
- **Makhlouf Derdour**, Nacéra. Ghoualmi Zine, Philippe Roose, Marc Dalmau, A. Alti - *UML-Profile for Multimedia Software Architectures* - International Journal of Multimedia Intelligence and Security (IJMIS) Inderscience Publishers, Vol. 1, No. 3, pp. 209-231, 2010.
- **Makhlouf Derdour, Philippe Roose,** Marc Dalmau, Nacéra Ghoualmi Zine, Adel Alti - *MMSA: Metamodel Multimedia Software Architecture* - Advances in Multimedia, Hindawi Ed. - vol. 2010, Article ID 386035, 17 pages, 2010. doi:10.1155/2010/386035.

Publications dans des revues nationales avec comité de lecture

- **Makhlouf Derdour, Philippe Roose**, Marc Dalmau, Nacéra Ghoualmi Zine, Adel Alti - *Une approche pour les architectures logicielles à composants multimédia* - Revue I3 Vol. 10 N. 2, pp. 67-92 - 2010.
- **Makhlouf Derdour, Philippe Roose**, Marc Dalmau, Nacira Ghoualmi-Zine, Adel Alti - *Vers une architecture d'adaptation automatique des applications reparties basées composants* - CAL 2010 - pp. 1-14, RNTI L-5 - ISSN : 174.1667 - ISBN : 978.2.85128.930.5 - March 2010, Pau, France.

Conférences internationales avec comité de lecture

- **Makhlouf Derdour,** Philippe Roose, Marc Dalmau, Nacira Ghoualmi - *CSC (Composant, Service, Connecteur) Une plateforme d'adaptation pour applications multimédia* - 11th Conférence internationale sur les Nouvelles Technologies de la Répartition (Notere 2011) - Paris, May 9-12, 2011.
- Alti Adel, Bookerram Abdellah, **Makhlouf Derdour, Roose Phillipe** - *Context-aware Quality Model Driven Approach* - Notere 2010 (10th annual international conference on New Technologies of Distributed Systems) - 31/05-02/06 - Tozeur - Tunisia.
- **Makhlouf Derdour**, Nacira Ghoualmi-Zine, Philippe Roose, Marc Dalmau - *Toward a dynamic system for the adaptation multimedia fluxes in the P2P architectures* - The Fifth International Symposium on Frontiers of Information Systems and Network Applications (FINA), helded in the IEEE 23rd International Conference on Advanced Information Networking and Applications (AINA-09), ISSN : 978-0-7695-3639-2/09. DOI 10.1109/WAINA.2009.28, pp 67-72.

- **Makhlouf Derdour, Philippe Roose,** Marc Dalmau, Nacéra Ghoualmi Zine, Adel Alti - *An adaptation approach for component-based software architecture* - 34th Annual IEEE Computer Software and Application Conference - COMPSAC 2010 - pp. 179-187, ISBN: 0730-3157/10 - DOI 10.1109/COMPSAC.2010.24, Seoul - South Corea - July 2010.

- **Makhlouf Derdour**, Ghoualmi Nacira Zine, Philippe Roose, Marc Dalmau - *Towards an Adaptation Dynamics in Heterogeneous Systems Modeling & realization* - International Conference on Computers & Industrial Engineering, 6-8 July, 2009, Troyes, France, ISSN : **978-1-4244-4136-5/09.** PP 1617-1622.

- **Makhlouf Derdour**, Nacira Goualmi-Zine, Philippe Roose - *Towards an Adaptation System for Wireless Telephone Networks* - ACIT'08 - International Arab Conference on Information Technology - 16-18/12/08 - Hammameth, Tunisia.

- **Makhlouf Derdour**, Nacira Goualmi-Zine, Philippe Roose - *Modélisation d'un système d'information assurant l'interopérabilité des appareils mobile* - International Conference on Web and Information Technologies, ICWIT'08, 29-30/06/2008 - Sidi Bel Abbes – Algeria.

Conférences nationales avec comité de lecture

- **Derdour Makhlouf,** N. Ghoualmi-Zine - *Factorisation de la sécurité dans les architectures intégrant des capteurs sans fil mobiles* - séminaire sur les systèmes numériques embarqués, EMP-Alger, 2008.

Communications à audiences restreintes

- **Derdour Makhlouf** - *Modélisation et implémentation d'un système d'information de flux multimédia pour des architectures logicielles intégrant des capteurs sans fils mobiles* - XXVème Congrès INFORSID, forum jeunes chercheurs ISBN 978-2-9527630-1-1, 2007.

- Makhlouf Derdour, **Philippe Roose**, Marc Dalmau - *Meta-model for Multimedia Software Architectures* - IDM 2010 : journées sur l'Ingénierie Dirigée par les Modèles - March 2010, Pau, France.

- **Makhlouf Derdour**, Nacira. Ghoualmi-Zine, Marc. Dalmau, Philippe Roose - *Modélisation d'un système d'information de flux multimédia assurant l'interopérabilité des capteurs dans fils mobiles* - Workshop GEDSIP@Inforsid 2009, Toulouse, 26 mai 2009.

Bibliographie

[ACC02] Projet ACCORD: Etat de l'Art sur Les Langages de Description d'Architecture (ADL), 2002. http:// www.infres.enst.fr.projet/accord/.

[AGO00] Thomas Agoston, Tatsuro Ueda, and Yukari Nisimura, Pervasive computing in a networked world, In Proc. of INET 2000, 18-21 july 2000, Japan.

[AKS 03] Aksit M., Choukair Z., « Dynamic, Adaptive and Reconfigurable Systems Overview and Prospective Vision », Actes des ICDCSW'03, Providence, Rhode Island, USA, May 19-22, 2003., p. 84-92.

[ALD02] Aldrich J, Chambers C, Notkin D. ArchJava: Connecting software architecture to implementation. In: ICSE. ACM; 2002. p. 187–97.

[ALL97a] ALLEN R., GARLAN D., « A Formal Basis for Architectural Connection », ACM Transactions on Software Engineering and Methodology, vol. 6, no 3, 1997, p. 213–249.

[ALL97b] Allen, R.J., A Formal Approach to Software Architecture, PhD Thesis, School of Computer Science, Carnegie Mellon University, 1997.

[ALL02] Allen, R., Vestal, S., Lewis, B., Cornhill, D., "Using an architecture description language for quantitative analysis of real-time systems", In Proceedings of the Third International Workshop on Software and Performance, ACM Press, Rome, Italy, pages 203–210, 2002.

[AMI08] Amirat A., Oussalah M., "Enhanced Connectors to Support Hierarchical Dependencies in Software Architecture", 5th NOTERE'08 International Conference on New Technologies in Distributed Systems, Lyon, France, Voluome.1, pp. 252-261, June 23-27, 2008.

[AMI09a] Amirat Abdelkrim and Oussalah Mourad: "First-Class Connectors to Support Systematic Construction of Hierarchical Software Architecture", in Journal of Object Technology, vol. 8, no. 7, November-December 2009, pp. 107-130

[AMI09b] Amirat A.and Oussalah M. "Towards an UML Profile for the Description of Software Architecture". Proceedings of International Conference on Applied Informatics (ICAI'09), pp. 226 – 232.

[AND06] André, P., Ardourel, G., and Attiogbé, C.: Spécification d'architectures logicielles en Kmelia : hiérarchie de connexion et composition. In 1ère Conférence Francophone sur les Architectures Logicielles, pages 101–118. Hermès, Lavoisier. (2006).

[AND07] André, P., Ardourel, G., and Attiogbé, C.: Defining Component Protocols with Service Composition: Illustration with the Kmelia Model. In 6th International Symposium on Software Composition, SC'07, volume 4829 of LNCS. Springer. (2007).

[AND08] André, P., Ardourel, G., and Attiogbé, C.: Composing Components with Shared Services in the Kmelia Model. In 7th International Symposium on Software Composition, SC'08, volume 4954 of LNCS. Springer. (2008).

[AND09] Attiogbé, C. André, P. and Messabihi, M.: Correction d'assemblages de composants impliquant des interfaces paramétrées. In 3ième Conférence Francophone sur les Architectures Logicielles. Hermès, Lavoisier. (2009).

[ATT06] Attiogbé, C., André, P., and Ardourel, G.: Checking Component Composability. In 5th International Symposium on Software Composition, SC'06, volume 4089 of LNCS. Springer. (2006).

[ARD03] S. Ardon, P. Gunningberg, B. LandFeldt et al. MARCH: A distributed content adaptation architecture. International Journal of Communication Systems, Special Issue: Wireless Access to the Global Internet: Mobile Radio Networks and Satellite Systems, 2003, Vol 16, No. 1, pp. 97-115.

[ASR09] El Asri B., Kenzi A., Nassar M.et Kriouile A. (2009). Vers une architecture MVSOA pour la mise en œuvre des composants multivue. 3e Conférence francophone sur les Architectures Logicielles, pp 1-17. RNTI.

[ATT09] Attiogbé, C. André, P. and Messabihi, M (2009). Correction d'assemblages de composants impliquant des interfaces paramétrées. 3ième Conférence Francophone sur les Architectures Logicielles. Hermès, Lavoisier.

[AVI04] Avizienis A., Laprie J.-C., Randell B., Landwehr C. « Basic Concepts and Taxonomy of Dependable and Secure Computing ». IEEE Transactions on Dependable and Secure Computing 1(1). January-March 2004. pp. 11-33.

[AVG05] Avgeriou P. Uwe Zdun: « Modeling Architecture Patterns using Architecture Primitives», OOPSLA' 05, ACM (October 2005).

[BAI04] Baida, Z., et al.: A shared service terminology for online service provisioning. In: 6th Int. Conf. on Electronic commerce, 2004.

[BAL03] Balsamo S., Bernado M., Simeoni M. «Performance Evaluation at the Architecture Level Formal Methods for Software Architectures». Lecture Notes in Computer Science 2804. Springer. Berlin, Germany. pp. 207-258. 2003.

[BAL07] Baldauf, M., Dustdar, S. and Rosenberg, F. A survey on context-aware systems. Int. J. Ad Hoc and Ubiquitous Computing, vol. 2, no. 4, pp.263–277. 2007.

[BAR05] BARAIS O., Construire et maîtriser l'évolution d'une architecture logicielle à base de composants, PhD thesis, LIFL, Université Lille 1, novembre 2005.

[BAR07a] Barros, T., A. Cansado, E. Madelaine, et M. Rivera (2007). Model-checking distributed components: The vercors platform. Electron. Notes Theor. Comput. Sci. 182, 3–16.

[BAR07b] Barber G. (2007), What is SCA, http://www.osoa.org.

[BER05] Berhe, G.Brunie, L.Pierson, Distributed content adaptation for pervasive systems, Information Technology: Coding and Computing, ITCC 2005. page 234- 241 Vol. 2

[BER00] BERGNER K., RAUSCH A., SIHLING M., VILBIG A., BROY M., «A Formal Model for Componentware», LEAVENS G. T., SITARAMAN M., Eds., Foundations of Component-Based Systems, p. 189–210, Cambridge University Press, New York, NY, 2000.

[BER98] Bernus P., Mertins K., and Schmidt G. (Eds) (1998). Handbook on Architectures of Information Systems. Springer Verlag, ISBN 3-540 64 453 9.

[BEZ04] Jean Bézivin, Thomas Baar, Tracy Gardner, Martin Gogolla, Reiner Hähnle, Heinrich Hußmann, Octavian Patrascoiu, Peter H. Schmitt, Jos Warmer: OCL and Model Driven Engineering. UML Satellite Activities 2004: 67-75.

[BIR97] Birnbaum, J. 1997. Pervasive information systems. Commun. ACM 40, ISSN:0001-0782. Volume 40 , Issue 2, pp: 40 – 41, 1997.

[BOU05] Bouix Emmanuel, Dalmau Marc, Roose Philippe, Luthon Franck (2005) - A Multimedia Oriented Component Model - AINA 2005 - The IEEE 19th International Conference on Advanced Information Networking and Applications - Tamkang University, Taiwan.

[BOR97]Borning A., Lin R. et Marriott K., Constraints for the Web, Proceedings of the fifth ACM international conference on Multimedia, November 1997, Seattle.

[BOS03] Böszörményi L., Hellwagner H., Kosch H., Libsie M.,Podlipnig S., « Metadata driven adaptation in the ADMITSproject », EURASIP Signal Processing : Image Communication Journal, vol 18, n° 8, Septembre 2003 p. 749-766.

[BRA98] P. De Bra and L. Calvi, AHA: A Generic Adaptive Hypermedia System, In Proceedings of the 2nd Workshop on Adaptive Hypertext & Hypermedia, Pittsburgh, USA 20-24, June 1998.

[BRA07] Brataas, G., et al.: Scalability of Decision Models for Dynamic Product Lines. In: Int. Work. on Dynamic Software Product Line, DSPL, 2007.

[BRU04] Bruneton E, Coupaye T, Leclercq M, Quéma V, Stefani J-B. An open component model and its support in Java. In: Crnkovic I, Stafford JA, Schmidt HW, Wallnau KC, editors. CBSE. Lecture notes in computer science, vol. 3054. Berlin: Springer; 2004. p. 7–22.

[BRU01] E. Bruneton. Un support d'exécution pour l'adaptation des aspects non-fonctionnels des applications reparties. PhD thesis, Institut National Polytechnique de Grenoble (INPG), 2001.

[BRU02] BRUNETON E., COUPAYE T., STEFANI J., « The Fractal Composition Framework », 2002.

[BUR08]Bureš, T., M. Decký, P. Hnetynka, J. Kofron, P. Parízek, F. Plášil, T. Poch, O. Šerý, et P. Tuma (2008). CoCoME in SOFA, pp. 1–2. Volume 5153 of Rausch et al. Rausch et al. (2008).

[BUR00]Burning A., Lin R. et Marriot K., Constraint-based Document Layout for the Web, Multimédia Systems, 8(3), 2000, p. 177-189.

[CAP01] L. Capra, W. Emmerich, and C. Mascolo, "Reflective Middleware Solutions for Context-Aware Applications," in Proc. of REFLECTION 2001. The Third International Conference on Metalevel Architectures and Separation of Crosscutting Concerns, Kyoto, Japan, Sept. 2001, vol. 2192 of LNCS, pp. 126–133.

[CAP03] Capra L., Emmerich W. et Mascolo C. CARISMA : Context-Aware Reflective Middleware System, 2003.

[CHA07] Chappell, D. (2007), Introducing SCA, http://www.davidchappell.com.

[CHE00] Cheesman J, Daniels J. UML components: a simple process for specifying component-based software. Boston, MA, USA: Addison-Wesley; 2000.

[CHE 03] Chen L., Xie X., Ma W., Zhang H. et Zhou H. Image Adaptation Based on Attention Model for Small-Form-Factor Device. The 9th International Conference on MultiMedia Modeling (MMM'03), Taiwan, Janvier 7-10, 2003, p. 421-442.

[CHU99] Chung, L., B. A. Nixon, E. Yu, et J. Mylopoulos (1999). Non-Functional Requirements in Software Engineering. Kluwer Academic Publishers, Boston Hardbound, ISBN 0-7923-8666-3 October 1999, 472 pp.

[CLE96] Clements P. C (1996). A Survey of Architecture Description Languages. IWSSD '96: Proceedings of the 8th International Workshop on Software Specification and Design, Washington, DC, USA, IEEE Computer Society, page 16.

[COL05] Collet, P. et R. Rousseau (2005). ConFract : un système pour contractualiser des composants logiciels hiérarchiques. L'Objet, LMO'05 11(1-2), 223–238.

[COM 01] Corner M. D., Noble B. D. ET Wasserman K. M. Fugue: time scales of adaptation in mobile video. Proceedings of the SPIE Multimedia Computing and Networking Conference, San Jose, CA, Janvier 2001.

[COS04] Da Costa Magalhães J.M.,Pereira F., « Using MPEG standards for multimedia customization », Signal Processing : Image Communication, vol. 19, n° 5, Mai 2004, p. 437-456.

[COU07]Coupaye, T., V. Quéma, L. Seinturier, et J.-B. Stefani (2007). Intergiciel et Construction d'Applications Réparties, Chapter Le système de composants Fractal. InriAlpes. sardes.inrialpes.fr/ecole/livre/pub/.

[COU06] Coupaye, T. et J.-B. Stefani (2006). Fractal component-based software engineering. In M. Südholt et C. Consel (Eds.), ECOOP Workshops, Volume 4379 of Lecture Notes in Computer Science, pp. 117–129. Springer.

[DAL96]Dalal M., Feiner S., McKeown K., Pan S., Zhou M. X., Hollerer T., Shaw J., Feng Y. et Fromer J., Negotiation for automated generation of temporal multimedia présentations, dans ACM Multimédia conférence, Boston, MA, US, 1996, pp. 55-64.

[Dan 03] Dan, A., Ludwig, H., Pacifici, G.: Web service differentiation with service level agreements. IBM White Paper, 2003.

[DAS05] Dashofy, E., Hoek, A.v.d., Taylor, R.N., "A comprehensive approach for the development of XML-based software architecture description languages", Transactions on Software Engineering Methodology (TOSEM), volume 14, issue 2, pp. 199–245, 2005.

[DEL99] R. DeLine. Avoiding Packaging Mismatch with Flexible Packaging. In Proceedings of the 21st International Conference on Software Engineering, Los Angeles, CA, May 1999.

[DRI95] K. Driesen, U. Holzle and J. Vitek. Message Dispatch on Pipelined Processors. ECOOP '95, Lecture Notes in Computer Sciences, volume 952. Springer Verlag, 1995.

[DOD01] Department of Defense, « Department of defense Dictionary of Military and Associated Terms », United States of America Department of Defense, 2001.

[ENR03] Enrique J., Martinez P., Heavyweight extensions to the UML metamodel to describe the C3 architectural style, ACM SIGSOFT Software Engineering notes volume 28, Issue 3, May 2003.

[EUZ03] Euzenat J., Layaida N. et Diaz V., A semantic framework for multimedia document adaptation, International Joint Conference on Arti⁻cial Intelligence IJCAI 2003, Août 2003, Acapulco, Mexico, p. 9-16.

[Erl 06] Erl, T.: Service-Oriented Architecture: Concepts, Technology, and Design. Prentice Hall, Englewood Cliffs, 2006.

[FLO06] Floch, J., et al.: Using Architecture Models for Runtime Adaptability. IEEE Software 23, 2006.

[FUX00] Fuxman A. D., A Survey of Architecture Description Languages, Technical Report n° CSRG-407, Department of Computer Science, University of Toronto, Canada, 2000.

[GAR95] Garlan D., « An introduction to the Aesop System », http://www.cs.cmu.edu/afs/cs/project/able /www/aesop/html/aesop-overview.ps , 1995.

[GAR00] Garlan D., Monroe R.T., Wile D., « Acme: Architectural Description of Component-Based Systems », Foundations of Component-Based Systems, Leavens G.T. and Sitaraman M. (eds), Cambridge University Press, 2000, pp. 47-68.

[GAR 02] Garlan D., Cheng S.W., Kompanek A., Reconciling the Needs of Architectural Description with Object-Modeling Notations, Science of Computer Programming 44 (2002) 23-49.

[GCK04] Gioia P., Cotarmanac'h A., Kamyab K., Goulev P., Mamdani E., Wolf I., Graffunder A., Panis G., Hutter A., Difino A., Negro B., Kimiaei M., Concolato C., Dufourd J-C., DiGiacomo T., Joslin C., Thalmann N., « ISIS : Intelligent Scalability for Interoperable Services », Actes de la 1st European Conference on Visual Media Production (CVMP), Londres, 15 et 16 Mars, 2004, pages : 295-304.

[GEI08] Geihs, K., et al.: A comprehensive solution for application-level adaptation. Software: Practice and Experience, 2008.

[GOU 03] Goulao. M, F.B. Abreu, Bridging the gap between ACME and UML 2.0 for CBS. In: Proceedings Workshop of Specification and Verification of Component-Based Systems, Helsinki, Finland, 2003.

[GRA04] Graf S. , Ober I. « How useful is the UML realtime profile SPT without semantics? » In SIVOES 2004, associated with RTAS 2004, Toronto Canada, April 2004.

[GRO06] G. Grondin, N. Bouraqadi, and L. Vercouter. MaDcAr: an Abstract Model for Dynamic and Automatic (Re-) Assembling of Component-Based Applications. In Proceedings of the 9th International SIGSOFT Symposium on Component-Based Software Engineering (CBSE 2006), LNCS 4063, pages 360-367, June 2006, Västerås, Sweden. Springer-Verlag.

[GRO09] G. Grondin, N. Bouraqadi, and L. Vercouter. MaDcAr-Agent : un modèle pour le développement d'agents auto-adaptables. 17ème Journées Francophones des Systèmes Multi-Agents (JFSMA 2009), 19-21 october 2009. Lyon, France.

[HAG06] Hagos B., Lionel B.,Pierson J-M :Planning-Based multimedia Adaptation Services Composition for Pervasive Computing, Toulouse, France, 2006. http://www.u-bourgogne.fr/SITIS/06/Proceedings/IMRT/f57.pdf

[HAG02] Hagimont D., Layaïda N : Adaptation d'une application multimédia par un code mobile, France, 2002. http://wam.inrialpes.fr/people/layaida/research/tsi2002/tsi2002.pdf

[HAR87] D. Harel, "statecharts: A visual formalism for complex systems". Science of computer programming, 8: pp. 231-274, 1987.

[HEI01] G.T. Heineman and W.T. Council. Component-Based Software Engineering, Putting the Pieces Together. Addison Weysley, 2001.

[HEN01] K. Henricksen K, J. Indulska J, A. Rakotonirainy. Infrastructure for Pervasive computing: Challenges. In Proceedings of Workshop on Pervasive Computing INFORMATIK 01, Viena, September 2001.

[HUT05] A. Hutter, P. Amon, G. Panis et al. Automatic Adaptation of Streaming Multimedia Content in A Dynamic and Distributed Environment. Proceedings of the IEEE Int'l Conference on Image Processing (ICIP 2005 2005), 11-14 Sept. 2005, Genova, Italy, pp.716-719.

[IEE90] IEEE. «A compilation of IEEE standard computer glossaries », standard computer dictionnary, 1990.

[IDE03] IDEAS Project Deliverables, WP1-WP7, public reports, 2003.

[IVE04] Ivers J., Clements P., Garlan D., Nord R., Schmerl B., Silva J.R.O., Documenting Component and Connector Views with UML 2.0. Technical report CMU/SEI-2004-TR-008, April 2004.

[KAN00] Kandé M. M., Strohmeier A., Towards a UML Profile for Software architecture description, Proceedings of UML'2000, Third International Conference, York, UK, October 2-6, 2000.

[KAT00] Kate W. T., Deunhouwer P. et Clout R., Timesheets - Integrating Timing in XML, Proceedings WWW9 Workshop: Multimedia on the Web, 15 Mai 2000, Amsterdam, Hollande.

[ZAK06] Zakia Kazi-Aoul, Isabelle Demeure et Jean Claude Moissinac. "Towards a Peer-to-peer Architecture for the provision of Adaptable Multimedia Composed Documents". DFMA (Distributed Frame for Multimedia Applications), Penang, Malaysia on 14th to 17th May, 2006.

[KAZ08] Z. Kazi Aoul, I. Demeure et J C. Moissinac. PAAM: A Web Services Oriented Architecture for the Adaptation of Composed Multimedia Documents, dans les actes de la conference PDCN'08, 12-14 Février 2008.

[KET02] Ketfi A., Belkhatir N., Cunin P.-Y., « Adapting Applications on the Fly », ASE '02 : Proceedings of the 17 th IEEE International Conference on Automated Software Engineering (ASE'02), IEEE Computer Society, Washington, DC, USA, p. 313, 2002.

[KHA08] Khan, M.U., Reichle, R., Geihs, K.: Architectural Constraints in the Model-Driven Development of Self-Adaptive Applications. IEEE Distributed Systems Online, 2008.

[KIM03]J.-G. Kim, Y. Wang, and S.-F. Chang: Content-adaptative utility-based video adaptation. In Proc, of IEEE Intt'l Conference on Multimedia & Expo(ICME), Baltimore, MD, July 6-9,2003, pp. 281-284.

[KIR05] Kirsch, M., Villanova-Oliver, M., Gensel, J., Martin, H. Une Formalisation du Contexte dans les Environnements Coopératifs Nomades. In : Actes de la deuxièmes Journées Francophones: Mobilité et Ubiquité 2005, Grenoble, France, 2005.

221

[KUR08] Kuropka, D., Weske, M.: Implementing a Semantic Service Provision Platform — Concepts and Experiences. Wirtschaftsinformatik Journal, 2008.

[KWA02] W. M. Kwan. A Distributed Proxy System for Functionality Adaptation in Pervasive Computing Environments. Master's Thesis, Department of Computer Science and Information Systems, The University of Hong Kong, August 2002.

[JAN06] D. Jannach, K. Leopold, C. Timmerer, H. Hellwagner, A knowledge-based framework for multimedia adaptation, Applied Intelligence, 24(2), 2006, 109-125.

[JOH 08] Johan den Haan. "DSL in the context of UML and GPL", the enterprise architect, 20 August 08.

[LAP05] Lapayre J-C., Renard F., « Appat : a New Platform to Perform Global Adaptation », Actes de la 1st IEEE International Conference on Distributed Frameworks for Multimedia Applications (DFMA'2005), Besançon, 6-9 février 2005, pages : 351-358.

[LAY97]Layaida N., Madeus : Système d'édition et de présentation de documents structurés multimédia, Thèse en Informatique, Université Joseph Fourier, Juin1997.

[LAY05] N. Layaïda, T. Lemlouma, V. Quint, «NAC : une architecture pour l'adaptation multimédia sur le Web», Technique et Science Informatiques, RSTI-TSI -- 24/2005, num. 7, pp. 789-813.

[LEE03] D.G.Lee, D.Panigrahi, and S.Dey. Network-aware image data shaping for low-latency and energy-efficient data services over the Palm wireless network. In World Wireless Congress (3G Wireless), 2003.

[LEI 01] Z. Lei and N.D. Georganas. Context-based Media Adaptation in Pervasive Computing. In Proc. of Canadian Conference on Electrical and Computer Engineering (CCECE), Toronto, May 2001.

[LIE03] Lienhart R., Kozintsev I., Chen Y-K., Holliman M., Yeung M., Zaccarin A., Puri R., « Challenges in Distributed Video Management and Delivery ». chapitre 38 de « Handbook of Video Databases : Design and Applications ». CRC Press, Boca Raton, Floride , p. 961-990, 2003.

[LIB04] M. libsie. metadata supported content adaptation in distributed multimedia systems. PhD thesis. Austria: university Klagenfurt, defended on juine 2004.

[LEM04a] Lemlouma T : Adaptation et négociation de contenus, Équipe WAM, INRIA Rhône-Alpes, 10 décembre 2004. http://wam.inrialpes.fr/publications/2004/TheseLemlouma.pdf.

[LEM04b] Lemlouma T., Cécile R., Layaida N.: Architecture de Négociation et d'Adaptation de Services Multimédia dans des Environnements Hétérogènes, L'INSTITUT NATIONAL POLYTECHNIQUE DE GRENOBLE, France, juin 2004.

[LUC95] D. C. Luckham, J. J. Kenney, L. M. Augustin, J. Vera, D. Bryan, and W. Mann. Specification and Analysis of System Architecture Using Rapide. IEEE Transactions on Software Engineering, pages 336-355, April 1995.

[LUC08] Luc Fabresse, Christophe Dony, and Marianne Huchard. Foundations of a Simple and Unified Component-Oriented Language. Journal of Computer Languages, Systems & Structures, editor Elsevier, Volume 34/2-3 (July-October 2008), p. 130-149.

[LUN07] Lundesgaard, S.A., et al.: Construction and Execution of Adaptable Applications Using an Aspect-Oriented and Model Driven Approach. In: Indulska, J., Raymond, K. (eds.) DAIS 2007. LNCS, vol. 4531, pp. 76–89. Springer, Heidelberg, 2007.

[MAR01] M. Margaritidis and G.C. Polyzos. Adaptation Techniques for Ubiquitous Internet Multimedia. Wireless Communications and Mobile Computing, 2001, John Wiley & Sons, Vol. 1, No. 2, pp. 141-164.

[MAR02] K. Marriott, B. Meyer, and L. Tardif. Fast and Efficient client-Side Adaptivity for SVG. ACM Press, 2002: In Proc. of WWW 2002, May 2002, Honolulu, Hawaii, USA, pp. 496–507.

[MAR04] Marcel Cremene , Michel Riveill , Christian Martel, Calin Loghin, Costin Miron . Adaptation dynamique de services. DECOR'04, 1ère Conférence Francophone sur le Déploiement et (Re) Configuration de Logiciels. Grenoble, France. October 2004.

[MAR07] Marcel Cremene, Michel Riveill, Christian Martel. "Autonomic Adaptation based on Service-Context Adequacy Determination" in Electronic Notes in Theoretical Computer Science (ENTCS), vol. 189, pages 35-50, Elsevier, jul 2007.

[MAR00] Marichal, J.-L. & Roubens, M. , 'Determination of weights of interacting criteria from a reference set', European Journal of Operational Research 124, 641–650. 2000.

[MAS02] Mascolo, C., Capra, L., Emmerich, W.: Mobile Computing Middleware. In: Gregori, E., Anastasi, G., Basagni, S. (eds.) NETWORKING 2002. LNCS, vol. 2497, pp. 20–58. Springer, Heidelberg, 2002.

[MAX 05] Maximilien. E and Singh. M, "Self-adjusting trust and selection for web services," June 2005, pp. 385–386.

[MED97]Medvidovic N., Taylor R. N., « A framework for classifying and comparing architecture description languages », ESEC '97/FSE-5 : Proceedings of the 6th European conference held jointly with the 5th ACM SIGSOFT international symposium on Foundations of software engineering, Springer-Verlag New York, Inc., New York, NY, USA, p. 60-76, 1997.

[MED00] Medvidovic N., Taylor R. N (2000). A Classification and Comparison Framework for Software Architecture Description Languages, IEEE Transactions on Software Engineering, vol. 26, n° 1, p. 70–93, janvier 2000.

[MED 02] Medvidovic N., Rosenblum D.S., Redmiles D.F., Robbins J.E., Modeling Software Architectures in the Unified Modeling Language, ACM Transactions on Software Engineering and Methodology, Vol. 11, N0 .1, January 2002.

[MED, 99] Medvidovic, N., Rosenblum, D. S., and Taylor, R. N. "A Language and Environment for Architecture-Based Software Development and Evolution", In 21st International Conference on Software Engineering (ICSE'99), Los Angeles, May 1999.

[MED00] Medvidovic N., Taylor R. N (2000). A Classification and Comparison Framework for Software Architecture Description Languages - IEEE Transactions on Software Engineering, vol. 26, no 1, p. 70–93.

[MEH00] Mehta N. R., Medvidovic N., Phadke S., « Towards a taxonomy of software connectors », ICSE '00 : Proceedings of the 22nd international conference on Software engineering, ACM Press, 2000, p. 178–187

[MEL04] Mellor S.J., Kendall S., Uhl A. and Weise D. (2004). Model Driven Architecture, Addison-Wesley Pub Co, March, ISBN: 0201788918.

[MIL03] Miller J. and Mukerji J., (eds.), (2003). MDA Guide Version 1.0, OMG Document: omg/2003-05-01,http://www.omg.org/mda/mda_files/MDA_Guide_Version1-0.pdf, May.

[MET01] Metso M & Sauvola, J. The media wrapper in the adaptation of multimedia content for mobile environments. Proc. SPIE Vol. 4209, Multimedia Systems and Applications III, Boston, MA, 132 – 139. 2001

[MEN07] Daniel A. Menascé, Vinod Dubey: Utility-based QoS Brokering in Service Oriented Architectures. ICWS 2007: 422-430.

[MHA 99] R. Mhan, J.R. Smith and C.S. Li.: Adapting Multimedia Internet Content for Universal Access. IEEE Trans. On Multimedia, 1999, Vol.1, No.1, pp. 104-114.

[MIL 01] J. Miller and J. Mukerji. Model Driven Architecture (MDA). Omg document ormsc/2001-07-01, Object Management Group, July 2001. White Paper.

[MOG 99] J.C. Mogul: Server-Directed Transcoding. Computer Communications, Feb. 2001, Vol.24, No.2, pp. 155-162.

[MON99] Monson-Haefel R. Enterprise JavaBeans. Sebastopol, CA, USA: O'Reilly & Associates Inc.; 1999.

[MOS08] Oliver Moser Florian Rosenberg Schahram DustdarVieDAME - flexible and robust BPEL processes through monitoring and adaptation, International Conference on Software Engineering, Leipzig, Germany. Pages: 917-918, 2008. for Mobile Applications. IEEE Transaction on Software Engineering.

[MSKC04] P.K. McKinley, S.M. Sadjadi, E.P. Kasten, and B.H.C. Cheng. A taxonomy of compositional adaptation. Technical report, Department of Computer Science and Engineering, Michigan State University, USA, 2004.

[NAG01] K. Nagao, Y. Shirai, and K. Squire. Semantic annotation and transcoding: Making web content more accessible. IEEE Multimedia, 8(2):69–81, April-June 2001.

[NAS07] Nassima Sadou, Dalila Tamzalit, Mourad Chabane Oussalah: SAEV, une solution à l'évolution structurelle dans les architectures logicielles. L'OBJET 13(1): 45-80 (2007)

[NIE95] Nierstrasz O, Dami L. Component-oriented software technology. In: Nierstrasz O, Tsichritzis D, editors. Object-oriented software composition. Englewood Cliffs, NJ: Prentice-Hall; 1995. p. 3–28.

[OLI09] Olivier LE GOAER, Styles d'évolution dans les architectures logicielles, thèse doctorat, LINA, 2009.

[OMG98] OMG, Object Management Group. XML Metadata Interchange (XMI). Proposal to the OMG OA & DTF RFP 3: Stream-based Model Interchange Format (SMIF). OMG Document ad/98/10-05. October 1998.

[OMG 02] OMG. XMI, XML Metadata Interchange Specification. January 2002. Version1.2.

[MOG01] J.C. Mogul. Server-Directed Transcoding. Computer Communications, Feb. 2001, Vol. 24, No.2, pp.155-162.

[OMG 03a] OMG. UML2.0 OCL Specification: Final Adopted Specification. http://www.omg.org/docs/ptc /03-10-14.pdf (October 2003).

[OMG 03b] Object Management Group. MDA Guide, version 1.0.1. http://www.omg.org, Juin

[OMG 05]Object Management Group. « UMLTM Profile for Modeling and Analysis of Real-Time and Embedded systems (MARTE) » voted at OMG. http://www.omg.org/cgi-bin/doc?realtime/2005-02-06.

[OMG06] OMG: "Unified Modeling Superstructure" from http://www.omg.org/docs/ptc/06-04-02.pdf, 2006.

[OMG07] OMG: "Unified Modeling Language: Infrastructure" from http://www.omg.org/docs/ formal/07-02-06.pdf, 2007.

[OQU 06] Oquendo F. (2006) "Formally Modelling Software Architectures with the UML 2.0 Profile for –ADL", ACM SIGSOFT Software Engineering Notes, Vol. 31, no. 1.

[OUS04] M. Oussalah, A. Smeda, T. Khammaci, An explicit definition of connectors for component based software architecture. In : Proceedings of the 11th IEEE Conference Engineering of Computer Based Systems, Czech Republic, May 2004.

[OUS05] M. Oussalah et al. Ingénierie des composants : concepts, techniques et outils. livre 2005.

[PAR06] Parthasarathy Ranganathan, Erik Geelhoed, Meera Manahan, and Ken Nicholas, Energy-aware user interfaces and energy-adaptive displays, Hewlett-Packard, publié par the IEEE Computer Society, Mars 2006.

[PER99] M. Perkowitz and O. Etzioni, Towards Adaptive Web Sites: Conceptual Framework and Case Study, In proceedings of 8th International Conference on the World Wide Web (WWW'8), Toronto. 1999.

[QUE05] Quéma, V. (2005). Vers l'exogiciel - une approche de la construction d'infrastructures logicielles radicalement configurables. Thèse de Doctorat de l'Institut National Polytechnique de Grenoble, décembre 2005.

[PAP03] PAPAZOGLOU M. P (2003). Service-Oriented Computing: Concepts, Characteristics and Directions. WISE, IEEE Computer Society, p. 3–12.

[PHI 09] Philippe Desferay. « MDE, DSL et UML : où en est on ? ». Magazine d'ingénierie logiciel et des systèmes, ingénierie dirigée par les modèles, septembre 2009. N°90.

[REY06] Rey, G. Méthode pour la modélisation du contexte d'interaction.Ingénierie des Systèmes d'Information. Vol. 11, pp.141-166, 2006.

[RIC06] Ricquebourg, V., Menga, D., Delahoche, L., Marhic, B., Durand, D., Logé, C., Architecture de perception de contexte orientée service pour l'habitat communicant. Actes de la troisième Journées Francophones: Mobilité et Ubiquité 2006, Paris, France, 2006.

[RIV00] M. Riveill and P. Merle. La programmation par composants. Number H2759. Techniques de l'Ingénieur, décembre 2000.

[ROH04] Roh S., Kim K. et Jeon T., Architecture Modeling Language based on UML2.0, Software Engineering Conference, APSEC'04, Proceedings of the 11th Asia-Pacific Software Engineering Conference.

[ROM09] Romain Rouvoy, Paolo Barone, Yun Ding, Frank Eliassen, Svein Hallsteinsen, Jorge Lorenzo, Alessandro Mamelli, and Ulrich Scholz. MUSIC: Middleware Support for Self-Adaptation in Ubiquitous and Service-Oriented Environments. Springer-LNCS 5525, pp. 164–182, 2009.

[ROU08] Rouvoy, R., et al.: Composing Components and Services using a Planning-based Adaptation Middleware. In: Pautasso, C., Tanter, É. (eds.) SC 2008. LNCS, vol. 4954, pp. 52–67. Springer, Heidelberg, 2008.

[SAE08] Society of Automotive Engineers (SAE). « Architecture Analysis & Design Language (AADL) ». SAE Standards no AS5506, November 2008.

[SAS05] Sassen, A., Macmillan, C.: The service engineering area: An overview of its current state and a vision of its future. European Commission. Network and Communication Technologies, Software Technologies, 2005.

[SEC00] Seco JC, Caires L. A basic model of typed components. Lecture Notes in Computer Science 2000;1850:108–29.

[SCH01] Nary Subramanian, Lawrence Chung, Software Architecture Adaptatbility: An NFR Approach, Proc., Int. Work on Principles of Software Evolution (IWPSE'01), Vienne, Austriche. ACM Press, 2001, pages:52-61.

[SCH06] Schwinger, W., Grün, C., Pröll, B., Retschitzegger, W., Werthner, H., Pinpointing Tourism Information onto Mobile Maps Actes de la conférence ENTER 2006, Lausanne, Suisse, 2006.

[SHA95] Shaw M., DeLine R., Klein D.V., Ross T.L., Young D.M., and Zelesnik G., « Abstractions for Software Architecture and Tools to Support Them », IEEE Trans. Software Eng., vol.21, no.4, p.314-335, April 1995.

[SHA90] Shanon B, What is Context, Journal for the Theory of Social Behaviour. 1990, Vol.20, PP.157-166.

[SHA00] Shanableh, T.; Ghanbari, M., "Heterogeneous video transcoding to lower spatio-temporal resolutions and different encoding formats," IEEE Transactions on Multimedia, vol.2, pp.101-110, June 2000.

[SEI09] Lionel Seinturier, Philippe Merle , Damien Fournier, Nicolas Dolet, Valerio Schiavoni, Jean-Bernard Stefani. « Reconfigurable SCA Applications with the FraSCAti Platform», 2009 IEEE International Conference on Services Computing, Bangalore, India, ISBN: 978-0-7695-3811-2, September 2009.

[SIN04]A. Singh, A. Trivedi, K. Ramamritham et al. PTC:Proxies that Transcode and Cache in Hetegeneous Web Client Environements. World Wide Web Journal, 2004 Vol.7. No. 1.DD. 7-28.

[SME09] Smeda A., Alti A. Boukerram A. An Environment for Describing Software Systems, WSEAS TRANSACTIONS on COMPUTERS. Issue 9, Volume 8, pp 1610-1619. September 2009.

[SMI 82] Smith B. C., Reflection and Semantics in a Procedural Language. PhD thesis, Massachusetts Institute of Technology, January, 1982.

[SYL07] Sylvain Maillard, Adel Smeda, Mourad Oussalah: COSA: An Architectural Description Meta-Model. ICSOFT (SE) 2007: 445-448

[SZY96] Szyperski C.,Independently Extensible Systems – Software Engineering Potential and Challenges. Proceedings of the 19th Australian Computer Science Conference, Melbourne, Australia, 1996.

[SZY97] SZYPERSKI C., Component Software: Beyond Object-Oriented Programming, Addison Wesley Publishing Company, 1997.

[SZY02] C. Szyperski. Component Software - Beyond Object-Oriented Programming. Second Edition, Addison-Wesley / ACM Press, 2002.

[SYN01]Synchronized Multimedia Working Group du W3C, Synchronized Multimedia Integration language (SMIL 2.0), W3C Recommendation, http ://www.w3.org/TR/smil20/, 07 Aout, 2001.

[SZY02] Szyperski C. Component software: beyond object-oriented programming. MA: Addison-Wesley; 2002.

[SPI06] Spinellis D., « Choosing a Programming Language », IEEE Software, vol. 23, n° 4, p. 62-63, July/August, 2006.

[THI98] Thibault S., Langage Dédiés : Conception, Implémentation et Application, Thèse de doctorat, Université de Rennes 1, France, October, 1998.

[TOI02] Toivonen S. Profile-Based Adaptability in the Semantic Web, ERCIM News No.51, 2002.

[VER 96]Vernadat, F.B. Enterprise Modelling and Integration: principles and applications. Chapman & Hall, ISBN: 0 412 60550 3, 1996.

[VET04] Vetro A., « MPEG-21 Digital Item Adaptation: Enabling Universal Multimedia access », IEEE Multimedia, janvier-mars 2004, vol. 11, n° 1, p. 84-87.

[WAR 03] Warmer J., Kleppe A., The Object Constraint Language, Addison-Wesley, Août 2003.

[WEE03]S. Wee and J. Apostolopoulos: Secure scalable streaming and secure transcoding with JPEG-2000, IEEE International Conference on Image Processing (ICIP), Barcelona, Spain, 14-17 Sept.2003, Vol.1, pp. 205-212. ISBN: 0-7803-7750-8.

[WEI95] Weiser, M. 1995. The computer for the 21st century. In Human-Computer interaction: Toward the Year 2000, R. M. Baecker, J. Grudin, W. A. Buxton, and S. Greenberg, Eds. San Francisco, CA : Morgan Kaufmann Publishers, pp. 933-940

[WYM00] W.-Y. Ma, I. Bedner, G. Chang et al. A Framework for Adaptive Content Delivery in Heterogeneous Network Environments. In Proceedings of Multimedia Computing and Networking (MMCN'00), 2000, San Jose, California, USA, pp.86-100.

[YEL94] D. M. Yellin and R. E. Strom. Interfaces, Protocols, and the Semi-Automatic Construction of Software Adaptors. In Proceedings of OOPSLA'94, Portland, OR, USA, October 1994.

[ZAR01] Zarras A., Issarny V., Kloukinas Ch., Nguyen V. K., Towards a Base UML Profile For Architecture Description, INRIA Rocquencourt, www.soi.city.ac.uk/~kloukin/pubs/icse01.pdf. 2001.

[ZOR05] Zoran Stojanovic , Ajantha Dahanayake, « Service-Oriented Software System Engineering: Challenges and Practices », IDEA Group, 2005, ISBN 1-59140-426-6.

www.ingramcontent.com/pod-product-compliance
Lightning Source LLC
Chambersburg PA
CBHW021037210326
41598CB00016B/1054